2018-2019年度
优秀古迹遗址保护项目
案例详解

中国古迹遗址保护协会 编

中国建筑工业出版社

图书在版编目（CIP）数据

2018-2019年度优秀古迹遗址保护项目案例详解 / 中国古迹遗址保护协会编. —北京：中国建筑工业出版社，2021.12

ISBN 978-7-112-26887-0

Ⅰ.①2… Ⅱ.①中… Ⅲ.①文化遗址—文物保护—案例—中国—2018-2019 Ⅳ.①K878

中国版本图书馆CIP数据核字（2021）第253316号

优秀古迹遗址保护项目的宣传推介是近年来国家文物局重点支持的一项工作，具有很强的引导性和示范性。这项工作起初称为"全国十佳文物维修工程"，2018年以后改称优秀古迹遗址保护项目。名称的变化体现在从数量到质量的转变，也体现在从以往注重保护"工程"本身到关注保护及利用整体"项目"的转变。本书正是在此工作基础之上，对2018-2019年度优秀项目案例进行总结并汇编成册。编制此书的初心和目的，一是促进文物保护工作者树立研究意识，强化质量管理，继承优秀传统，弘扬工匠精神；二是树立先进典型，推广优秀经验，发挥示范作用，带动全行业研究水平、管理水平、质量水平普遍提高；三是展示文物保护成果，传播文物保护知识，宣传文物保护理念，提高全社会对文物事业的关注、参与、监督。

本书是从事古迹遗址等文物保护工作的从业人员的参考书，也可用于对中国古建筑及文物保护感兴趣的研究人员及相关人士阅读。

责任编辑：唐　旭　贺　伟
文字编辑：李东禧
书稿整理：魏　青　陈　凯
书籍设计：锋尚设计
责任校对：赵　颖

2018-2019年度优秀古迹遗址保护项目案例详解
中国古迹遗址保护协会　编

*

中国建筑工业出版社出版、发行（北京海淀三里河路9号）
各地新华书店、建筑书店经销
北京锋尚制版有限公司制版
北京云浩印刷有限责任公司印刷

*

开本：787毫米×1092毫米　1/16　印张：17½　插页：8　字数：472千字
2021年12月第一版　　2021年12月第一次印刷
定价：58.00元
ISBN 978-7-112-26887-0
（35335）

版权所有　翻印必究
如有印装质量问题，可寄本社图书出版中心退换
（邮政编码100037）

序一

我国不可移动文物历史悠久、数量众多，全国不可移动文物有76万余处，全国重点文物保护单位就有5058处。这些文物不仅具有很高的历史、艺术和科学价值，还具有重要的社会和文化影响力，是新时代传承弘扬中华优秀传统文化、建设社会主义文化强国、实现中华民族伟大复兴的重要载体。

党的十八大以来，以习近平同志为核心的党中央高度重视文物保护工作。总书记多次考察文物保护单位，对文物工作作出的重要指示批示达100多次。总书记强调，"历史文化遗产是不可再生、不可替代的宝贵资源，要始终把保护放在第一位。"保护始终是我们最要紧、最核心的工作。

文物保护工程是让文物延年益寿的有效方式，是文物保护的重要手段。为促进各地提高文物保护工程质量，树立行业标杆，引领行业发展，从2013年开始，国家文物局指导举办优秀古迹遗址保护项目宣传推介活动，并不断完善活动内容、形式和章程。2018和2019年度的优秀项目聚焦于文物建筑保护，为了确保项目质量，我们坚持高标准、严要求，淡化了"十佳"的数量，确保获奖项目能够真正体现出行业最高水平和前进方向。通过历次活动，推出一批保护理念科学、研究深入、质量精良、管理规范的优秀项目，一方面在媒体作解读宣传，并在泉州、青岛等地专门组织宣传活动，另一方面也结合全国文物保护工程会、中国古迹遗址保护协会会员大会等重要活动，宣传推介优秀项目。这些活动的开展不仅在行业内起到引领示范作用，也促进了全社会对文物保护的了解，使文物保护观念更加深入人心。

什么是优秀的古迹遗址保护项目？我们认为，一个优秀的项目，需要在深入研究的基础上充分发掘文物价值，秉持不改变原状、最小干预等保护原则，传承传统技艺，合理利用先进技术和手段，使文物的价值和历史信息得到最大保护，功能得到充分发挥。2018-2019年度的优秀项目就很好体现了这些特点：

一是充分体现了研究的重要性。研究对于文物保护项目而言，是最基础、最核心的工作，应该贯穿项目始终。项目开始之前，必须先认真研究相关的各种档案、文献、历史记录等，理解文物最核心的价值和特征。勘察设计阶段需要做深入的勘测、调查和研究，了解文物的形制结构、残损状况、病害成因等，在此基础上编制设计方案。施工阶段也要持续研究，随着施工中许多细节和隐藏部位逐渐揭露，对文物内部构造、残损等情况往往会有校准，甚至会有历史上未曾记录的新发现。要基于研究，动态调整设计方案。项目结束后，要及时总结经验，编制工程报告。本书所选的项目无一例外，都体现了研究的重要性，比如故宫宝蕴楼修缮项目外墙面装饰块的原材料和原工艺难以确定，通过查找研究相关档案文献发现线索；天台庵修缮项目通过多次勘测及施工中发现的木构形制特征、题刻，确立了初建及历次大修年代，在建筑史研究方面具有重大意义，也为工程做法提供了重要依据；觉山寺塔修缮项目在对损坏严重的塔刹局部修复时开展了大量的文献研究、现场研究和比较研究。有了扎实的研究基础，才能做出好的文物保护项目。

二是注重传统技艺的传承与现代技术的合理使用。古建筑营造传统工艺蕴含着中华民族在长期生产、生活中形成的审美追求、设计理念、制作工艺，是中华优秀传统文化的重要体现。随着时代的发展，以"口传身授"为传承特点的很多传统技艺已经消失、走样，传统工艺、传统工匠的传承发展已经成为当前文物保护项目中的重要挑战。很多优秀项目实施过程中非常注重传统技艺的活态传承，比如塔尔寺大金瓦殿屋面鎏金过程中，寺院内老一代僧人向晚辈僧人传授传统鎏金技艺；再如泰顺廊桥灾后修复项目邀请了木拱桥传统营造技艺传承人与当地传统工匠协同合作，通过项目实施传统技艺得以传承。这些项目展示出了民间技艺的生命力，体现了精益求精的工匠精神，给未来的传统技艺传承提供了一条可行路径。除了传统材料、传统工艺的使用，有的文物保护项目探索使用合适的新技术、新材料，比如古月桥修缮项目采用数字化测量、材料分析实验等现代技术手段进行勘察研究；上海武康路100弄1–4号文物建筑修缮项目采用BIM体系做施工图设计。项目中所体现的重视多学科合作研究、重视试验、谨慎局部实施的做法值得借鉴。

三是注重保护与利用相结合。任何文物从它产生那一天起就有使用价值，文物建筑的合理使用是对它最大的保护。实施文物保护项目之前就应当统筹谋划未来的使用功能和方式，在工程实施中考虑水、电、气、暖等基础设施、安全设施需求，在不影响本体安全的情况下满足文物建筑功能需求。像武汉大学早期建筑修缮项目，为满足教学功能和文物保护需求，采用所有管线集中明装、明敷方式，大大减少了对文物建筑的影响；南京长江大桥公路桥修缮项目将保护与展示结合，修缮完毕后利用桥头堡做大桥工程展示，并确保设施可逆、可拆解。

四是工程管理的优化。目前文物保护项目有一个普遍问题，即勘察设计与施工相脱节，设计人员参与施工程度低，对现场的跟进、指导和管理不足，施工人员不能准确理解、执行设计方案，影响文物保护项目质量。但是文物从业人员也在尝试改变，海龙屯、东山关帝庙等修缮项目设计方在施工期间全程驻场指导，根据施工过程中的新发现和研究成果及时变更设计方案，各方密切配合、通力合作，确保设计理念得到有效体现，工程质量得到可靠保障。

现在，我国文物保护的社会环境发生了很大变化，越来越多的人关注文物保护，参与文物保护。无论是文物保护领域的专业人员、知识分子还是社会公众，都是文物保护项目效果的观察者、评价者。只有理念正确、措施得当、质量优良的项目才能经得住时间考验，才能接受得了社会监督。希望文物保护行业的广大从业人员，能够不忘初心，坚守使命，用心用情用力做好每一个项目，于流逝的时间中留下永恒的印记，于文物保护事业中作出应有的贡献。

本书详细解析了2018–2019年度优秀项目的做法、经验和亮点，希望能为文物保护从业人员提供一些有益参考和借鉴，也希望能为广大文物爱好者提供一个了解文物、了解文物保护工程的窗口。

中国古迹遗址保护协会理事长
宋新潮

序二

　　文物建筑的保护是对人类在不同时期创造的文化与技术的结晶的维护。它既要使保护对象的寿命得到长期的延续，还要保存和展示它所承载的丰富历史信息，有些则还要使其满足当代使用的要求。在这些要求的综合影响下，文物建筑保护也从房屋传统的维修转变为系统性工程。

　　在中国古迹遗址保护协会2015年通过的《中国文物古迹保护准则（2015年修订版）》中延续了2000年版中关于"研究是一切保护工作的基础，研究贯穿于整个保护工作中"的表述，强调了研究在保护文物古迹保护工作中的作用。这也是针对在文物建筑保护中简单强调传统做法、采用原有材料而忽视对文物建筑的科学分析、技术研究的状况而提出的。20世纪90年代是中国文物保护开始快速发展的时期，但受到这一时期关于真实性讨论的影响，简单地认为原材料、原做法、原形制、原工艺就是对文物建筑的保护的片面看法，影响了文物保护技术的提高，成为制约中国文物建筑保护发展的瓶颈。2008年在北京召开的关于彩画保护的国际研讨会就清晰地反映了这一问题。这种状况在进入21世纪之后逐步发生了改变，2000年版《中国文物古迹保护准则》通过之后，敦煌研究院作为参编单位通过对石窟、壁画和造像的保护，实践相关的原则，强调研究在保护中的作用。2005年前后开始的山西南部早期建筑保护工程在前期勘查、材料分析、档案记录等方面采用新的技术和方法，取得许多对古代建筑新的认知，推动了文物建筑保护工程中研究工作的进展。《中国文物古迹保护准则（2015年修订版）》提出的文物古迹保护的相关原则也在文物建筑保护工程中得到越来越多的实践。

　　2018年中国古迹遗址保护协会开始评选"优秀古迹遗址保护项目"，通过这次辑集出版的《2018-2019年度优秀古迹遗址保护项目案例详解》，可以明显地看到中国文物建筑保护在理念和技术上的进步。这种进步体现在对保护对象的研究、社会参与、新技术的应用、相关传统文化和技艺的传承、为后期新的使用功能创造必要的条件等多个方面。

　　关于研究，故宫宝蕴楼对传统技术的发掘、新型防水卷材的应用，吉林伪满皇宫缉熙楼同德殿苫背材料的选择、加热化雪系统的运用，古月桥对建桥石材及破坏发生机理的研究与针对性的保护措施及专用材料的开发，武汉大学理学院憎水材料的使用，上海武康路100弄1-4号建筑的材料分析、检测等，都反映了研究工作对促进了文物建筑保护水平提高的重要意义。

　　研究也促进了传统维修方法和技艺的提升。承德普陀宗乘之庙对鎏金铜瓦保护技术的发掘、提升，天台庵保护工程中的详细勘察、木材的年代鉴别、原建筑材料的保护和使用、山西灵丘觉山寺塔刹的复原研究、福建东山关帝庙对屋脊彩瓷剪贴堆塑的保护方法、苫背材料的研究分析，都使整个保护项目具有扎实的基础，提高了文物建筑保护的科学技术含量。

　　文物建筑保护工程是专业性很强的工作，如何在文物建筑保护工程中促进社会参与在这次的案例中也得到了展现。如在塔尔寺的维修中寺院的喇嘛们参与了维修工程的整个过程，并用传统鎏金工艺维护了建筑上的鎏金构件，在保护的同时，促进了传统工艺的传承。文兴桥、文重桥、薛宅桥的灾后重建过程是一个全民动员的过程，大量当地民众参与到重建当中，通过文物保护加强了当地社会的凝聚力。

文物建筑的保护不仅要强调"不改变文物原状"的原则，同样也要通过适当的措施，使文物建筑所承载的丰富信息变得可以辨识，贵州海龙屯海潮寺作为土司遗址申报世界遗产的文物保护工程，在展示建筑信息方面做了大量努力，展现了很好的效果。

作为大型结构加固工程的南京长江大桥公路桥维修项目，在保证结构安全的前提下充分考虑文物保护的要求，最大限度地保持了大桥的原有面貌。

在使用功能方面，故宫宝蕴楼、吉林伪满皇宫缉熙楼同德殿、武汉大学理学院、上海武康路100弄1-4号建筑满足了新的使用功能，塔尔寺、东山关帝庙延续了原有的宗教和社会功能，古月桥、文兴桥、文重桥、薛宅桥保持了原有交通功能，南京长江大桥公路桥则具备了承担日益繁忙的现代交通功能的能力。

这次辑集出版的优秀古迹遗址保护项目，是近年来文物建筑保护工程中具有示范性的优秀保护项目，我们希望通过对这些项目的推广，使它们的经验能够成为中国文物建筑保护的普遍方法，促进中国文物建筑保护水平的不断提高。同时我们也更为期待在未来的文物建筑保护工作中不断涌现和产生新的经验。

中国古迹遗址保护协会副理事长、清华大学教授
吕舟

目录

序一
序二
绪论

1	故宫宝蕴楼修缮工程	017
2	吉林伪满皇宫缉熙楼同德殿保护修缮工程	035
3	山西平顺县王曲村天台庵修缮保护工程	057
4	河北承德普陀宗乘之庙古建筑保护修缮工程	075
5	湖北武汉大学早期建筑——理学院文物保护修缮工程	093
6	青海塔尔寺古建筑群修缮保护工程	121
7	山西灵丘县觉山寺塔修缮项目	133
8	福建东山关帝庙维修项目	159
9	贵州海龙屯海潮寺修缮项目	177
10	上海武康路100弄1-4号文物建筑修缮项目	199
11	南京长江大桥公路桥维修文物保护项目	219
12	浙江古月桥修缮工程	239
13	浙江泰顺廊桥——文兴桥、文重桥、薛宅桥灾后修复工程	261

绪论

一、综述

（一）背景概况

优秀古迹遗址保护项目评选和推介工作是为了顺应新时代古迹遗址保护的理念及要求，在国家文物局指导下开展的活动。优秀项目的评选旨在宣传推广优秀古迹遗址保护项目中的典型做法和经验，其重要意义在于强调优秀项目的导向性和示范性，通过推介活动向全社会和全行业推荐保护理念科学、施工质量精良、工程管理规范的优秀项目，促进文物保护工程质量的提升，树立起全行业学习、借鉴的典范，同时充分发挥文物保护成果惠及社会的积极作用。

优秀古迹遗址保护项目的评选推介工作开始于2013年，创办之初被称为"全国十佳文物维修工程"，之后于2014、2016年分别开展了三个批次总计30处"十佳工程"。

2018年，评选推介项目改称为"优秀古迹遗址保护项目"。评选工作本着宁缺毋滥的原则，严格限制申报条件和评选标准，同时鼓励省级及以下文物保护单位和尚未公布的文物保护单位不可移动文物中的古迹遗址保护项目参加评选推介。这一理念和标准的调整也在随后的推介工作中得到了贯彻落实，分别于2018年公布了6项、2019年公布了7项（含2处推荐项目），总计13项在全国范围内具有示范性意义的优秀项目。

在国家文物局的指导下，中国古迹遗址保护协会承担项目的评选工作。评选工作分为项目征集、初评、复核、终评、推介等程序。

1. 征集

工作主要由项目业主单位主动申报，中国古迹遗址保护协会理事单位、会员单位推荐以及中国古迹遗址保护协会文物建筑专家2人以上推荐等三种方式，经过资格审查后进入初评环节。

2. 初评

初评环节由中国古迹遗址保护协会会员单位、理事，以及会员中的文物建筑保护专家通过投票，产生入围终评项目。评选推介活动主办方公示初评结果，并开通网上投票，投票结果供终评会议参考。

3. 复核

复核采用专家现场考察的方式，评选推介活动主办方组织专家对入围终评的项目进行现场复核。复核专家提交复核报告。

4. 终评

评选推介活动主办方组织终评委员会专家，根据报送材料、复核专家意见及网上投票情况对申报项目进行综合评议，经专家实名投票，得票率达到80%（含）则被列入推荐的优秀项目名单。对优秀项目报告及具有重要意义的研究成果,终评委员会可向评选推介活动主办方予以推荐。

5．推介

评选推介活动主办方适时组织优秀项目进行经验交流,并在媒体上进行宣传推介。推介活动公开、充分地展示优秀项目的特色和技术要点,由主要参与人员做深度分享,并由行业专家进行点评。

(二) 年度评选情况

2018、2019年度共公布了11项优秀工程和2项推荐项目,遍布北京、吉林、山西、河北、湖北、青海、福建、贵州、上海、江苏、浙江在内的总计11个省市。评定的优秀工程项目主要面向古建筑、近现代代表性建筑和重要史迹,共评定古建筑类项目8项、近现代类项目5项。

2018、2019年度优秀工程和推荐项目表　　　　表0-1

序号	项目名称	省市	类型	荣获奖项
1	故宫宝蕴楼修缮工程	北京	近现代	2018年度优秀工程
2	吉林伪满皇宫缉熙楼同德殿保护修缮工程	吉林	近现代	2018年度优秀工程
3	山西平顺县王曲村天台庵修缮保护工程	山西	古建筑	2018年度优秀工程
4	河北承德普陀宗乘之庙古建筑保护修缮工程	河北	古建筑	2018年度优秀工程
5	湖北武汉大学早期建筑——理学院文物保护修缮工程	湖北	近现代	2018年度优秀工程
6	青海塔尔寺古建筑群修缮保护工程	青海	古建筑	2018年度优秀工程
7	山西灵丘县觉山寺塔修缮项目	山西	古建筑	2019年度优秀工程
8	福建东山关帝庙维修项目	福建	古建筑	2019年度优秀工程
9	贵州海龙屯海潮寺修缮项目	贵州	古建筑	2019年度优秀工程
10	上海武康路100弄1-4号文物建筑修缮项目	上海	近现代	2019年度优秀工程
11	南京长江大桥公路桥维修文物保护项目	江苏	近现代	2019年度优秀工程
12	浙江古月桥修缮工程	浙江	古建筑	2019年度推荐项目
13	浙江泰顺廊桥——文兴桥、文重桥、薛宅桥灾后修复工程	浙江	古建筑	2019年度推荐项目

评定项目的文物具体类别呈现多元化的特点。尽管"寺庙"类型仍在优秀工程中占多数,包括塔尔寺、普陀宗乘之庙、天台庵、海龙屯海潮寺四项工程,但2018、2019年度公布的优秀工程的文物类型仍是颇为丰富的:有"图博公益"类的故宫文物库房宝蕴楼,有"坛庙"类的福建东山关帝庙,有觉山寺塔,有"石桥"类的古月桥,"廊桥"类的泰顺廊桥,"铁路桥"类的南京长江大桥,有伪满皇宫及日伪军政机构旧址及武汉大学早期建筑这种在近现代时期具有较高影响力的文物保护单位,也有文物级别不高、但在修缮工程中具有典型示范意义的上海武康路100弄1-4号文物建筑。

优秀项目的文物保护级别层次也变得更加丰富。不仅面向全国重点文物保护单位的修缮工程，也面向其他级别文物保护单位的修缮项目。武康路100弄1-4号文物建筑修缮工程的文物本体仅为上海市徐汇区文物保护单位，而南京长江大桥尽管具有较高的知名度和社会影响力，但却是尚未核定公布为文物保护单位的不可移动文物。以上两项保护项目的当选也充分反映了评审委员会以保护理念、保护技术、传统传承、修缮效果、社会影响等为导向的评定模式，而不是以文物"身份"论英雄，避免出现遗珠之恨。

工程技术的多样性也是优秀工程评选的重要亮点之一。天台庵、普陀宗乘之庙、觉山寺塔、东山关帝庙、海潮寺、塔尔寺、泰顺廊桥等修缮项目分别延续了北方、南方、西北地区的典型传统维修技术工艺。同时，新材料、新技术以及信息数字化技术在不同场景的应用也是优秀项目中常见的技术手段。例如，武汉大学理学院、武康路100弄1-4号文物建筑保护项目中引入了BIM系统，南京长江大桥保护项目中使用了自密实高性能混凝土加固方法，而古月桥加固材料的改性研究成果更是获得了国家专利。多样的工程技术手段是在传统的修缮技艺基础上，运用当代技术，对文物病害进行科学、高效诊断及修缮的重要方式，恰当的技术能在一定程度上提高修缮的效率，多学科的共同参与也能促进行业的整体发展。

（三）编写主旨

党的"十八大"以来，我国的文物保护事业取得了长足的发展。全国人民代表大会常务委员会于2017年对《中华人民共和国文物保护法》及《中华人民共和国文物保护法实施条例》进行了修订。

国家文物局先后颁布了《文物建筑保护工程施工组织设计编制要求》《古建筑修缮项目施工规程（试行）》《古建筑保养维护操作规程》等规范性文件，以此进一步规范文物保护工程的管理与实施。《全国重点文物保护单位文物保护工程检查管理办法（试行）》及《全国重点文物保护单位文物保护工程竣工验收管理暂行办法》的颁布则规范了文物保护工程事中、事后的监管工作。

《关于促进文物合理利用的若干意见》《关于加强文物保护利用改革的若干意见》《文物建筑开放导则》《文物建筑开放利用案例指南》等文件和书籍的发布，深刻贯彻了文物保护十六字方针中"合理利用"的理念，着眼文物保护单位修缮后的活化利用，反向促进文物保护工程在勘察设计、施工阶段形成在以坚持"不改变原状"和"最低限度干预"为基本原则的基础上，依托文物本体、着眼未来的"保护"与"利用"深度结合的新修缮理念。

本书以2018、2019年度优秀项目和推荐项目为主要阐述对象，总共包含了13个案例。通过呈现案例"典型性""示范性"，向读者展示文物保护行业的发展状况。同时通过具体案例的保护、介入方式、技术手段及操作流程，向从业人员提供一定的参考及示范。

单一案例的阐述采用总分结构进行呈现，按照国家文物局倡导的文物保护理念和原则为依据，以案例亮点为线索，力求还原项目执行各个阶段中所面临的突出问题及解决方式。案例主要分为两大部分：第一部分为案例概况，主要介绍保护对象的基本情况概要，包括保护单位身份、类型、简介、核心价值、保护历程等，其次概述项目背景，包括本体保护方面的缘由、项目启动的社会背景、项目所在地的特殊环境等，再次介绍案例的工程目标、实施过程、实施的效果以及引发的社会效益；第二部分为案例在实施过程中具有典型示范意义或者具有相当针对性的独特亮点，以国家文物局倡导的保护原则为依据，在既定的框架下，通过各获奖项目在不同原则框架下的具体做法，向读者展示文物保护工作者们针对不同背景、不同地域、不同类型、不同利用方式的文物保护单位，基于基本保护原则所进行的理解、阐释、执行方式。

二、主题亮点阐述

案例的亮点是以国家文物局多年以来倡导的保护原则为依据，同时总结了近年以来我国文化遗产保护领域在保护、开放、管理等方面的新探索，包括"不改变原状""真实性""完整性""最低限度干预""保护文化传统""使用恰当的保护技术""防灾减灾""预防性保护""开放利用功能与保护工程的结合"以及"工程管理"等关键词。

本书中的13个案例在贯彻基本保护原则的基础上，其设计和施工过程中根据实际情况，在不同的原则阐释上各有特点和侧重。文中选择了项目中具有示范意义的、使用了某种独特工艺及技术的方面作为向读者展示的重点，这里首先针对案例及原则进行简单概述。

（一）"不改变原状"原则

不改变原状原则是文物古迹保护中最基本的原则，在设计、施工过程中，使用的制作工艺、技术手段、介入方式等均是在坚持"不改变原状"原则下实施的。修缮完成后文物本体的整体观感、空间格局以及从屋面、梁架、基础再到装饰细节等方面均为判断是否坚持基本原则的依据。

此项原则在本书的案例中均得到了较好的落实，例如其中的优秀案例山西平顺天台庵保护修缮工程在此方面具有较为良好的示范意义。该项目在针对天台庵受损部件进行修正、补强、加固的基础上进行施工，修缮完成后文物建筑的整体观感和基本形制均保持了修缮前的整体风貌，其施工中的技术要点和亮点阐述详见该篇章。

（二）"真实性"原则

真实性原则不仅针对修缮工程对于材料、工艺的真实性，也注重对于历史信息、历史要素以及文物古迹承载的历史文化的真实性。

优秀案例北京故宫宝蕴楼修缮工程、吉林伪满皇宫缉熙楼同德殿保护修缮工程、湖北武汉大学早期建筑——理学院文物保护修缮工程、武康路100弄1-4号文物建筑修缮工程、南京长江大桥公路桥维修文物保护项目等五项保护工程，其文物本体均为建造于近现代甚至现当代的建筑，在修建之初便使用了大量诸如混凝土、水磨石等现代材料，但是由于材料和技术水平的演进，当初的材料与现在的材料具有较大差异。以上几项修缮项目通过材料配比研究以及制作工艺的追溯研究，科学地还原了文物材料和工艺的真实性，达到了较好的修缮效果。

（三）"完整性"原则

完整性原则不但强调对于文物古迹价值载体及其环境，即"空间"维度上的保护，同时也注重对于文物古迹在不同历史时期遗存的时代特征，即"时间"维度上的保护。

北京故宫宝蕴楼修缮工程和承德普陀宗乘之庙古建筑保护修缮工程分别践行了以上针对"空间""时间"维度的保护原则。在"空间"维度上，宝蕴楼修缮工程注重对于院落环境的整体研究和保护，形成了考古与修缮相结合的工作模式。普陀宗乘之庙修缮工程注重对于历史维修痕迹的保护与保留，充分尊重各历史时期的修缮成果，对于文物建筑本体安全不构成影响的部分予以保留，以保持"时间"维度的完整性。

（四）"最低限度干预"原则

最低限度干预原则也是文物古迹保护与修缮的重要原则之一，多年以来被我国文化遗产保护领域广泛接受并予以实践。与此同时，最低限度干预原则也在某些文物保护项目中得到了社会层面的广泛讨论。较高水平的有限干预往往在观感上难以被察觉，在遵循基本原则的基础上，既需要排除文物建筑的病害，又需要得到社会的认可，是一个复杂而充满挑战的工作。

山西平顺天台庵保护修缮工程在施工过程中，主材的修缮采取修整、挖补、粘接、加固、补强等一系列技术措施最大限度地保留了原结构和原构件，主材更换率极低。福建东山关帝庙维修项目在揭顶施工过程中为了尽可能保留屋脊瓷雕，根据受力计算的结果将屋脊整体起吊抬升，而后进行屋面的维修工作，正如"头痛医头，脚痛医脚"，严格控制了干预力度，是较为大胆且行之有效的一次实践。

（五）"保护文化传统"原则

作为文化传统，生产、生活方式以及非物质文化遗产的价值载体，文物古迹对于"精神"层面的文化传统的保护和延续也是重要的保护原则之一。

青海塔尔寺古建筑群修缮保护工程与福建东山关帝庙修缮项目的文物本体作为宗教活动场所和民间信仰的重要载体，在修缮过程中得到了使用者广泛且深入的参与，塔尔寺项目施工更是由具有文物保护工程施工一级资质的塔尔寺古建筑有限公司实施。寺院僧侣的参与，使得传统建筑工艺得到传承的同时，文化传统方面也能得到保护和延续。

（六）"使用恰当的保护技术"原则

使用恰当的保护技术是文物古迹保护工作实施的重要抓手。成熟恰当的保护技术是保护工程实施的必要条件，而传统工艺的传承和使用更是保护物质和非物质文化遗产的前提。

在此项原则上，各个案例均使用了较为独到的保护技术，如故宫宝蕴楼项目对于"堆灰捵浆"工艺的恢复，普陀宗乘之庙项目对于鎏金铜瓦屋面的维修、伪满皇宫缉熙楼同德殿项目对于琉璃瓦的复制、东山关帝庙项目采用的油烟清洗技术、浙江古月桥加固材料的改性研究以及泰顺廊桥项目中当地非遗传承人和工匠的全程参与等等，具体情况不一而足，使用的技术或传统，或现代，或简易，或复杂，其中没有最好的技术，只有最恰当的技术。

（七）"防灾减灾"原则

防灾减灾是文物古迹保护过程中极为重要的原则，科学评估各类人为及自然灾害并制定相应措施和应急预案是避免文物古迹和人员遭受不必要危害的重要工作。

浙江古月桥修缮工程在施工中先期对风险因素进行判断，针对施工过程中可能出现的自然及人为因素制定相应的应对措施，施工过程中进行结构安全的在线监测，修缮完成后还设立了永久性的监测站，是较为典型的案例。

（八）预防性保护

预防性保护理念多年来被国际文化遗产保护领域所广泛提及。通过在不同季节、环境及场景下预判文物本体及其所处环境中所存在的潜在威胁因素，并基于预判制定干预、防护、管理措施，从而在一定程度上减缓、规避这些不利因素，达到保护的目的。这就要求管理者能够在风险发生前提前预判可能发生或即将发生的不利变化，从而采取具有针对性的保护措施。这种预判不仅需要考虑文物本体及其所处的微观、宏观社会环境，同时也需要考虑文物所处的广大自然环境。

本书案例中的"预防性保护"工作主要体现在施工过程中的预支护、监测以及项目完成后的日常监测等措施。如古月桥修缮项目中对于可能发生的因洪水侵袭、结构变化而导致的坍塌而采取了预支护措施，但这一预支护措施在发生较大结构问题前均无受力作用。再如泰顺廊桥在修缮完成后针对文物本体及环境进行的日常监测措施。预防性保护是需要深入研究并持续进行的，在"日常保养维护"之上，更进一步地进行具有针对性的科学、有效的保护工作，这也是我们需要持续探索并加强的工作。

（九）开放利用功能与保护工程的结合

文物开放利用与保护工程相结合，需要求工程开展前的工程目标、工程方案、工程技术在保护的前提下为未来的利用创造更好的条件。国家文物局近年来先后编制印发了《文物建筑开放导则》和《文物建筑开放利用案例指南》，鼓励文物古迹适度、有序地开放。文物保护修缮工程作为开放前的必要准备工作，将其与开放利用的功能相结合已经成为必然的趋势。

该类典型案例如故宫宝蕴楼、伪满皇宫缉熙楼同德殿等建筑修缮完成后均作为博物馆进行展示使用，需要在完成必要修缮工作的同时，满足现代化展览展示功能的需求；武汉大学理学楼作为教学场所，满足现代化教学功能的使用需求；南京长江大桥作为重要交通设施，则需要承担繁重的交通压力。诸如此类项目，在文物保护的前提下，必要的电力、电信、给水、排水、供暖、采光、承重、安消防等都是必须要考虑的问题。

（十）工程管理

科学、有序的工程管理是文物古迹保护项目顺利开展的必要条件。国家文物局印发的《文物保护工程管理办法》《古建筑修缮项目施工规程（试行）》《文物建筑保护工程施工组织设计编制要求》《全国重点文物保护单位文物保护工程检查管理办法（试行）》《全国重点文物保护单位文物保护工程竣工验收管理暂行办法》等文件均是为了从管理、施工等各个层面对施工程序的规范性和合理性进行约束和规范。

工程管理一方面是在复杂项目的综合性管理维度上，利用管理模式加强各方协调，另一方面是在微观的技术环节中，通过合理的工序管理达到修缮目的。

例如，湖北武汉大学早期建筑——理学院文物保护修缮工程的业主单位专门成立了文物保护管理委员会，利用业主单位的总体协调优势加强各方工作的衔接，从制度层面保证了保护和修缮工作的顺利实施；承德普陀宗乘之庙古建筑保护修缮工程采取了清理、勘察与设计同步进行的方法，对清理出的构件和遗址进行了及时的研究与保护，科学地制定了修缮方案；山西灵丘县觉山寺塔修缮项目在拆解构件前建立了完善的构件编号系统，保证了拆解工作高效有序地实施。

1

故宫宝蕴楼修缮工程

一、案例概况

（一）保护对象基本情况概要

1．简介

宝蕴楼地处紫禁城外朝外西路，位于西华门内，武英殿西。明代此处为皇家大庖、尚膳监的所在。清朝此处曾用作尚衣监，后又改成咸安宫官学的校舍，用来教育培养清内务府三旗子弟及景山官学中的优秀学生。清末至民国初年，此处仅存咸安门。1914年，古物陈列所成立，在原咸安宫的原址上建造用于存放沈阳故宫及承德避暑山庄运来文物的库房，翌年竣工，即宝蕴楼。1948年，古物陈列所并入故宫博物院，宝蕴楼也得以妥善保存延续至今。

图1-1 宝蕴楼原状鸟瞰照（来源：吴伟 摄）

该楼依据西洋建筑的式样设计，仍以南侧的咸安门为中轴线，采用封闭的周边式布局，在北、东、西三面各建一座砖木混合结构的二层楼房，下部还有半截露明的地下室。其中以北楼为主，体量最大，东、西两楼相峙，左右对称。三楼均采用大块的城砖砌筑墙身外饰水泥饰块并整体涂以红色，屋顶是高耸的四坡式屋顶，铺绿色的牛舌瓦。宝蕴楼中西合璧的建筑形制和装修特征在故宫的古建筑群中独树一帜，并且也是我国近代博物馆史上第一座专门用于保存藏品的大型文物库房。

2．核心价值

历史价值：宝蕴楼利用"西华门内、武英殿西"的明清建筑旧址兴建，但地下遗迹保存基本完好，一定程度保存并反映了明、清时期该地区复杂多变的建置功能，对我们深入研究紫禁城的历史变迁和早期博物馆事业发展提供了重要的实物资料。同时宝蕴楼较为翔实的修缮档案与图纸资料，也让我们得以窥见近代紫禁城古建修缮工程制度的发展。最宝贵的是，宝蕴楼是紫禁城中仅存的古物陈列所时期的建筑物，也是文物南迁史的重要实物印记。

建筑价值：宝蕴楼是近现代建筑设计的重要实证。在民国时期工程师的巧妙设计下，宝蕴楼充分利用原有咸安宫的院落和建筑格局，结合西方建筑元素，与中国传统木结构宫殿大门围合成独特的院落。设计师在建筑尺度及色彩方面的优秀把握，有特色却并不突兀；且在内外细部建筑装饰风格上，处处体现杂糅的、中西合璧的特点。它反映了这一历史时期国内近代建筑的典型特征，值得我们进一步研究和分析。另据发现，咸安门是紫禁城明代官式建筑的"遗珠"，其明代木作细部特征及营造尺度是紫禁城内不可多得的明代木构宫门建筑实证。

（a）宝蕴楼建成初期的咸安门南立面

（b）建成初期的宝蕴楼正楼南立面

图1-2 宝蕴楼建成初期的历史照片（来源：网络）

图1-3 宝蕴楼远景（来源：吴伟 摄）

图1-4 宝蕴楼主楼一层明间的西式中柱及栏杆罩原状（来源：吴伟 摄）

艺术价值：宝蕴楼的内外装饰风格融合了新古典主义、巴洛克、洛可可等欧式建筑特点，同时结合传统中式的装饰纹样，具有深厚的文化寓意。这种杂糅的艺术特征反映出民国时期的文化氛围及"西学中用"的社会风尚，而咸安门和东西耳房的彩画，也是研究清官式彩画的珍贵例证，具有极高的艺术价值。

社会价值：宝蕴楼是我国近代博物馆史上第一座专门用于保存藏品的大型现代文物库房，是中国早期博物馆水平提高和迈向成

图1-5 文物南迁时在宝蕴楼打包的情形（来源：故宫博物院提供）

熟的一个重要标志。在民国初期至修缮前这近一个世纪的时间里，宝蕴楼为大量珍贵文物的收藏、保存、展览起到了重要作用，一直发挥着博物馆开化民众、宣传教育的功能，为当下故宫博物院乃至全国的博物馆事业的发展与进步、中国传统文化的传播做出了重要贡献。

3. 保护历程

宝蕴楼自1915年竣工后，使用期刚满十年就开始出现了比较多的质量问题。

1936年，古物陈列所致函内政部请求拨款修缮年久失修的殿座，其中宝蕴楼就属于"最小限度有急于修理之必要工程"，并且在函中官方也承认"工程本不坚固，二十余年以来，未曾修理"。

1937年，民国政府内政部委托旧都文物整理实施事务处对宝蕴楼进行勘察设计并标由恒茂木场承修。在当时的修缮做法说明书里对屋顶及雨水管沟、墙身及护窗板、踏跺、甬路及散水等做法均作了详细的记录，包括洋灰的配比、油饰的型号、砖的尺寸都进行明确的说明。这是民国时期唯一一次较为全面的修缮。

1951~1952年，时任北京文物整理委员会设计师的于倬云、律鸿年完成了对宝蕴楼建筑本体的勘察及修缮设计，并绘制了图纸，主要对瓦顶、台阶、水管、附楼雨篷、抹灰、平台、吊顶进行了修复，但这次修缮中最重要的改动就是为了保证结构稳固而在主楼、附楼地下室加了支柱。

1953年，中央革命博物馆筹备处在宝蕴楼安装消防栓，目前消防水管已不能使用，但是仍作为遗物保留。

1986年之前曾有一次小规模修缮，将宝蕴楼主楼山花的样式由富有变化曲线的西式造型改成现今的水泥抹灰三角形山墙。

2004年发现宝蕴楼东北角瓦顶部分瓦件脱落，连檐变形，檐头木构件局部糟朽。仅对宝蕴楼东北角搭勘察架子至屋面，对瓦件缺失部位做临时防漏处理。

2011年12月，故宫博物院完成了宝蕴楼的腾退工作，随即开始对宝蕴楼开展勘察测绘、制定修缮设计方案。

2014年3月7日，宝蕴楼全面修缮正式开工。

（二）项目背景

腾退后的宝蕴楼经过勘察研究，发现咸安门及宝蕴楼建筑在屋顶瓦面、木椽望板、局部大木构架、墙体墙面、油饰彩画、门窗装修、地面散水等方面存在如下不同程度的残损和隐患。

咸安门的问题有：台帮、阶条石和踏跺等风化、酥裂、缺失严重，踏跺错位，象眼走闪，散水残损缺失；室内方砖断裂较多，部分碎裂，局部地面下沉；瓦顶灰条脱落漏雨，导致木基层糟朽严重，影响大木结构，尤其东耳房前檐东北角沉降严重；下架大木及椽望油饰、外檐彩画和大门内檐下半部彩画地仗空鼓脱落、油皮起翘现象严重。

宝蕴楼的问题有：踏跺错位，象眼走闪，散水残损缺失；瓦顶残积水垢、多处缺损，导致屋面板、挂瓦条糟朽和油毛毡防水层粉化失效，室内漏雨严重，以主楼东北角最甚；檐沟、落水管斗等屋面集落水装置缺失、朽坏严重，造成檐部木构件甚至外装修包括门窗过木糟朽、锈蚀，油饰、油漆剥落殆尽，檐部油饰彩画缺失，室内外墙面空鼓甚至脱落；因缺少防水层，地下室墙面泛碱、空鼓严重。门窗、梁架铁皮、铁艺构件及五金件锈蚀严重。

虽然咸安门及宝蕴楼建筑主体结构较为稳定，但上述方面的病害和问题仍处于发育期，有继续加剧的趋势。其中亟需解决的是咸安门东耳房前檐东北角大木残损问题、瓦顶漏雨和彩画

(a) 咸安门北立面原状　　(b) 咸安门东侧台帮、散水残损　　(c) 咸安门西耳房室内地面砖粉化

(d) 咸安门东耳房双步梁头残损　　(e) 咸安门大门北坡瓦面灰条脱落　　(f) 咸安门南坡椽飞糟朽

图1-6　咸安门修缮前的病害状态（来源：吴伟 摄）

(b) 附楼雨蓬糟朽漏雨

(a) 宝蕴楼门楼残损原状　　(c) 宝蕴楼屋顶油毛毡粉化失效　　(d) 主楼室内吊顶糟朽、漏雨

(e) 宝蕴楼地下室墙面泛碱、空鼓　　(f) 附楼台阶走闪、散水残损　　(g) 宝蕴楼院内的临建现状

图1-7　宝蕴楼修缮前的病害状态（来源：吴伟 摄）

起翘剥落严重的问题；宝蕴楼屋顶漏雨、地下室防水问题、门窗锈蚀问题，以及宝蕴楼院落内乱搭乱建、院内排水问题。

为了消除影响宝蕴楼安全性隐患，保存并延续其真实性和完整性，恢复宝蕴楼的原有风貌，故对宝蕴楼立项进行全面的维修。

（三）工程目标

工程性质：修缮工程。

实施对象：宝蕴楼、咸安门及院落。

修缮工程的范围：

咸安门：重点对散水、屋面、油饰彩画等残损严重并影响文物安全的部位进行维修保护。具体内容包括：揭墁散水，归安错位的踏跺和阶条；剔补地面和墙面酥碱严重的青砖；封砌山墙上后开的窗洞，清理打点墙面；东耳房前檐大木进行修补；局部揭瓦屋面，更换檐部糟朽的椽望；检修装修，修补油饰，重新绘制外檐及正门双步梁以下的内檐彩画。

宝蕴楼：重点对散水、落水、防水、屋面等残损严重并危害文物安全的部位进行维修保护，并对墙面抹灰、装修檐部的油漆油饰等严重影响外观风貌的部位进行治理。具体内容包括：揭墁散水，归安松散错位的附楼踏跺；揭瓦屋面，重做防水层，更换糟朽的屋面板和挂瓦条，更换檐沟落水；修补或更换糟朽的大木构件，检修装修，重新油漆，重做檐部油饰彩画；修补吊顶和墙面抹灰，清理打点墙面。

对院落进行综合整治，拆除后加后改的构筑物，恢复宝蕴楼原建筑格局，并完善排水系统，排除隐患。具体内容包括：拆除院内临时建筑、后改机砖围墙和水泥甬路，按南围墙形式恢复东西围墙，铺设青砖甬路，海墁院落地面，完善院落排水系统。

工程目标：

在坚持文化遗产保护的真实性原则和坚持"不改变文物原状"文物保护修缮原则的基础上，以文物建筑现状修整为主，尽可能使用原做法、原工艺，尽量保留原有构件，并采取适用的技术手段，排除宝蕴楼现存文物建筑的隐患，保证文物建筑的安全性，恢复原有风貌。

（四）实施过程

咸安门为明代官式建筑，宝蕴楼为民国西洋式风格近现代建筑，二者不仅建筑年代相距久远，建筑的结构、外观、装修、陈设、功能以及工程的材料做法等均大相径庭。故对设计与施工均提出了极高的要求。这次修缮保护工作，对故宫文物建筑修缮保护工作来说，也是一次宝贵的经验积累。

1. 完善并创新工程管理体系

根据宝蕴楼的具体实际和故宫大修的管理经验，故宫博物院在宝蕴楼的修缮过程中，进一步完善故宫的工程管理体系，并立足于当下先进的修缮理念与方法，不断探索文物建筑修缮新方法、新模式。创新之一：将施工前的勘察、检测及竣工后的资料整理、报告撰写出版各环节均纳入工程管理体系进行完成，强调了及时的记录与研究并公布也是修缮保护项目中的重要组成部分，而不能仅仅满足于传统工程资料的记录，更不能忽视或拖延；创新之二：在工程管理中摸索出协调施工和科研协调开展的良性循环。宝蕴楼工程中需要协调、管理的单位除了工程相关单位部门之外，还增加了相关入场工作的科研单位人员，同时故宫博物院自身也调动并整合多个部门资源全力配合本次修缮工程。从管理内容上看，宝蕴楼的工程管理内容除了涵盖勘察、设计、修缮施工、材料管理、造价管理、工期管理、安全管理这些故宫大修中通行的管理内容外，根据本次修缮的特点，增加了院内考古协调管理、避雷施工管理、配合研究实验项目的协调管理、展览利用装修施工管理等内容。只有先行做好工程管理协调体系上的研究和设计，才会更有质量、更顺畅、更有效率地完成项目目标的实施，这也是故宫博物院在宝蕴楼项目上收获的最重要经验。

2．现场勘察、资料收集与前期检测与研究

2011年12月，故宫博物院委托河北省古代建筑保护研究所承担《北京故宫宝蕴楼修缮保护方案》的编制工作，河北省古代建筑保护研究所组成了专门的项目组，完成了实地勘测，并对宝蕴楼历史维修改造情况进行了详细调查与研究。故宫博物院同样在立项之初成立了工程管理团队，并有专人在前期和施工过程中负责勘察现场状态，并查询和收集藏于故宫博物院档案库及史料库的相关资料，结合勘察现场的发现情况，来明确不同时期修缮的信息和做法，提供给设计单位来指导保护方案的科学制定。

除此之外，故宫博物院委托了中国林业科学研究院木材工业研究所全面勘察了咸安门和宝蕴楼的大木结构情况，编制了《故宫宝蕴楼木结构材质状况勘察报告》；委托北京科技大学冶金与材料史研究所的专家对宝蕴楼所使用的近现代建筑用金属构件及油饰彩画进行取样分析，为修缮过程中的原材料、原工艺恢复提供科学依据；委托北京国文琰信息技术有限公司对宝蕴楼、咸安门以及地下考古遗址获取三维数据信息，为施工过程中的研究做好基础资料记录。

3．制定详细、科学、有针对性的修缮保护方案

宝蕴楼修缮工程的保护方案在坚持文化遗产保护的"真实性"原则和坚持"不改变原状"的文物保护修缮原则的基础上，尽可能使用原做法、原工艺，尽量保留原有构件；残损的构件经修补后仍能使用的，不应更换。确保各单体建筑及相关文物遗存修缮前后风格的一致性。对于原结构存在的或历史上干预形成的不安全因素，允许增添少量构件，改善受力状态。凡是有利于文物古迹保护的技术和材料，在经过实验论证之后，适当采用新材料、新工艺，增加修复的科技含量，以确保修复后的可靠性和持久性。以文物建筑现状修整为主，采取适用的技术手段，排除宝蕴楼现存文物建筑存在的隐患，保证文物建筑的稳定性和安全性。

4．施工组织实施

施工单位一方面严格按照审定的保护设计方案，贯彻落实到施工各个环节，并在施工前后及过程中进行全程记录，做好文字、影像、图纸等资料的采集、分类和整理工作，做好施工记录和工程文件档案的整理工作。

另一方面，根据故宫大修的经验，由于保护设计方案的天生"缺陷"，无法对建筑的隐蔽部位进行更加详细的勘察，因此在施工初期揭露隐蔽部位时，要求施工单位及时将发现的新问题、新情况告知各方，以便会商论证优化设计和施工方案。例如咸安门东耳房东北角下沉原因，因无法深入勘察节点部位，设计阶段推测为木柱沉降。在施工阶段局部解体东北角大木发现，是额枋头糟朽、下沉所导致的下沉原因，因此及时补充了设计勘察工作并及时进行了新的设计方案论证、实施。

另外，在重要的部位、大面积的开展施工时，施工单位遵循设计单位的要求，小范围进行方案实施操作以观察效果，再确定是否全面开展施工或者优化方案。

宝蕴楼修缮保护过程中，充分调动了施工单位的积极性和主观能动性，施工单位主动提供了找寻"黑烟子油"和"堆灰掸浆"技艺的众多线索，为宝蕴楼原有工艺的恢复做出了重要的贡献。

5. 会商机制和专家论证制度的落实

在宝蕴楼项目施工管理中，坚持每周进行会商例会，一般借助监理例会的契机，就工程的质量、进度、材料、安全以及其他各项工作的开展协调等内容进行沟通解决，特别是协调考古工作、文物检测和后期的装修展陈施工穿插。在必要时，召开现场会商。这样能更加稳妥及时地发现和解决问题，这是宝蕴楼工程质量和进度得以保证的有力手段。并且每次例会都形成会议纪要，会后送达参会各方。

在严格遵守国家文物局批复意见的基础之上，故宫博物院在宝蕴楼重要的修缮方案的深化和落实过程中，邀请相应专业领域的专家进行指导、论证，以尽可能保证方案的可操作性和预期实施效果。

6. 施工过程中研究工作的开展

除了常规施工内容之外，为了最大限度地保存咸安门和宝蕴楼的"完整性"和"真实性"并指导项目的科学实施，故宫博物院组织人力物力对宝蕴楼进行历史修缮档案查寻、现场细部信息记录、三维扫描数字手段记录及文物实验检测手段记录，以全面地获取工程资料和建筑历史信息，取得了良好的效果。

图1-8 宝蕴楼主楼三维点云数据横切面（来源：故宫博物院提供）

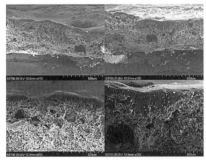

图1-9 铁门黑漆的黑色颜料断面SEM形貌（来源：故宫博物院提供）

7. 工程报告的及时编写与发布

在修缮之初，故宫博物院就制定了工程报告的写作计划并编制了体例，在工程进行中就不断收集相关资料编写工程报告。宝蕴楼工程竣工第二年，故宫博物院完成了报告的初稿。宝蕴楼修缮工程报告作为继故宫《武英殿》《钦安殿》修缮工程实录之后的第三本修缮工程报告，是故宫古建筑整体维修保护工程科学化的重要成果，是对故宫古建筑维修保护历程与经验的总结，及时公布、出版修缮工程报告有利于完整、真实地记录工程情况及相关资料，有利于社会大众共享修缮研究成果，对今后的修缮保护项目有着重要的借鉴意义。

图1-10 宝蕴楼工程报告封面
（来源：故宫博物院提供）

（五）实施效果

1. 最低限度干预

工程始终坚持最小干预原则，主要体现在如下两个部位的修缮：

（1）咸安门单批灰彩画的保护与修复

咸安门内外檐单批灰彩画普遍褪色，外檐地仗普遍起翘剥落严重。内檐双步梁及以下部分地仗起翘剥落严重；内檐双步梁以上地仗部分起翘剥落。雀替地仗基本全部脱落。对其进行修复的难度极高，以往修缮中对这种情况多以新做为主。但为了最大限度地保存咸安门彩画的真实性、实现最低限度干预，除部分外檐彩画情况严重的，其余部分尽可能采取修复工艺，并根

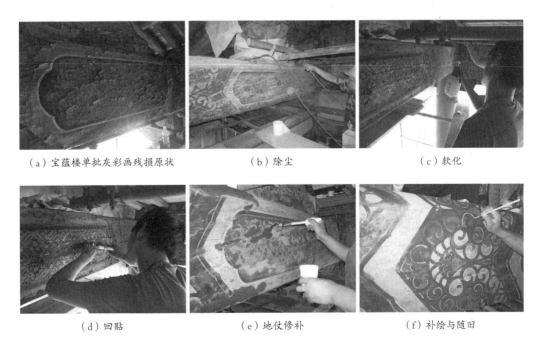

(a) 宝蕴楼单批灰彩画残损原状　　(b) 除尘　　(c) 软化

(d) 回贴　　(e) 地仗修补　　(f) 补绘与随旧

图1-11 咸安门单批灰彩画的修复工艺（来源：吴伟 摄）

据不同病害情况采取不同的修复措施：对缺失部分，按照旧彩画的原形制、原工艺、原做法进行补绘；对于尚存的彩画进行除尘、除污，残损严重的部位根据不同病因采用加固、回贴或补绘等不同修复方案，同时随旧随色使新补彩绘的彩画与存留的老彩画在图案及色彩上都做到了"近看有别，远看相似"的效果，既有较好的观感，也体现了可识别性原则。

（2）咸安门地面砖局部的修补

由于年代久远，咸安门地面砖绝大部分砖体出现不同程度的损坏。依据文物修缮的常规做法，为了最低限度干预，只有损坏严重的、一般在砖体损坏深度20毫米以上且破损面积大于二分之一砖体时才进行更换；其他小于此数值的，一般予以现状保留。原设计方案根据以上标准确定此次更换砖体数量约140余块。经过现场仔细勘察后，与设计人员沟通，建议除去无法修复必须更换的砖体，其余的决定采用已经在故宫内其他地方实验成功的新方法——砖体修补灰浆技术进行局部修补。这是用旧砖研磨的砖粉配以合适的粘合剂，调制成修补灰浆涂抹在砖体的残损部位，经过整修打磨后，外观质感、耐久度能与原砖效果几乎相同。这样施工后最后仅替换了20多块砖体，不仅可以最大限度地保留原有的旧砖地面，减少干预，还使地面残破的外观得到最大的改善。修补后的砖铺地面，沧桑古朴且协调统一，难以看出修补痕迹。时至今日，耐磨耐损效果优异，目前已经在故宫博物院院内其他项目中推广实施。

（a）咸安门地面砖修缮前残损

（b）咸安门地面砖修补过程中

（c）咸安门地面砖修缮后效果

图1-12 咸安门地面砖的修复工艺（来源：吴伟 摄）

2．结构恢复与补强

一是恢复了咸安门东耳房的大木结构的稳定状态。施工中针对咸安门东耳房大木的病害进行局部落架，结合东耳房双步梁糟朽的实际情况，先将旧彩画做好封护，在确保结构安全的情况下，尽量保留旧构件、旧彩画的基础上，将双步梁头糟朽部分剔除，采用同材质木料拼补梁底、两帮及上面，新旧木构件接触部分涂刷环氧树脂胶固定，剔槽加铁箍两道固定。双步梁则按原样式裹楞、刻口。这样最大限度地保留了旧彩画并恢复了原有的结构功能。

(a) 东耳房前檐额枋槽朽　　(b) 额枋槽朽部分剔除后情形　　(c) 额枋修补刻槽

(d) 拼补新制额枋头　　(e) 铁箍加固　　(f) 额枋修补后归安

图1-13　咸安门东耳房额枋的拼补加固（来源：吴伟 摄）

二是对宝蕴楼屋面防水层做了补强处理。原有的油毛毡全部为建筑始建时所铺设，呈方块状，揭露时大多粉化失效。由于油毛毡属于早期屋面防水材料，因保存期短早已不被使用，工艺失传，市面上也无处购买。经谨慎论证，最终决定采用三元乙丙橡胶防水卷材替代毛油毡用作宝蕴楼屋面防水层。其耐老化性能好、耐酸碱、抗腐蚀，使用寿命长，且拉伸性能好，延伸率大，能够较好适应基层伸缩或开裂变形的需要；耐高低温性能好，低温可达零下40℃，高温可达160℃，能在恶劣环境长期使用。但我们也对原屋面上的油毛毡的铺设方式做了详细的记录，并揭取了保存较为完整的样品清理除尘后统一收存。同时对油毛毡残片进行了实验室的成分分析。对分析报告连同实物作为宝蕴楼建筑的重要历史信息进行妥善保存，以便今后对其做深入研究。

(a) 油毛毡除尘　　(b) 油毛毡收存　　(c) 宝蕴楼屋面铺设新的防水材料

图1-14　宝蕴楼屋面铺设新的防水材料并妥善保存旧材料（来源：吴伟 摄）

3. 外观

咸安门与宝蕴楼经过本次修缮之后，原有的面貌得到恢复，所用的修复材料和工艺尽可能与原材料工艺一致。咸安门内檐彩画修补经过做旧处理，远观与旧彩画浑然一体，并且在地面砖及琉璃博缝的残破之处进行了粘接镶补并做旧，使得外观色调保持与原构件相同，沧桑古朴。宝蕴楼缺失的牛舌瓦则找寻多家厂商进行试烧，挑选出最接近原来瓦件颜色与质量的进行补配，确保外观的协调统一，并在烧制的新瓦上印有戳记，做到可识别原则。

图1-15 咸安门彩画修复效果在保存"真实性"和良好观感上取得了双赢（来源：吴伟 摄）

图1-16 竣工后的宝蕴楼鸟瞰（来源：吴伟 摄）

4．社会效益

修复后的宝蕴楼变成了故宫博物院院史展览、文创产品展览、学术交流和对外宣传的场所，成为展示故宫博物院院史历程的重要窗口、故宫博物院学术交流的重要平台，也是促进中国传统文化传播和东西方文化、政治交流的重要场所。宝蕴楼修复的良好效果也为故宫创造了良好的社会效益，并以其独有的文化内涵继续在故宫博物院的文博事业中发挥着重要的作用。

二、案例亮点

（一）亮点一：原工艺的挖掘与复原

宝蕴楼外墙面为平整的水泥分格施涂砖红色外墙色浆，门窗及楼层装饰线条施涂纯白色浆。在二层窗户之下，配有小型砖灰色装饰块，在半地下室窗间砖砌池子内及配楼踏道外立面也填有大块砖灰色装饰块，如大小不等的乌云堆积，凸起深凹，富有变化。整体外观效果明快而又不失稳重。

根据宝蕴楼修缮施工图纸要求，需要对残缺的装饰块进行修复。但施工图纸没有提及装饰块的任何具体施工工艺说明，只是说按原工艺、原做法进行修复。根据现存实物，初步认定制作装饰块所用的灰浆主要成分含大小不等的圆石子和粗砂。基于这种认识，施工单位多次实验，均以失败告终。故宫博物院的项目管理人员在施工过程中查阅宝蕴楼相关档案资料时，在故宫博物院档案室所藏的1937年的古物陈列所修缮档案中发现一个细节，档案中提到："……配楼扶手外立面照旧样抹1∶1∶6的洋灰、白灰及沙子……"因为两配楼的梯形踏道外立面与宝蕴楼墙身的装饰块做法、工艺均一致，于是拿着这个材料配比多方走访，终于找到一位施工经验丰富的老工匠。老工匠告之此工艺的抹灰作业俗称"堆灰掸浆"法，和常见的抹灰拉毛有很大区别，不是同一种工艺。该做法流行于民国时期，20世纪七八十年代后就慢慢消失了。主要用在当时较高档的建筑上，因其对操作技术要求高，一般的匠人并不掌握，老工匠也仅仅知道这套工艺的材料配比和操作要点。但在老工匠的指导和不懈努力下，终于成功复制出了与原堆块相当的效果，使这一濒临绝迹的技艺得以重现。

此工艺有三步做法，并有三种配比的灰浆，分别为：①打底灰：做打底灰主要是为底层找平，同时打底灰还要有粘结力与上层灰紧密结合。②堆灰：堆灰是产生凹凸效果的结构骨架，其成分比例与档案里的记载基本一致，细砂掺入量的多少决定外观偏于挺拔还是偏于圆润，要根据修补部位的现存状态来调整。③掸浆：掸浆堆灰完成后所罩的蒙头浆，它可以产生圆润效果。操作中，先将装饰块四周框线用塑料布遮盖严实。按照以下三步操作：

①打底：抹打底灰前先用水泥砂浆把基底找平，用木抹子搓出麻面，等找平灰七成干时，开始抹打底灰，首先用钢板抹子把打底灰像刮墙面腻子一样，薄薄刮一层在找平灰面上，刮时要用力，使打底灰与找平灰结合紧密，并要求灰层厚度均匀，表面平整。

②堆灰：打底灰抹好后，先等一小段时间（古建瓦作术语叫"栖活"），待打底灰自身强度和粘结力达到最佳状态时，开始进行堆灰。操作时以墙面的左上角开始抹，用抹子打起一团灰浆，以抹子尖垂直于操作面，手腕为轴由上而下呈弧形向墙面抹压，使堆灰灰团一部分压入打底灰。未与打底灰接触的灰团，在抹子的滑动下形成一个近似于稍有卷曲的树叶状态，在灰浆稠度适宜的情况下，最前端略有弯曲下垂，呈现出内有少许空间的灰团。灰团大小要富于变化，堆抹位置要错位排列，这样整个装饰块全部抹灰完成，才能达到凹凸不平、错落有致的视觉效果。

③掸浆：掸浆是整个工艺的最后一道工序，是产生最终效果的重要工序，做法也比较另类。掸浆前调整好浆液稠度，以能包裹堆灰表面又不糊满凹坑为宜。掸浆所用的工具是一个上好的高粱苗刷锅炊帚，炊帚沾好浆液，距离墙面20～30厘米，向墙面掸浆，掸出的浆液形成浆球附满堆灰面层，所有尖棱、尖角的边缘因有浆液的附着都形成圆润的边缘，使整个装饰块变得圆润饱满、大气庄重。最后在整个装饰块上喷涂一层统一颜色的罩面浆液，堆灰掸浆操作即告完成。

堆灰掸浆工艺是百年前的产物，是利用外来建筑材料进行建筑装饰的新工艺，体现了当时工匠高超的技能及创造力，具有一定的技术研究价值。堆灰掸浆工艺的恢复，是结合了文献查阅、走访调研并通过试验手段基础上取得的成绩，这为后来故宫的研究性修缮保护项目的实施提供了经验和方法。

（a）装饰块残损原状　　（b）堆灰过程

（c）开始掸浆　　　　　（d）掸浆完成

图1-17　宝蕴楼"堆灰掸浆"工艺（来源：吴伟 摄）

（二）亮点二：引入实验研究并指导修缮

在宝蕴楼的修缮过程中，我们在施工过程中，对各项方案都进行了缜密的论证和研究，并利用科技手段来服务于修缮工作，确保修缮工作的科学性与严谨性，来实现恢复原工艺、原做法的目的，最终达到科学修缮的目标。宝蕴楼铁板门的修复是典型案例，也是亮点。

从铁门及锁具的样式上看，宝蕴楼各门为民国时期的仿西式样式铁板门。但关于铁门上斑驳的黑漆皮材料和工艺则各方观点不一：一是认为铁皮门油漆原用材料为沥青漆；二是故宫档案中查到1937年修缮档案中记载："护窗板（即黑漆铁皮木骨外窗）上黑铅油两道。"那是否有可能铁板门也用黑铅油？三是请彩画专家论证认为可能为早期传统民居中常使用的黑烟子油，是中国古建筑的传统做法与西式铁门的结合做法。

为了谨慎起见，我们委托北京科技大学冶金与材料史研究所专家对宝蕴楼黑漆铁门上的黑漆进行提取，分别进行热裂解气相色谱质谱分析和SEM-EDS分析，测试得出：黑漆颜料主要为炭黑，厚度大约20微米。即烟子的主要成分，为有机物燃烧后的产物，一般用木材煅烧的是在氧化不足的情况下得到的。而桐油也是光油的主要成分。综上实验分析结果，宝蕴楼铁门黑漆成分可以确定与黑烟子油成分基本一致。

科学实验结论给修缮指明了方向。为了实现文物建筑保护修缮原则中"原材质、原工艺"的要求、恢复铁板门的黑烟子油饰做法，故宫联合施工单位对其制作工艺进行了挖掘和记录，在北京寻找到了能够制作黑烟子油的一家厂家，根据该厂介绍的黑烟子油材料和工艺并结合实验分析结果，我们可以判定宝蕴楼铁板门所用的黑烟子油是用光油（熟桐油）加入烟子调制而成的颜料光油。其中烟子又称黑烟子，以松烟和焦油烟为好，是松木等燃烧后所产生青烟的凝聚物。黑烟子是中国传统的涂绘材料和古建材料之一。在清代建筑中的"九浆十八灰"中，油灰就有用黑烟子调颜色深浅勾缝的传统；在古建墙面的施工工艺中，有用黑烟子描缝或者直接刷在白麻刀灰墙面上镂缝，以达到"以假乱真"的灰缝效果；黑烟子也是古建彩画颜料中常见的一种烟灰颜料，它的优点是相对密度比重轻，性质稳定，不与任何颜料起化学反应；与传统光油原料调和成黑烟子油常见于民居小式建筑中筒子门及黑红镜油饰，但是在紫禁城宫廷内的油饰装饰使用中却非常鲜见。

据厂家介绍，黑烟子加工工艺有两种方法：传统的手工加工是将烟子轻轻倒入箩内，盖纸放进盆中，用干刷子轻柔，使烟子落在盆内，筛后去箩。再用高丽纸（或牛皮纸）做纸眼，中间挖一小洞盖在盆内烟子上，在高丽纸洞上倒白酒或温白酒，使白酒逐渐渗透烟子。然后再用开水浇沏，焖透烟子为止，揭纸渐渐倒出浮水，搅拌成糊状。待沉淀6~8小时后，逐次加浓度光油，用木棒搅拌成坨。当烟子与油结合一起时，水被逐步挤出，用毛巾将水吸净，再陆续加光油搅拌，反复用布沾出水分，使水出净。最后根据虚实串油，待油适度后盖好掩纸，在日光下晒净油内水分待用。还有一种采用煤油稀释混合烟子的做法，也较为常用。

在宝蕴楼工程中，由于黑烟子油使用的部位较为特殊，是在金属铁门上涂刷，而不是传统的地仗或木头上，无法有效渗透附着。这就需要改进黑烟子油的调制配方，增加其附着力且还有保证其色泽和成膜效果。在厂家的技术攻关、多次调配并在铁板模拟试验，放在室外进行风吹日晒雨淋达数月之久，最终使得黑烟子油取得了良好稳定的效果。同时为保证黑烟子油色泽纯正均匀，成膜效果好，在加工过程中适当地改进了工艺。将用酒精和极少量光油配合烟子调制形成的色浆与光油按照1:9的体积比先后放入球磨机，持续运转一天，使烟子与光油彻底均匀融合成一体。在修缮过程中，先要对铁门进行仔细除锈，涂刷两道均匀的防锈漆，再涂刷黑烟子油。先后涂刷两遍成活，要涂刷均匀一致，不流不坠且无明显刷痕。待第一遍漆膜干透后，用砂纸打磨，再用棉布将粉尘擦拭干净，再刷第二遍。最后，宝蕴楼铁板门取得了良好的修缮效果，获得了一致好评。

（a）宝蕴楼铁门窗残损现状

（b）宝蕴楼铁门内侧残留的黑漆

（c）成品黑烟子油

（d）铁门除锈

（e）涂刷防锈漆

（f）涂刷黑烟子油

图1-18 黑烟子油工艺复原（来源：吴伟 摄）

（三）亮点三：考古发掘与修缮保护协作配合

在宝蕴楼的修缮过程中，在新建基础设施、院落修缮及水、暖、电专业施工的位置，需要开挖规模不一的基槽及管沟。为了在修缮施工中保护可能存在的地下文物，国家文物局曾在《关于故宫宝蕴楼修缮工程方案的批复》（文物保函〔2013〕59号）中有批复意见：要求施工中进一步细化现状勘察，补充宝蕴楼建筑群历史维修状况调查，补充东西值房遗址的勘察和测绘资料，并提出相应的保护措施；在新建厕所施工方面，国家文物局《关于故宫宝蕴楼厕所设计方案的批复》（文物保函〔2013〕2189号）同样有要求：在施工前做必要的考古调查、勘探工作，如发现有重要历史遗存，应制定妥善的保护措施，并对所报方案进行必要的调整。故宫工程管理部门在认真研究两局的批复意见，并与设计单位、施工单位、监理单位及故宫博物院考古研究所进行会商后，制定考古勘察发掘预案，要求设计、施工及监理各方在施工过程中做好准备、视情况需要按照考古预案执行，必要时调整设计、施工方案。

2014年底宝蕴楼工程按照施工计划开始进行宝蕴楼基础设施施工及院内暖气、电缆、安全技术防范工程管线铺设工作。在施工中，宝蕴楼院内各处地面之下陆陆续续发现了疑似咸安宫时期的建筑遗存，工程管理部门旋即向院内汇报，在上报国家文物局批准后，后由故宫考古研究所派人勘察现场，并安排考古人员开展抢救性发掘工作。

由于故宫博物院有自己内设的考古发掘机构，故在发掘宝蕴楼遗址时既有得天独厚的便利条件，也有工地现场特殊条件的劣势。宝蕴楼考古发掘过程中密切配合工程施工进度，"见缝插针""边施工、边清理",基本随着地面翻修、基础开挖及管道埋设开挖等施工工序的开展而穿插展开,在施工区域内,及时做好清理、记录、测绘、取样、出土文物收集方面的工作,重点遗迹区域在关键位置进行局部解剖发掘,发掘完毕后统一进行三维激光数字化扫描记录。最后经过多方论证,整个遗址进行回填保护。

由于考古发掘及时发现了地下遗址,不仅对施工进度影响轻微,也及时调整了地下基础设施的位置和走向,最大限度减少了对遗址的破坏,保存了宝蕴楼整体文物价值的完整性。本次发掘揭露的遗存虽然均处于近现代填土下,遗物也都为填土中出土,但文化内涵丰富,不仅揭露了咸安宫各殿座及东、西值房的基址及原有院落地平及格局,确认了原有明代建筑基础做法并延续使用至清末。发掘还发现,宝蕴楼各楼基础是直接建造在原咸安宫各殿座基础之上的。这些考古发现从实物上完整揭示了宝蕴楼所在位置从明、清、民国发展演变的历史脉络,不仅弥补了咸安宫及宝蕴楼这段时期的历史信息空白,同时与已有的相关修缮文献档案相互印证,为宝蕴楼及咸安门的修缮工作提供了重要的历史依据,丰富的出土遗物也成为研究宝蕴楼及早期建筑历史的重要物证资料。

(a)咸安门西值房遗址揭露全貌　(b)咸安门北侧明清院落地面清理一角　(c)宝蕴楼西配楼东南角基础及咸安宫西配殿东南角基础叠压关系

(d)咸安宫西配殿明代基础探坑解剖情况　(e)宝蕴楼主楼东北角发现的咸安宫埋头石　(f)宝蕴楼西北角发现的埋头石的石基槽

图1-19　宝蕴楼院落考古的发掘与收获(来源:吴伟　摄)

(四)亮点四:展示利用与修缮保护结合实施

宝蕴楼修缮工程是故宫内将古建筑的修缮保护与展示利用相结合的成功实践。宝蕴楼修缮工程启动前,故宫就对该区建筑在修缮后的妥善利用进行了规划和论证。将原有"文物库房"功能变身展厅,设置"故宫博物院早期院史展(1925-1949)""故宫特色文创产品展示区"等,一部分区域作为文化研究与学术交流场所。在两个展览的装修、布置及陈设等方面尽量做到与宝蕴楼建筑风格协调统一，并在施工中紧密协作，既减少了展示利用施工对修缮保护施工的二次破坏，做到了最小干预，并在施工过程坚持可逆原则，施工部位尽量不直接接触文物本体，特别是保护了原有墙面和木地板，最终取得了良好的社会效益。

（a）宝蕴楼地板铺设弹性垫层以保护老地板　　（b）室内墙门安装木龙骨以保护原有墙体

（c）故宫精品文化产品陈列　　（d）故宫博物院院史展

图1-20 宝蕴楼的展示利用施工及开放内景（来源：吴伟 摄）

（五）经验总结

1. 宝蕴楼修缮工程是故宫内首次修缮西洋式风格近现代建筑的工程。宝蕴楼本身结构与做法均不同于故宫传统官式建筑，因此，对于宝蕴楼院落这种包含完全不同风格和类型的两组建筑的情况，故宫博物院在设计和施工阶段具体问题具体分析，对症下药，重视施工过程中的记录和研究，深度挖掘原工艺、原做法，分别使用不同的材料、工艺来区别对待并应用于宝蕴楼及咸安门。因此这次修缮保护工作，对故宫文物建筑修缮保护工作来说，既是一次成功的实践，也是一次宝贵的经验积累。

2. 宝蕴楼修缮工程在故宫内首创了修缮工程与考古探查发掘协作的新模式。施工时，在原民国时期院落地面的管道路线勘察中，发现了早期明、清建筑遗存，随即由故宫博物院考古研究所展开考古发掘工作，最终取得了一系列考古成果，为今天了解宝蕴楼所在位置的建制及历史增添了重要的实物资料，并且也为修缮施工提供了众多科学依据。在考古发掘过程中，宝蕴楼修缮工程并没有成为考古工作的阻碍，而是两者相互协作配合，在工程管理中统一调度，并在工程研究报告中公布相关考古收获，成为紫禁城考古的重要特色。

3. 宝蕴楼修缮工程是故宫内开启研究性修缮工程的典范。随着国内外文化遗产交流、保护和研究的不断深入，文化遗产保护理论得到了长足的发展和丰富。故宫博物院是较早在文物建筑修缮保护项目中开展研究的单位之一，诸如乾隆花园保护工程、建福宫修复工程在十多年前就开始了深入、广泛的研究及国际合作，取得了诸多收获。宝蕴楼修缮工程过程中的研究则体现了这种保护理念的推广与进步，包括对原有建筑重要的历史信息采用科学手段的提取、记录；利用三维激光扫描技术进行精细测绘；特别是考虑到宝蕴楼有异于故宫传统建筑工艺的特殊性，本次工程又主动将相应的建筑材料进行实验分析研究，以提取其材料、工艺、做法方面的重要信息，用于了解和还原当时的建筑历史，不仅取得了良好的修缮效果和丰富的研究成果，也为之后的研究性修缮保护工程提供了宝贵的工作经验。

4. 宝蕴楼修缮工程是故宫内将古建筑的修缮保护与展示利用相结合的成功实践。宝蕴楼修缮工程自启动规划、设计之初，就紧紧围绕宝蕴楼使用功能定位及需求进行了深入研究和论证，并在修缮保护方案中融合了规划中的展览陈列功能设计方案，并在修缮及展览陈列交叉施工中密切协作，把现场遇到的问题及时消化并调整，在满足展览陈列使用的同时，也确保符合最小化干预与最大化可逆的原则，避免了修缮施工与展览陈列施工割裂所导致的对文物建筑本体二次破坏的情况，宝蕴楼修缮工程可以说取得了丰富的经验及良好的施工效果。

专家点评

宝蕴楼修缮工程坚持以研究为核心贯穿修缮保护始终，取得了非常丰富的研究成果，可以说是故宫探索修缮保护与各类研究相结合的一次成功的尝试，这也是宝蕴楼项目的最大亮点。在实施过程中，针对不同的情况不同的病害，该项目选择传统修缮保护工艺材料、现代技术，或传统工艺材料与现代工艺结合的方法进行使用，并努力寻找、研究、恢复了几近消失的传统工艺。宝蕴楼修缮过程顺应了当下文物保护理念的发展，体现了故宫博物院在保护手段和技术方面的进步，包括与考古发掘相结合，对原有建筑重要的历史信息采用科学手段的提取、记录，利用三维激光扫描技术进行精细测绘，与开放利用施工相结合以最大限度减少干预，体现了坚持文物保护完整性、真实性的原则，修缮之后的宝蕴楼向公众开放，取得了良好的社会效益。

业主单位：故宫博物院

设计单位：河北省古代建筑保护研究所

施工单位：北京怀建集团有限公司

监理单位：北京北咨工程管理有限公司

案例编写人员：吴伟

2

吉林伪满皇宫缉熙楼同德殿保护修缮工程

一、案例概况

（一）保护对象基本情况概要

1. 简介

伪满皇宫及日伪军政机构旧址在2013年被国务院公布为第七批全国重点文物保护单位，类型为近现代建筑。

伪满皇宫博物院是在清朝末代皇帝爱新觉罗·溥仪充当伪满洲国傀儡皇帝时所居住的宫殿旧址上建立的宫廷旧址型博物馆。"同德殿"是伪满皇宫中最具典型代表性的建筑之一，其位于内廷东院，主体建筑坐北朝南。前有东御花园，后有嘉乐殿，北侧有甬道与勤民楼相连，同德殿是伪满时期集公务活动、娱乐、居住于一体的临时宫殿。

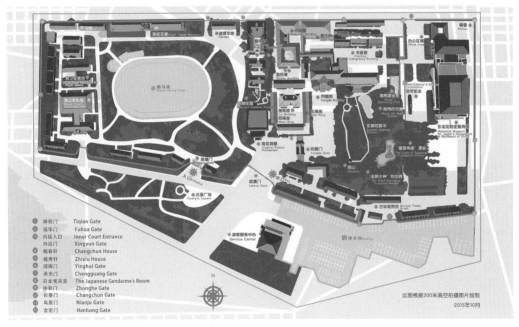

图2-1 伪满皇宫博物院总平面布置图（来源：伪满皇宫博物院提供）

同德殿于1937年由日本户田组开始修建，1938年末竣工。总建筑面积约3707平方米，地下设管道夹层，地上二层，屋面使用三角形木桁架，上瓦黄色琉璃瓦坡屋面。建筑采用更加现代的平面布局手法，尤其注重使用功能；在外观造型立面设计上融入日本"兴亚式""帝冠式"建筑元素和理念，属折中主义建筑风格。屋面的琉璃瓦坡屋面采用四坡带正脊及鸱吻的形式，檐口及以下部位采用新古典主义的设计手法，外立面处理上采用当年最先进的陶瓷贴面技术，并在基座和门窗入口等重点部位采用当时较为流行的水刷石工艺作为装饰。

图2-2 同德殿现状（2019年）（来源：伪满皇宫博物院提供）

2．核心价值

伪满皇宫是日本武力侵占中国东北，炮制伪满洲国并推行殖民统治的历史见证。同德殿作为伪满皇宫最为重要的建筑之一，其兴亚式的设计风格反映了日本建立伪满洲国实施殖民统治背后的意识形态，从建筑功能中对溥仪生活起居安排到每块勾头滴水"弌德弌心"（一德一心）字样，全面揭露了帝国主义强权对傀儡政权的操控。

图2-3 "弌德"字样

图2-4 "弌心"字样

在同德殿外观造型及立面设计上采用当时流行的折中主义元素和风格。其建筑形式和施工工艺，代表了当时日本近代建筑技术水平及我国近代建筑施工水平，具有一定的科学价值。同时，同德殿作为重要历史物证，在揭示日本侵华罪证的同时，也是对当下和未来的重要警示。时刻警醒人们特别是青少年永远铭记历史、珍爱和平。其作为全国重点文物保护建筑正发挥着不可替代的爱国主义教育功能。

3. 保护历程

（1）1945年伪满洲国覆灭后，伪满皇宫处于无人管理的状态下，宫内物品几经洗劫，几乎荡然无存。日本投降后，先后成为国民党"铁石部队"和"松北联中"的驻地和校舍，又遭到不同程度破坏。

（2）1949~1954年，伪满皇宫先后被一汽技术学校、吉林省文化干校、吉林省政法干校、吉林省农业展览馆、公安总队干训班等单位占用。包括同德殿在内的多处建筑被占驻单位进行了多次不同的改造，同时大量的居民也搬入遗址内居住。

（3）1954年开始，以"同德殿"为中心的伪满皇宫东院由吉林省博物馆使用，伪满皇宫南部的原近卫军营房和庙务处等被居民占用。

（4）1962年，吉林省伪皇宫陈列馆成立，当时馆名为日本帝国主义侵略东北14年罪行陈列馆。

（5）2000年7月，吉林省长春市政府提出了"三年恢复伪满皇宫原貌"的总体目标，分别将伪满皇宫复原利用工程列入了省、市政府"十五"规划重点项目。

（6）2001年，吉林省伪皇宫陈列馆更名为伪满皇宫博物院并编制了《伪满皇宫保护恢复利用总体规划》，开始实施伪满皇宫复原工程，分三期完成，按历史原貌恢复了以同德殿、怀远楼为主体的8个景点。

（7）2002年5月28日，伪满皇宫一期复原工程竣工。此次复原工程针对同德殿的保护修缮主要包括完成室内复原陈列，对建筑外墙身污渍、缺损及屋面渗漏雨进行保护修缮。

（8）2007年5月，历时6年的全面保护恢复和扩建工程竣工，伪满皇宫博物院被评为国家首批5A级旅游景区和全国爱国主义教育示范基地。

（9）2013年，伪满皇宫被国务院公布为第七批全国重点文物保护单位。

图2-5　1978年航拍照片，当时作为吉林省博物馆，黄色琉璃瓦所示为同德殿（来源：伪满皇宫博物院提供）

（二）项目背景

包括同德殿在内的伪满皇宫及日伪军政机构旧址在2013年公布为第七批全国重点文物保护单位。自2002年至今十余年时间，同德殿受冻融、植被根系破坏等因素影响，造成屋面苫背层裸露，瓦件碎裂，渗漏雨现象严重；在某一历史时期，屋架下弦梁被截断，一直存在安全隐患；后期对外立面改造，影响整体风貌；外墙面砖大面积脱落；门窗锈蚀严重，无法开启；周边植被根系发达，威胁建筑安全，亟待修缮。

图2-6 下弦梁被截断

由于长春地区冬季绵长，早晚温差较大，为了降低冻融对瓦面的影响，前几次维修时全部采用水泥砂浆苫背、瓦瓦。在设计勘察阶段发现，屋面受冻融和植被根系影响，瓦件及苫背层已大面积酥碱、破损。后经多方论证，修缮方案依据文物真实性、完整性、可识别性原则，拟采用传统与现代相结合并适当引入新技术的方式，解决屋面渗漏、滑坡、积雪和冻融等问题。

图2-7 瓦件碎裂

图2-8 瓦面冻融、根系破坏

（三）工程目标

工程性质：修缮工程。

实施对象：同德殿。

修缮工程的范围：建筑屋面、梁架、门窗、墙身、排水、水刷石等。

工程目标：在保障同德殿开放的前提下，做好安全防护，遵循文物保护最低干预、不改变文物原状、可逆可识别原则，采用传统与现代相结合的方式解决屋面渗漏雨问题，采用传统铁钯锯加固失稳梁架，整修开启不顺门窗，补配的五金构件应尊重原有风格和工艺、保持历史风貌；整修、补配的外墙瓷砖，从观感到肌理，应最大限度与原瓷砖保持一致。此次工程目标除解决建筑残损病害外，更应重点关注建筑未来的展览展示需求。

（四）实施过程

伪满皇宫同德殿保护修缮工程的实施环节主要包括：前期勘察研究、修缮方案设计、施工图深化、施工组织实施、竣工验收等几部分。

图2-9　同德殿立项、修缮设计与项目落地时间轴

1. 勘察研究

在前期勘察研究阶段，主要对建筑本体进行测绘，熟悉建筑空间尺度及风格特性，了解建筑设计意图、建筑功能流线等。再通过勘察研究，对建筑本体价值做进一步评估，梳理残损情况，对需重点补配构件进行材性分析等，全面掌握同德殿残损情况及病害致因。同时，同步进行地勘和结构安全检测，作为未来制定修缮措施的重要依据。

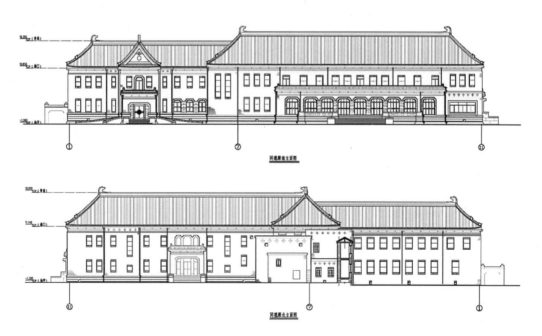

图2-10　同德殿南、北立面测绘图

2. 修缮设计方案

本次修缮设计以保存文物建筑的价值为核心，严格遵守不改变文物原状的原则，尽可能真实完整地保存文物建筑的历史原貌和建筑特色。对重要材料、构件或新技术的应用等进行实验分析，以数据作为项目支撑。针对瓦面、墙身、梁架等病害，制定专门的修缮措施。去除后期不当加建和装修装饰。对于文物本体部位坚持能小修的尽量不大修，尽量采用原有材料。

3. 施工组织实施

本工程主要对同德殿屋面、外立面、外檐装饰等进行修缮，对屋架、局部墙体进行结构加固。修缮部分台基、踏步、院落地面及散水，增加屋面及平台防水层，按原样式修缮和添配部分破损门窗、重做室外散水等。

长春地区因地处我国北方寒冷地区，一年之中有效工期较短，如何合理有效地安排工期就显得尤为重要。这需要业主方、设计方、监理方、施工方的通力合作，力争在两年的有效工期内，完成同德殿保护修缮工程。

（1）施工前期准备

质量目标：确保工程修缮质量达到合格标准。

工期目标：计划开工日期2015年12月15日，计划竣工日期2017年8月31日，工程总工期626日历天。

根据工期制定出可行的整体施工修缮计划；施工方编制出行之有效的符合实际的施工组织设计方案；监理编制监理规划、监理细则，指导修缮工程顺利进行。

（2）施工安排

全部工程完工以冬季施工前完成为前提，采用倒排工期方法，并在施工过程中不断矫正工期目标，以求保质保量完成施工任务。施工过程中注意文明施工，不污染周边环境，施工前对重点古树名木进行有效防护。

（3）施工阶段的制度保障和技术配合

为保证工程质量，业主方聘请日本清水组技术顾问、著名建筑师丸田洋二先生，为其提出了很多宝贵的意见和建议，对工程的顺利实施和施工质量提供了有力保障。

图2-11　日本专家现场指导

（4）修缮前后对比

图2-12　修缮前：外墙面抹灰，局部改造

图2-13　修缮后：恢复历史风貌

图2-14　修缮前：伪满时期标志缺失（兰花御纹章）

图2-15　修缮后：依据历史照片样式，补配缺失标志

图2-16　修缮前的同德殿

图2-17　修缮后的同德殿（2019年）

二、案例亮点

（一）亮点一：屋面瓦件研究与真实性分析

1．历史沿革

据1938年3月10日《盛京时报》记载："宫廷中新建的同德殿所需的琉璃瓦，已由抚顺大官屯石川制陶店于去年8月开始烧制。勾头上有篆文'式德'，滴水上有篆文'式心'，共烧制

62700块。另外还有鸱吻7个,兽头11个,腰栏6个,共花费2万元。制造所用原料,土为抚顺当地产,色料为日本名古屋产。"

图2-18 鸱尾模型(来源:伪满皇宫博物院提供)　　图2-19 新作补配鸱尾

2. 法式特征

同德殿屋面样式类似于北方清代官式做法,歇山屋脊黄色琉璃瓦面,檐口做带托臂的出檐。瓦当的样式、屋脊的升起、鸱尾及板瓦垄脊、檐口的冲翘等做法颇具唐风。垂兽角兽为变形简化的图案样式,盝顶合角脊处使用冠状琉璃构件。望板采取竖向铺钉形式,屋面囊度极小。

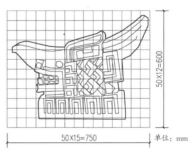

图2-20 垂脊角兽照片1　　图2-21 垂脊角兽测绘图1

图2-22 垂脊角兽照片2　　图2-23 垂脊角兽测绘图2

3. 取样分析

2016年4月16日,由业主方组织,会同设计方、监理方、施工方对同德殿现存瓦件取样,发现屋面存在极少量的20世纪30年代建造同德殿时的原瓦件"石川瓦",存量0.2%左右。

现场共计取样两次,位置在前坡檐口、同德殿北门、东门门头,发现原有瓦件共计三种:

第一种:原始瓦件,伪满时期"石川制陶店"制造,有铭文,现存数量有限。

图2-24 同德殿石川瓦件

图2-25 同德殿石川瓦件

第二种:故宫琉璃砖瓦厂制(大约20世纪50~70年代维修),约占瓦件数量9.8%。

图2-26 故宫琉璃砖瓦厂烧制的同德殿瓦件

图2-27 故宫琉璃砖瓦厂烧制的同德殿瓦件

第三种:屋面杂瓦,没有产地、没有铭文(大约20世纪90年代烧制,产自山东曲阜),约占瓦件数量90%。

图2-28 20世纪90年代烧制的同德殿瓦件

图2-29 20世纪90年代烧制的同德殿瓦件

4．真实性研究与分析

根据文物保护"真实性"原则，文物建筑本身的材料、工艺、设计及其环境和它所反映的历史、文化、社会等相关信息的真实性，对文物古迹的保护就是保护这些信息及其来源的真实性。

（1）价值分析

伪满时期由"石川制陶店"制造，带有铭文的石川瓦，是同德殿乃至伪满皇宫最具代表性的时代特征要素，石川瓦的生产体现了伪满时期琉璃瓦件的高超生产制作工艺，更能映射出整个社会经济、文化、思想等一系列时代背景，极具历史价值和艺术价值。

（2）质量对比分析

此次屋面挑顶工程，更换瓦件接近90%，大部分瓦件由于冻融和植被破坏已无法继续使用。石川瓦虽距今年代最为久远，但不管从瓦件的薄厚度，还是釉面质感和整体质量上，都明显优于后两者。

最终经过价值评估，业主方与各方共同确定，同德殿维修使用的瓦件，参照伪满时期"石川制陶店"制作的瓦，按其形状、质地、颜色、尺寸制备。

（3）厂家比选

为确保维修用瓦从质地、外形、重量等指标更接近石川瓦，业主方查阅了《解密伪满皇宫》档案等相关资料。根据记载，石川瓦原产抚顺大官屯，后经参建各方组织实地考察、走访，最后找到了烧制石川瓦的原址，但抚顺大官屯石川瓦制陶厂早已废弃改制。

后经多方考察，初步选定7家瓦厂制作样品，进行比选。经过数轮比对及评审，最终选定吉林市某琉璃瓦厂和河北某琉璃瓦厂进行最终比选。

最终比选指标对比表   表2-1

序号	比选指标	吉林市某琉璃瓦厂	河北某琉璃瓦厂
1	厂家规模	较大，设备齐全	一般，以手工为主
2	生产能力	较强，具备重新开窑、定制模具能力	一般，重新开窑、定制模具受地方环境管理限制
3	技术实力	一般	较强，具备传统瓦件制作经验
4	原料来源	就地取材，与石川瓦产地土质相近	原材料不匹配，需外购进或另行加工组配
5	包装运距	就近，运距约150公里	运距约1000公里
6	报价	相对低	相对高
7	受环境影响	生产烧制受环境限制较小	生产烧制受环境限制较大，北京地区受地方政府环境管理限制

经过对两家厂商制作样品进行比选，业主方连同设计方、监理方、施工方一致认为从外观、造型、质量、价格等方面，吉林市某琉璃瓦厂生产的琉璃瓦更加与石川瓦契合，确定为本次修缮用瓦的生产供货单位。

（4）瓦件制备

①土原料：据记载，生产石川瓦的土为抚顺当地产，厂家特意进行试验分析，选取相近土壤原料制作瓦件。

②色料：色料选择颇费周章，为追求与原瓦件在色彩、亮度、耐久性保持一致，厂家经数十次样品制备，并经抗压和冻融试验考量其质量和耐久性。最终制作的瓦件，从外观和质量上都达到了预期目标。而且，经近两年多实际冻融检验，瓦面保存情况较为良好，未发现脱色、釉面崩裂等现象。

③胎体及戳记：根据文物真实性原则，与文物古迹相关的文化传统的延续同样也是对真实性的保护。对补配吻兽的胎体全部采用传统手工制模，釉面的着色也全部由人工完成，虽然成品率极低，但成型吻兽的样式更加的传神、自然。为延续其文化传统，对制备的瓦件的内侧都印有"缸窑瓦"戳记。

图2-30 瓦件制备过程（来源：伪满皇宫博物院提供）

（二）亮点二：瓦面操作工艺

1．屋面做法研究的挑战、难点

（1）档案资料查询

由于所处时代的局限性，同德殿前几次维修并未重视对屋面及苫背层做法的相关研究工作，致使无法从档案资料中寻找到可靠的做法依据。

（2）现场遗存痕迹勘察

20世纪90年代同德殿屋面维修措施较为彻底，几乎全部苫背层都采用水泥砂浆砌抹，通过施工进场二次勘察发现，仅在前檐歇山撒头位置留有零星灰背痕迹，由于存留较少，和其位置的特殊性，无法准确推断出历史上屋面的具体做法。

2．同时期、同类型建筑对比研究

同时期、同类型建筑对比表　　　　　　　表2-2

名称	历史功能用途	苫背层原始做法	苫背层现状
长影小白楼	小型办公场所	望板→顺水条→挂瓦条→瓦瓦	望板→防水卷材→顺水条→挂瓦条→瓦瓦
长影混音棚	工业用房	望板→顺水条→挂瓦条→瓦瓦	望板→防水卷材→顺水条→挂瓦条→瓦瓦
吉林大学鸣放宫	礼堂	原做法已不可考	豆石混凝土+灰背
伪满洲国交通部旧址	办公场所	原做法已不可考	现代防水材料
伪满洲国司法部旧址	办公场所	原做法已不可考	现代防水材料

设计方对周边区域同时期案例进行了对比调查研究。长影厂小白楼和混音棚的屋面现状做法，是一种典型的日本地区做法，但一个作为小型办公场所，一个作为工业用房，从使用功能和用途上与作为临时皇宫的同德殿差距较远。吉林大学的鸣放宫及伪满洲国交通部旧址、伪满洲国司法部旧址与伪满皇宫同德殿状况相似，经历年维修，已无法准确断定最原始屋面做法，

也已不具备参考性。

3. 屋面苫背层做法对比分析

由于东北地区低温环境，冻融现象对屋面破坏的严重性，导致历史上多次对屋面进行维修，原做法已经不可考证。为了减缓冻融对屋面破坏，决定采用实验对比分析的方式，明确灰浆配比，以达到减缓屋面受低温冻胀破坏的目标。

（1）掺灰泥 4∶6

实验结果：经过1次冻融循环后，试样已完全损坏，抗冻融效果较差。

（2）白灰∶水泥∶麻刀 3∶1∶0.5

实验结果：经过5次冻融循环后，试样外观已严重损坏，质量损失14%，抗冻融效果较差。

（3）水泥∶砂∶氧化铁红 1∶3∶0.05

实验结果：经过15次冻融循环后，试样发生轻微破损，质量损失约3.1%，抗冻融效果较好。

（4）水泥∶泼灰∶中砂∶水∶氧化铁红∶麻刀 1∶0.42∶3.6∶0.6∶0.05∶0.03

实验结果：经过15次冻融循环后，试样发生轻微破损，质量损失约3.3%，抗冻融效果较好。

通过实验对比分析得知，第（1）、（2）种抗冻融效果较差，不宜采用。第（3）、（4）种抗冻融效果较好，考虑到第（4）种配比作为现代与传统相结合的方式，也将作为探索高寒地区瓦面修缮的一种新形式，同时从文物保护可逆性原则考虑，第（4）种配比形式更优于第（3）种。最终根据实验数据对比分析，决定采取第（4）种配比方式。

图2-31 屋面苫背

4. 抵御屋面冻融与滑坡技术措施

经过各方多次论证和实验对比分析，屋面做苫背采用传统与现代相结合的方式，并在此基础上加设ⅡPE3+3厚SBS聚酯毡胎基弹性体改性沥青防水卷材，可抵御东北地区零下30摄氏度低温，减缓低温冻融对屋面防水层的影响。

同时，由于屋面囊度极小，为防止瓦件在重力作用下产生下滑，在屋面铺设跨脊镀锌铁链及钢筋，并通过铜丝拉结钢筋与瓦件，以确保整体屋面的安全性与稳定性。跨脊镀锌铁链及钢筋拉结措施，源于传统古建

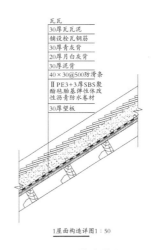

图2-32 屋面构造详图

图2-33 铺设栓瓦钢筋   图2-34 屋面瓦瓦

筑采用麻绳拉结苫背层的做法。已在吉林大学鸣放宫屋面上取得较好的实践效果。且镀锌材质可有效延长使用周期，减缓锈蚀速度，保障瓦面安全。

5. 新技术电伴热的实际应用

长春市地处北温带大陆性季风气候区，春夏干燥多风，冬天气温最低接近零下40摄氏度。每当冬季来临，建筑檐沟上会挂满冰溜，且整个檐沟下方，皆为游客开放区域，对游客的人身财产安全是一种不可忽视的安全隐患。

电伴热工作原理就是电流通过电阻，电阻发热的原理。而施工工艺也较为简单，通过卡扣和胶将电伴热线路固定在铜皮檐沟上，铜皮的导热性能与电伴热工作原理完美契合，可以最大效率加速冰雪的溶解。室外电伴热温度区间可以达到5～10摄氏度，不会对基层有较大影响。电伴热融雪可有效减轻冬季屋面荷载。将檐沟冰雪迅速融化排出，以防止冰溜子危及游客人身安全。

电伴热安装技术要求：电伴热在安装时要对电缆的外观和型号、尺寸进行仔细检查、核对。发热电缆不能打硬折或超出安装间距，安装时遇到锐利的边棱要垫上铝箔胶带或将其棱角打磨掉，以防划破发热电缆的外绝缘层。安装最小弯曲半径不小于电缆直径的6倍。发热电缆

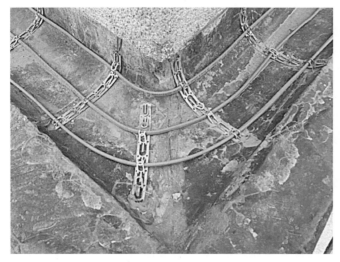

图2-35 电伴热细节及使用效果   图2-36 电伴热开两小时的融雪效果

不能在现场随意剪裁。安装时更不可叠绕交叉。需要单独设立配电室和漏电保护装置。如果条件满足，每年定期清理缠附上面的枝条树叶，防止堵塞檐沟泄水口。

电伴热本身是一个很成熟的技术，但应用在文物中，还是较为少见。这也是对文物保护新技术的一种全新探索。希望未来可以在高寒高海拔地区做进一步的推广。

（三）亮点三：详细的工序记录

现如今，文物保护理念随着时代的发展，也在悄然地更新与升级，影响了修缮工程的各个阶段，配合日新月异的科技手段，如影像记录、三维扫描和无人机技术的应用等，使工序记录在传承文化基因的基础上，更加百花齐放。本项目自启动之初，就受到多方的关注。业主方也是指明了大的方向，同德殿修缮工程力求达到"精品工程"，后面陆续要举办修缮成果展，推出《修缮工程纪实报告》，录制修缮纪录片等一系列事宜。这就对我们提出了更高的要求和挑战。

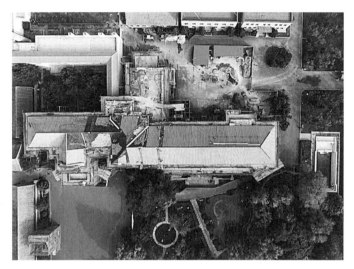

图2-37 无人机航拍（来源：伪满皇宫博物院提供）

1. 编号、工序记录

在工程具体实施前，施工组织设计编写是重中之重，也是实施操作的具体保障，这就要求施工方在项目实施前对重点工序进行系统的梳理，明确施工具体做法，再交由监理方对方案进行审核。施工进场后，对拆卸的瓦、木构件等，应进行系统收集整理编号，遵循最低干预原则，保障施工的有序进行。

（1）拆卸瓦件，分类编号记录

屋面拆卸过程中，分别出现了历次补配烧制的瓦件，对瓦件规格型号、分布位置做系统分类整理。

（2）补配、拼装木构件记录

木材干燥、木材防腐防虫→屋架放大样→下料→锯榫、打眼→屋架拼装→屋架吊装

在拼装过程中，如有不符合要求的地方，应随时调整或修改。在加工厂加工试拼的屋架，应在各杆件上用油漆或墨编号，以便拆卸后运至工地，在正式安装时可以顺利拼装。在工地直接拼装的屋架，应在支点处用垫木垫起，垂直竖立，并采取临时支撑。

（3）饰面砖工序记录

饰面砖工程深化设计→基层处理→垂直、套方、找规矩→打底灰抹砂浆找平层→排砖→分

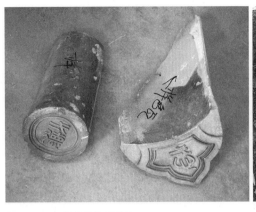

图2-38 瓦件分类编号整理

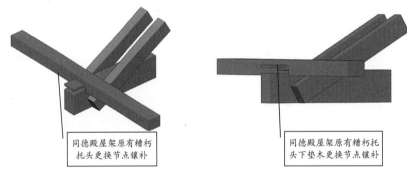

图2-39 同德殿屋架补配节点构件

格、弹线→浸砖→粘贴饰面砖→勾缝→清理表面。

2. 图像记录

此次维修，对施工工序进行影像资料的收集和整理，对重要的隐蔽部位处理措施，进行全方面跟踪拍摄。除工艺记录外，更应把施工材料、工具、设备等进行详细拍照记录。

图2-40 整修屋面望板

图2-41 防腐和勾缝处理

图2-42 铺装防水层

图2-43 铺钉防滑条

图2-44 苫泥背

图2-45　月白灰背

图2-46　青灰背+青浆轧背

图2-47　铺设栓瓦钢筋

图2-48　屋面瓦瓦

图2-49 屋面调脊

3. 影像记录

为真实地记录同德殿保护修缮工程,给后人留下可资借鉴的珍贵历史资料,促进和推动国内近现代建筑的保护修缮事业发展,业主方聘请长春电视台对修缮过程全程录制,制作了具有震撼力的延时宣传片和翔实的资料片。

宣传片采用延时摄影技术,在远端可成像位置,专门搭设平台,采用高清影像拍摄手法,拼合成延时视频,而每一帧画面,都是由同一角度的高清影像剪辑而成。而整个工期一直持续了626天,拍摄难度之大可见一斑。

图2-50 延时视频截图

4. 修缮成果展及出版修缮报告

根据本工程特点,业主方特别设计了同德殿修缮过程特展,展出了一些修缮技艺、做法和同德殿伪满时期建筑材料以及复制后的建筑材料。正式出版了《伪满皇宫缉熙楼、同德殿保护修缮工程纪实》一书，全面翔实地展现了同德殿保护修缮工程的全部历程，通过广泛宣传，留下珍贵历史记忆，激发广大观众热爱文物、保护文物的热情。

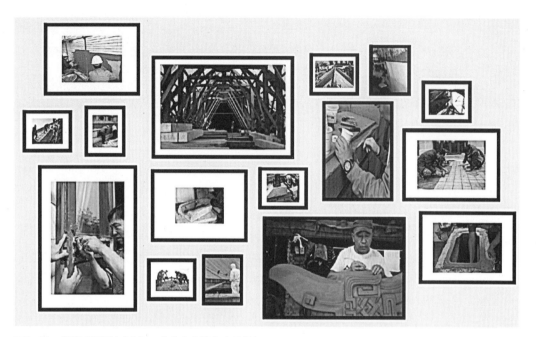

图2-51　修缮成果展1（来源：伪满皇宫博物院提供）

图2-52　修缮成果展2（来源：伪满皇宫博物院提供）

5. 经验总结

（1）行业专家指导

此次维修，业主方聘请国家文物局专家、省文物局专家和历任伪满皇宫博物院院长参与指导，从建筑历史到建筑设计、施工工艺、材料选择、历次维修情况等，追根溯源充分挖掘建筑的历史文化艺术价值。除此之外，业主方特聘请日本清水组退休建筑师丸田洋二先生为缉熙楼、同德殿保护修缮工程顾问，丸田先生与中日两国有着很深的渊源，对伪满时期建筑形式、价值有着很深的理解，提供了很多宝贵意见以及同时期、同类型建筑修缮案例作为参考。诸位专家的悉心指导，也为整个施工工期和工程质量提供了有力保障。

图2-53 修缮成果展3（来源：伪满皇宫博物院提供）

（2）基于真实性的价值评估，从宏观到微观

修缮设计初期价值评估更多基于宏观层面，注重整体的价值认知。随着施工进度的深入，会有更多细节呈现出来，而细节所反映的是更多微观层面的价值认知，甚至于会影响到对宏观价值的判断。本项目通过拆卸瓦面，对各种瓦件的价值评估与质量对比分析，得以确定石川瓦作为屋面用瓦，其价值最高、质量最好，所有补配瓦件均按石川瓦样进行定烧，正是因为石川瓦本身的材料、工艺、造型设计可以从微观层面反映出同德殿建造之初所处时代历史、文化、社会等相关信息。

（3）新技术的运用与推广

东北地区冻融现象较为严重，为了最大限度降低冻融对文物建筑保护和游客安全的影响，本项目在檐沟处采用了电伴热技术，并取得了较好的效果。虽然电伴热技术本身是很成熟的技术，但应用到文物保护工程中较为罕见，本案例是对文物保护工程实践的全新探索，在我国高寒高海拔地区的文物保护工程中可以做进一步尝试。

（4）记录、传承与展示

本项目通过文字、影像、视频等多手段的记录方式，为同类型建筑修缮提供了宝贵的参考信息，为日后同德殿研究与工艺传承提供了充足的历史依据。业主方不仅录制了翔实的资料片，出版了一本关于记录缉熙楼、同德殿保护修缮工程历程的书籍，同时还筹办了修缮成果展，通过多媒体等科技手段阐释文物价值、意义及施工工艺等，旨在让更多的人都能参与到文物保护中来。另外，伪满皇宫也是开展爱国主义教育的场所，基于文物修缮的记录、传承与展示有利于文化和旅游的深度融合，真正实现"让文物活起来"，还将有力推动长春地区文化产业，提升长春在全国的地位和形象。

专家点评

历时三年多的辛勤努力，项目团队积极创新管理、凝心聚力，消除了作为伪满历史见证的伪满皇宫同德殿诸多安全隐患，恢复了其昔日风貌。本项目在实施过程中注重保留中外并举的伪满建筑特征，注重施工过程中的勘察，注重专家的引导作用，注重修复工艺还原、配件选择和严格管理，注重项目过程资料的留存，勘察详细、技术方案合理、过程管理规范，总体修复效果超出预期目标。本项目树立了国家文物主管部门倡导的文物保护理念实践新标杆，为今后类似文物保护项目的实践提供了优秀示范。

业主单位：伪满皇宫博物院
设计单位：北京国文琰文化遗产保护中心有限公司
施工单位：中兴文物建筑装饰工程有限公司
监理单位：吉林省工程建设监理有限责任公司
案例编写人员：李进　周波

3

山西平顺县王曲村天台庵修缮保护工程

一、案例概况

（一）保护对象基本情况概要

1. 简介

天台庵位于山西省长治市平顺县城东北25公里的实会乡王曲村内，坐落在村中的黄土台地之上，周边被农舍环绕包围。1988年1月被国务院公布为第三批全国重点文物保护单位，类型为古建筑，年代公布为唐代。寺院现址坐北朝南，总占地面积约450平方米。现存弥陀殿一座、唐碑一通。

弥陀殿面阔三间，进深四椽栿，单檐九脊顶。屋面以青灰色筒板瓦覆盖，瓦条垒脊，正脊两端是琉璃制成的鸱尾。殿之台基以稍事加工的料石垒砌，周檐压阑由条石铺压，殿前正中设踏道三级，亦是用条石垒筑，无垂带石之设，台明用条砖铺墁。当心间设两扇小板门，两梢间各安直棂窗，下设槛墙。两山及后檐墙以条石为基，青砖砌筑至阑额之下。

2. 核心价值

寺院现址规模很小，因无其他史料可稽，故弥陀殿之创建以及天台庵之前的原状今已无从知晓。然而苍古的殿宇由柱到梁架、铺作，其造型、结构几乎全部都呈现出明显的早期特征。

图3-1　弥陀殿修缮后（来源：曹钫　摄）

现存的天台庵是一处至少已跨越了数百年历史长河的宝贵文化遗产。

弥陀殿平面接近正方形，大殿正侧面当心间开间较大，两次间仅及明间之半，这在我国现存早期建筑平面中是极为少见的；以斗口跳承托荷载的实例，可见于平顺回龙寺大殿（金）、平顺龙门寺西配殿（925年，五代）、大同华严寺海会寺（1038年，辽代）等早期建筑；华栱后尾为四椽栿两端伸至前后檐外制成，铺作、梁架构为一体，简练有力，与中唐时期重建的五台山南禅寺大殿相同。综合分析，天台庵弥陀殿构架，简洁纯朴，相交严实，既无重叠构件，也无虚设之弊，造型、手法与五台南禅寺大殿相似，为我国早期小型佛殿中的佳构。

"文物原状"不仅指文物现存的最初修建时的实物，而且还包含了文物在历史延续过程中形成的有价值的遗存物。天台庵弥陀殿不但蕴含着无比珍贵的建筑初建时的各种信息，还携带着五代、金、元、明、清时期的维修活动、文物建筑发展演变过程中的历史信息，具有珍贵的文物价值。

3. 保护历程

1956年4月，由文化部和山西省文化局联合组织的文物普查试验工作队对天台庵进行了调查，发现并考察了这座重要的遗物。

1986年8月被山西省人民政府公布为省级重点文物保护单位。

1988年1月被国务院公布为第三批全国重点文物保护单位。

2011年7月山西省古建筑保护研究所受平顺县文物旅游发展中心的委托，对天台庵的现状进行全面勘察。

2012年《山西省平顺县王曲村天台庵保护修缮工程设计方案》通过国家文物局审批，并列入"十一五"规划的山西南部早期木构建筑保护工程项目。

2014年4月，启动天台庵弥陀殿本体保护工程。

（二）项目背景

天台庵续存年代长久，价值极高。经现场勘察，弥陀殿文物本体保存状况概况如下：

屋面：瓦顶生草、瓦件损坏，并伴有翻滚现象；勾头滴水亦有缺失；各脊存在不同程度的开裂歪闪；鸱尾倾斜，与正脊分离。

木基层：从露出的泥背看，酥解松散失去结构强度；渗漏点较多，导致望板局部糟朽，波及部分椽子；檐口椽飞糟朽严重。

木构架：整体略向西倾斜，致使蜀柱、托脚、侏儒柱、叉手等出现歪闪；各檐柱略有沉降不均；当心间两缝四椽栿下各支顶柱子3根，在檐外各角柱支顶，均有劈裂。

斗栱：普遍存在倾斜、劈裂、小斗缺失等现象；前檐心间补间铺作向外倾斜严重；转角华栱里转被截短。

墙体、门窗：各墙整体稳定，略有裂缝和局部酥碱、缺失。两扇板门破损开裂，直棂窗棂条缺失。

台基散水：料石有开裂破损、缺失等现象；水泥抹面；散水缺失。

（a）弥陀殿屋面瓦件破损、缺失；鸱尾倾斜，与正脊分离　　（b）弥陀殿木构架托榫、开裂　　（c）弥陀殿前檐心间补间斗栱向外倾斜

（d）弥陀殿转角华栱里转被截短　　（e）弥陀殿板门两扇破损开裂；两梢间直棂窗棂条缺失　　（f）阶基水泥抹面

图3-2　弥陀殿保存现状（来源：曹钫 摄）

（三）工程目标

工程性质：修缮工程。

实施对象：天台庵弥陀殿。

修缮工程的范围：弥陀殿本体的保护修缮等。

工程目标：通过技术手段，采取现状整修和局部重点修复措施，排除结构险情、修补缺失构件，并将研究贯穿于整个施工过程。注重发现和最大限度地保护历史延续过程中的有价值的遗存物，有效保护文物所蕴含的所有价值，以期达到弘扬传统文化，提升展示水平，创造展示条件，服务社会、服务公众的目的。

（四）实施过程

保护工程的实施过程主要包括：前期勘察研究和制定保护修缮方案、施工组织实施几部分。

1．前期勘察研究和制定保护修缮方案

严格执行《中华人民共和国文物法》"保护为主、抢救第一、合理利用、加强管理"的方针，秉持《中国文物古迹保护准则》"不改变原状"及"最低限度干预、使用恰当的保护技术"的保护原则，强调真实性、完整性和保护文化传统的同时，符合各项工程规范和技术要

求。严肃对待现状中保留的历史信息，将价值评估和研究置于首位，并贯穿于保护工作的全过程。

通过勘察发现和研究，提出了保护修缮中需待解决的问题：

（1）现存结构的年代问题：弥陀殿公布年代为唐代，然而也有学者认为是五代遗物。在修缮工程中注重历史信息的发现与研究，采用建筑考古学和碳十四测年方法，力求得到一个更接近真实的研判。

（2）后世修缮的添改问题：通过发现四椽栿背部卯洞残迹、下平槫和橑风槫上发现原来安置大角梁的痕迹、心间补间铺作等问题，均需在修缮时进一步研究评估。

2．施工组织实施

工程实施中，严格执行批准的修缮设计方案，遵循山西南部早期木构建筑保护工程《旧构件管理办法》和《资料管理办法》，认真履行技术交底、工程洽商、全程记录等各项工作，做好文物保护措施，文明施工管理。尽量保留原有构件，贯彻加固补强可逆性措施，坚持原工艺、原材料、原做法原则，尊重地方手法。做到管理有序、职责分明、环境整洁、现场规范，质量控制有效严谨，安全第一、文明施工，强化管理，确保质量。

保护工程于2016年8月10日施工完成，2016年12月15日通过最终验收。

3．工程实施中各方的配合

图纸会审由业主单位、设计、施工、监理四方进行。

业主单位派出专门的项目负责人，协同文保员对工程实施质量监管。

监理单位坚守施工现场旁站监督管理，坚持例会制度。

工程始终得到质监部门的重视和关注，多次到现场指导检查、参加例会和研讨会、规范各方技术资料。

（五）实施效果

1．真实性

此项工程在勘察设计和工程实施中，始终将研究—发现—评估贯穿于全过程，并以成果为依据制定与调整保护方案和措施。

2．题迹的发现

获得了弥陀殿创修年代和历史修缮记录。

3．现代科技提供佐证

碳十四的年代测定，主体结构的材料年代均在唐五代区间，角梁和支顶柱都在明清期间，成为研究成果的有力佐证。

（a）弥陀殿修缮前正立面　　　　　　　　（b）弥陀殿修缮后正立面

（c）弥陀殿修缮前背立面　　　　　　　　（d）弥陀殿修缮后背立面

（e）弥陀殿修缮前侧立面　　　　　　　　（f）弥陀殿修缮后侧立面

图3-3　弥陀殿修缮前后比对（来源：曹钫 摄）

4. 不改变原状

由于屋面保留了元代风格特征及瓦件锈斑，形成了独特的艺术效果。经过研究和讨论，制定了原位平移方式——屋面瓦件拆卸后，采取原物原位移动至地面平铺，保留原有锈斑，尽量

（a）弥陀殿脊槫题记　　　　　　　　　　　（b）弥陀殿飞椽题记

图3-4　弥陀殿题记发现（来源：曹钫　摄）

图3-5　三维测绘扫描（来源：曹钫　摄）

使修缮后的屋面呈现原瓦原位，最大限度保存了屋顶的真实性、完整性和延续性。

5. 最低限度干预

在施工过程中，坚持不改变原状、最小干预原则，采取修整、挖补、粘接、加固、补强等一系列技术措施，最大限度地保留了原结构和原构件，主材更换率几乎为0，很好地保持了文物的原风貌。

（六）社会效益

1. 建设早期建筑的标本基地

建筑作为人类文明的载体，犹如座座里程碑，镌刻着人类社会在各个领域的发展成就，被视为一个民族对人类文明贡献的标志。平顺县古建筑遗产丰富、资源保存完好、时代序列完整，建筑风格及建筑技艺得以全面持续地传承，利用天台庵的影响力，建设早期建筑标本基地，将为平顺县推动传统文化在当今社会的影响力提供重要载体，同时为平顺县宣传城市形象、打造城市历史文化品牌搭建更高层次的平台。

2. 作为古建筑维修保护的示范展示工程

天台庵弥陀殿是一座集五代、金、元、明、清于一身的不可多得的古代建筑。在勘察设计和工程实施中，始终将研究贯穿于全过程。既有题记的发现，又有研究的成果；既有原状的推测和证实，又有现状的研判和保留；既有模型，又有科学测定结果。

二、案例亮点

（一）亮点一：真实性，调查研究与新技术结合确定准确年代特征

天台庵弥陀殿，被认为是国内仅存的四座唐代建筑之一，天台庵因此名扬海内外，并备受学界关注。

此项工程在勘察设计和工程实施中，始终将研究—发现—评估贯穿于全过程，对历史结论进行了修正，并以研究成果为依据制定与调整保护方案和措施。

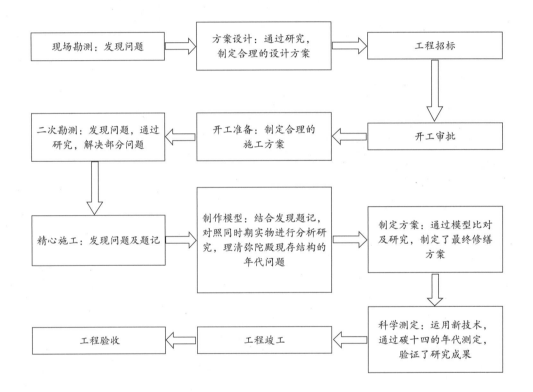

1. 发现问题

（1）天台庵弥陀殿具有唐代建筑特征。

①弥陀殿柱头阑额至转角处不出头，阑额上不施普拍枋，与唐制相符。

②弥陀殿襻间托脚结构形制，与唐制相符。

③弥陀殿梁架与斗栱的组合形制，与唐制相符。

④弥陀殿梁架为四椽栿通檐用二柱造，与唐制相符。

（2）天台庵弥陀殿在隔架形制、大角梁形制、平梁上侏儒柱及翼角椽的铺设方法等方面，又有别于唐代的做法。

①弥陀殿的四椽栿上各立了两根蜀柱，柱头上置大斗承接平梁，显然不是唐制。

②弥陀殿角梁插入蜀柱内的做法，为唐制罕见，但与宋《营造法式》规定的子角梁、大角

梁和隐角梁三构件组合规制相符。

③弥陀殿在平梁之上用叉手和侏儒柱的做法，不符合唐代构造的规制。

④弥陀殿翼角椽铺钉方式为前段采用辐射椽法后段平行的复合式做法。

2．二次勘察和模型制作

（1）根据上述提出的问题，在开工前对弥陀殿进行了详细的二次勘察。

图3-6 开工前二次勘察（来源：曹钫 摄）

图3-7 制作现状和原状模型（来源：曹钫 摄）

（2）为了对修缮提供科学的依据，在施工期间制作了建筑模型。根据同时、同地、同类原则，对现存结构的原状和现状进行比较研究。

3．对发现问题的重新认识和研究

（1）翼角椽铺钉的研究

瓦顶揭取后，确定了翼角椽的真实性。

通过对实例的考察，我们可以知道，中国传统建筑翼角椽铺钉，或者说角椽布置方法经历了四个发现阶段。第一阶段是"平行椽法"，此期檐口至屋角平直无翘，45°角线没有生出。第二阶段是南禅寺型的"斜列椽法"，此期大角梁加厚与正身椽形成高差，正身椽近角需渐次抬高以适大角梁背，形成了"角翘"，同时大角梁斜出增长，在45°角线出现了"生出"。第三阶

图3-8 弥陀殿翼角椽铺钉（来源：曹钫 摄）

段是天台庵弥陀殿型"平行辐射复合型椽法"，同期实例有镇国寺、碧云寺。此期翼角外观造型如南禅寺"角翘"式的有大云院、镇国寺和碧云寺大殿；如广仁王庙那样有了升起的有天台庵、玉皇庙和原起寺，其形制各占一半，是否后世改造，尚待研究。第四阶段是宋代以后惯用的"辐射椽"或称扇型椽法。

通过对比，证实弥陀殿翼角椽布椽方式是介于唐宋之间的形制。

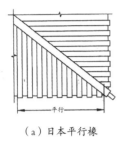

（a）日本平行椽　　　（b）南禅寺大殿（唐）斜列式　　　（c）天台庵弥陀殿复合式

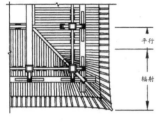
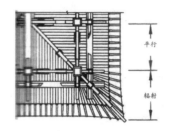

（d）镇国寺万佛殿（五代）复合式　（e）原起寺大雄宝殿（五代）复合式　（f）龙门寺大雄宝殿（宋）辐射式

图3-9　唐至宋翼角椽铺钉方式比对图（来源：天台庵修缮设计项目组提供）

（2）四椽栿背蜀柱两侧卯洞的研究

天台庵弥陀殿的四椽栿上各立了两根蜀柱，柱头上置大斗承接平梁，这与我们所知的唐、五代建筑是完全不同的结构方式。通过对隔架形制比对可知，蜀柱大斗承顶平梁的结构方式发端于宋代中期。

勘察发现，四椽栿背蜀柱两侧发现卯洞，应是放置驼峰的卯洞。

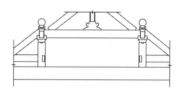

图3-10　天台庵弥陀殿蜀柱大斗型
（来源：天台庵修缮设计项目组提供）

通过分析研究，对弥陀殿蜀柱大斗隔架的结构形式有以下几点认识：

①我们判定蜀柱大斗型隔架方式在本区域内肇始于宋代中期，故弥陀殿并非该样式的首个实例，而是后代修缮时改制的结果。

②从宋代中期至元代本区域内蜀柱柱脚结构发展演变规律看，其改制时间大约在元末至明代区间。

③弥陀殿四椽栿背残存卯洞8个，分别排列在四根蜀柱的两侧，卯洞尺寸相近，间距均等，推测是安置驼峰的遗迹。

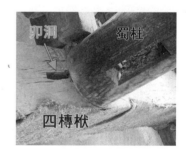

图3-11　弥陀殿四椽栿背卯洞
（来源：曹钫 摄）

由此我们初步判定，弥陀殿四椽栿与平梁间的结构应与同期实例一样，都是"驼峰大斗型"。

（3）叉手构造的研究

天台庵弥陀殿的平梁上立有一根侏儒柱。之前，我们一直把弥陀殿视为一座晚唐建筑。把它例五代建筑惯用的复合型布置角椽、重枋式泥道栱等，认为是由弥陀殿而兴起的。然而，当

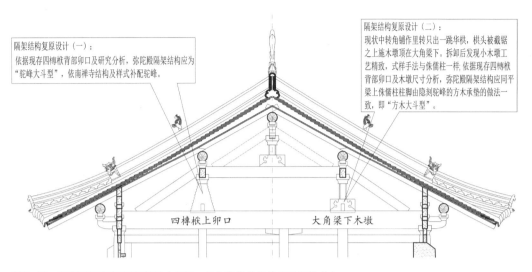

图3-12 弥陀殿隔架复原方案图（来源：天台庵修缮设计项目组提供）

结构被揭露时我们看到的是：平梁上驼峰、侏儒柱、小斗、令栱、叉手等所有结合部位榫卯完整，结构严谨，无疑都是原配。

图3-13 弥陀殿平梁上部构造（来源：曹钫 摄）

（4）大角梁构造的研究

天台庵弥陀殿大角梁尾插在蜀柱内，是与同期建筑不同的奇特构造，也是造成弥陀殿翼角高翘与同期建筑外观造型不同的原因。

通过对弥陀殿翼角结构的考查，并对照同期实例的结构模式，可以确认大角梁构造现状是经后世改造过来的。更重要的是，我们在平榑、撩檐榑发现卯洞，及撩檐榑头发现的斜置型角梁才有的椽椀遗迹，这无疑说明，弥陀殿在改制之前应当是斜置角梁结构模式。

4．发现题记

2014年11月1日，在脊榑与替木间发现"长兴四年九月二日……"的墨书题记。2014年11月7日，当东南翼角南侧飞子拆卸至第14根时，再次发现"大唐天成四年建创立，大金壬午年

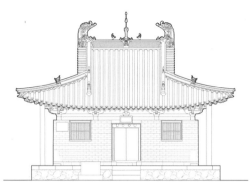

图3-14 弥陀殿现状立面图（来源：天台庵修缮设计项目组提供）

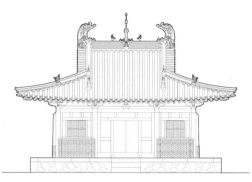

图3-15 弥陀殿大角梁复原后立面图（来源：天台庵修缮设计项目组提供）

图3-16 弥陀殿平槫卯洞（来源：曹钫 摄）

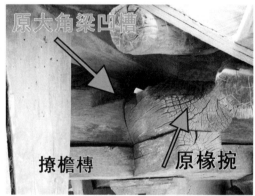

图3-17 弥陀殿撩檐槫卯洞（来源：曹钫 摄）

重修，大定元年重修，大明景泰重修，大清康熙九年重修"的墨书题迹。

至此我们可以确知，弥陀殿创建于五代后唐，长兴四年大殿立架上梁，金代、元代、明代、清代皆有重修。

天台庵弥陀殿题记一览表　　　　　　　表3-1

时代	纪年	公元	瓦题	檩题	飞题	题迹内容
五代	天成四年	929年			√	天成四年创立
五代	长兴四年	933年		√		长兴四年地驾
金代	大定元年	1161年			√	大定元年重修
金代	大定二年	1162年	√			重修如大定二年
金代	大定二年	1162年			√	大金壬午重修
元代	至大四年	1311年	√			先有大元四十年
明代	景泰四年	1453年	√			中有大明二百□十五年
明代	景泰六年	1455年			√	大明景泰重修
清代	康熙九年	1670年	√			大清二十六年康熙九年重修
清代	康熙九年	1670年			√	大清康熙九年重修

5．问题的解决

在"大唐天成四年创建"的年代背景下，许多问题迎刃而解。

①翼角椽：天台庵弥陀殿"复合椽法"是至今发现的最早实例，是五代建筑的典型特征。

②四椽栿背蜀柱两侧的卯洞：可以断定天台庵弥陀殿原状隔架方式是"驼峰大斗型"，不仅与唐代建筑相符合，还是五代建筑普遍沿用此制的又一例证。

③叉手构造：施工中解剖侏儒柱，发现与叉手有结构性关联，与创建年代的时代特征相吻合。

④大角梁结构：在模型上模拟斜置大角梁恰与残存卯洞相吻合，证明结构原状与唐、五代结构特征相一致。

6．制定最终修缮方案

研究表明弥陀殿隔架与角梁结构，是后人改制。是保持现状还是恢复原状，经国家文物局专家组现场评估、讨论，决定保持现状，真实完整地保存各时代历史信息。

7．研究结论

第一，天台庵弥陀殿创建年代为五代。

第二，金代维修痕迹勾头，初步判定金大定十年（1170年）只对屋面进行了修缮。

第三，现存两大吻和瓦条脊，具有典型的元代特征，与元至大四年（1311年）维修记载相吻合，是一次对屋面的全面维修。

第四，隔架结构和角梁结构的改变，推判在明景泰四年（1453年）。

第五，由于大角梁受力结构的改变，发生劈裂、栽檐，于清康熙九年（1670年）在角梁下进行了支顶。

8．现代科技提供佐证

碳十四的年代测定，主体结构的材料测定年代均在唐五代区间，角梁和支顶柱都在明清期间，成为我们研究成果的有力佐证。

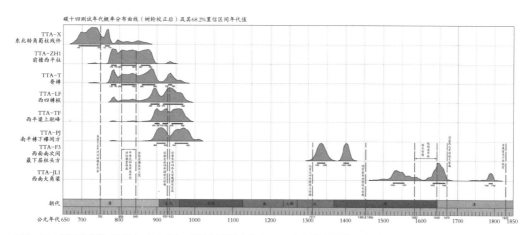

图3-18 碳十四测年结果与文字纪年对照分析图（来源：天津大学建筑学院建筑历史与理论研究所提供）

（二）亮点二：不改变原状、最低限度干预

天台庵是国务院公布的全国重点文物保护单位，弥陀殿是我国传统木构建筑的重要文化遗产。其保护工程以研究成果为依据，最大限度地保存各个历史时期有价值的结构、构件和痕迹，以及特殊工艺。主要表现在：避免全面解体，采用局部解体方案修复断裂大角梁，加固前倾失稳的补间铺作。尽量保留旧构件，对大量劈裂残坏的斗、栱修补加固，缺失者按原制补配，补强加固被后人裁锯的栱件。对梁、柱等承重构件的补强加固采用传统技术和已被证实可逆的技术、方法。

1．屋面的施工工艺

由于屋面保留了元代风格特征及瓦件锈斑，形成了独特的艺术效果。

经过研究和讨论，制定了原位平移方式。屋面瓦件拆卸后，采取原物原位移动至地面平铺，保留原有锈斑，尽量使修缮后的屋面呈现原瓦原位，最大限度保存了屋顶的真实性、完整性和延续性，深得好评。

（a）屋面修缮前　　（b）拆除屋面瓦件

（c）瓦件原位平移　　（d）屋面修缮后

图3-19　屋面瓦件原位平移施工工艺（来源：曹钫 摄）

2．主材的补配与更换

在施工过程中，坚持不改变原状、最小干预原则，采取修整、挖补、粘接、加固、补强等一系列技术措施，最大限度地保留了原结构和原构件，主材更换率几乎为0，很好地保持了文物的原风貌（表3-2～表3-4）。

天台庵弥陀殿屋面瓦件补配、更换表（单位：件）　　表3-2

名称	勾头	滴水	筒瓦	板瓦	更换	备注
前檐	1	2	0	6	—	补缺
后檐	1	2	0	3	—	补缺
东坡	5	2	0	2	—	补缺
西坡	15	20	30	20	—	补缺

天台庵弥陀殿大木构件修缮表　　　　　　　　　表3-3

名称	施工与工艺	更换	备注
平梁	加固整修	—	更换率0
四椽栿	加固整修	—	更换率0
脊槫	加固整修	—	更换率0
平槫	加固整修	—	更换率0
撩檐槫	加固整修	—	更换率0
周檐柱	加固整修	—	更换率0
枋	加固整修	—	更换率0

天台庵弥陀殿斗栱修缮表　　　　　　　　　表3-4

名称	施工工艺	更换	备注
柱头	整修加固	—	
补间	整修加固	—	
转角	整修加固	东南角外檐更换平盘斗一个	残缺
枋间散斗	整修加固		

（1）转角斗栱后尾的加固、补强

弥陀殿现状中转角斗栱里跳华栱被锯短，之上承矮柱支顶在大角梁下。

（a）华栱加固前

（c）华栱加固、补强

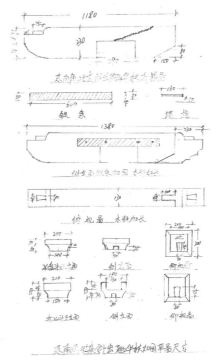

（b）现场绘制加固草图

（d）华栱加固后归安

图3-20 转角斗栱里跳华栱后尾加固、补强（来源：天台庵修缮设计项目组提供）

（2）前檐明间补间斗栱的加固、补强

现状中里跳华栱悬空，后尾用木棍斜支在椽下，其结构不稳定，已造成前倾。

（3）断裂老角梁的加固、补强

现状中东南侧老角梁断裂，下部加设支顶。

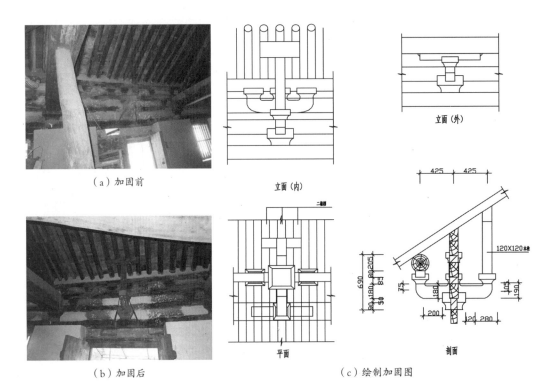

图3-21 前檐明间补间斗栱里跳华栱加固、补强（来源：天台庵修缮设计项目组提供）

（a）加固前　　　　　　（b）老角梁断裂

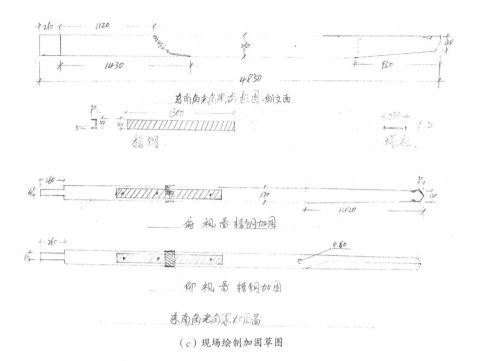

(c) 现场绘制加固草图

(d) 加固、补强　　　　　(e) 加固后　　　　　(f) 加固后归位

图3-22　断裂老角梁的加固、补强（来源：天台庵修缮设计项目组提供）

（4）其他木构件的加固、补强

天台庵弥陀殿修缮工程中不仅重视角梁等重点结构，对其他部位均进行了认真的分析研究，最大限度地保存和延续文物的真实历史信息和价值。

(a) 加固前　　　　　　(b) 加固、补强　　　　　(c) 加固后归位

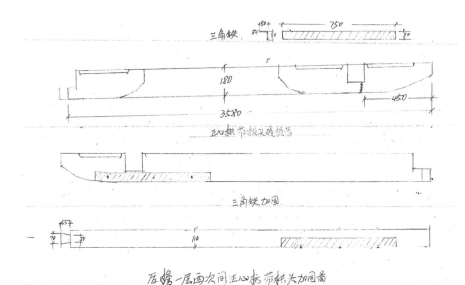

(d)现场绘制加固草图

图3-23 其他木构件的加固、补强（来源：天台庵修缮设计项目组提供）

专家点评

将军的价值和魅力在于他身上的伤残及背后的动人故事，而不在于其参军时的"完美"形象。五代是中国社会和气候大转折的节点，建于此时的天台庵弥陀殿是历史信息的珍贵载体。文物守望者恪守"不改变文物原状""最小干预"原则，始终以科研指导工程。所有勘察研究均采用无损手段；所有技术措施均建立在尊重现构的基础上且具备可逆性；对各时代历史遗存均加以保护的内容包括了每件瓦饰的原位保留，建筑主材更换率几乎为零。恪守保护原则到极致的意义不仅在于保护了"手术"后的文物依然真实，更为后人留下了一座历史文化信息的珍贵宝库。

业主单位：山西省平顺县文物旅游发展中心

设计单位：山西省古建筑保护研究所

施工单位：山西省古建筑保护工程有限公司

监理单位：太原市文物保护工程监理站

案例编写人员：曹钫　申鹏

4

河北承德普陀宗乘之庙古建筑保护修缮工程

一、案例概况

（一）保护对象基本情况概要

1. 简介

普陀宗乘之庙位于河北省承德市双桥区避暑山庄北侧狮子沟内，始建于清乾隆三十二年（1767年），仿西藏布达拉宫修建，占地22万平方米，是承德外八庙中规模最大的庙宇，为清政府乾隆、嘉庆时期在承德举行重大宗教仪式和政治活动的主要场所。普陀宗乘之庙于1961年被国务院公布为第一批全国重点文物保护单位，1994年被联合国教科文组织列入世界遗产名录。

（a）修缮前全景　　　　　　　　　　（b）修缮后全景

图4-1　普陀宗乘之庙修缮前后对比

普陀宗乘之庙基本采用藏传佛教寺庙的布局形式，建筑随地势自由布置，在寺庙前部五孔石券桥至琉璃牌楼有一中轴线，琉璃牌楼以后的建筑则没有明显的轴线。建筑群分三个院落，南正门至五塔门形成封闭的前院，五塔门至琉璃牌楼形成封闭的中院，琉璃牌楼至大红台为未闭合的后院，甬路两侧自由散落布置东西五塔白台、东中西罡殿、东西两座白台殿及实心、空心白台等建筑。大红台为主体建筑，下为20米高白台基座，红台正中为重檐四角攒尖鎏金铜瓦屋面的"万法归一殿"，周围环绕三层裙楼，西北角裙楼顶部为重檐六角带正脊鎏金铜瓦屋面的"慈航普渡殿"。红台两侧为白台，东侧为三层卷棚歇山琉璃顶的御座楼及两层裙楼，裙楼东北角顶部为重檐八角攒尖鎏金铜瓦屋面的"权衡三界殿"，裙楼西北角顶部建单檐歇山卷棚黄琉璃绿剪边屋面的"洛迦胜境殿"。大红台西侧为二层圆形白台，条石砌筑下部基座，二城砖砌上部台体，白灰罩面。

普陀宗乘之庙建筑大致分实心白台、空心白台、白台殿、鎏金铜瓦殿、独立琉璃顶建筑、白台内布瓦僧房建筑等六种类型。实心白台为佛塔白台和障景白台两种，条石砌筑台基，条砖糙砌墙体，抹灰刷白灰浆，条石拔檐，条砖砌筑女墙，墙身刷红浆。空心白台为围墙围成一封闭院落，外墙体二层或三层盲窗，院落内多建一层坡顶布瓦僧房，院落北部为二层凸出实心砌筑白台。白台殿分为带院和单独白台殿两种，南正门、东西边门为城台单檐庑殿琉璃屋面建

图4-2 普陀宗乘之庙大红台南立面

筑，中罡殿、中后院白台为带院单檐庑殿琉璃瓦顶建筑，白台殿建于院落西北角实心白台上。三座鎏金铜瓦殿均位于大红台上。独立琉璃顶建筑为内地建筑风格，碑阁、琉璃牌楼及嘉庆时期改建的洛迦胜境殿均为清官式建筑。白台内僧房多为仰瓦和筒瓦坡顶屋面，屋面坡度比官式建筑平缓许多。

2. 核心价值

普陀宗乘之庙是清王朝鼎盛时期的建筑代表作，是汉、藏建筑融合再创造的成功范例，是在清王朝完成多民族国家统一和团结的历史背景下，斥巨资修建，普陀宗乘之庙包含了极为丰富的历史、艺术、科学和社会内涵。

历史价值：普陀宗乘之庙同承德外八庙其他寺庙一样，是政治的产物，是清朝边防、民族、宗教等政策的真实体现。普陀宗乘之庙是清朝乾隆、嘉庆时期处理边疆少数民族事务的重要活动场所，是清政府"兴黄教，所以安众蒙古，绥靖荒服，柔怀远人"国策的完整体现，是清政府利用宗教团结蒙、藏等少数民族、治理边疆、维护多民族中华一统政策的重要建筑载体，是研究乾隆、嘉庆时期清朝财政、宗教、营造等社会制度的重要参照物；普陀宗乘之庙在乾隆时期修建完成后，在嘉庆时期进行了建筑大规模平顶改坡顶以及万法归一裙楼四层改三层的改建工程，对于清政府乾嘉时期治藏、宗教政策及建筑营造技术的变化提供了重要研究物证。

艺术价值：普陀宗乘之庙是集汉、藏建筑艺术之大成的典范。普陀宗乘之庙在建筑群总体规划营造布局、建筑形体尺度、建筑造型比例、建筑色彩用材等方面糅合了汉、藏建筑的精华，将藏式的建筑高台形象、强烈的色彩对比艺术处理方式与清代造园规划理念、汉式木构建筑构造手法融合，不仅达到了藏式寺庙建筑高大突兀的宗教压迫感，借助地形形成的建筑层叠、自由布置与自然融为一体的效应，建筑体量巨大、色彩鲜明，具有强烈的视觉冲击力的艺术风格；同时又具有汉式园林建筑堆土叠石造景、纵向幽深、一步一景、意境深远的艺术特征，创造了藏传佛教与内地汉式建筑样式相融合的崭新建筑艺术形式。普陀宗乘之庙创造了五塔门、东西五塔白台、三塔水门、单塔白台以及大红台边玛墙佛塔等丰富的藏传佛教佛塔艺术形象，对于研究乾隆时期佛塔造型设计理念、藏传佛教建筑造型设计提供了重要参考。

科学价值：普陀宗乘之庙大红台创造了在承德地区温差大、降雨量集中的气候环境下砌筑巨型台体的工程实践，嘉庆时期的多次维修改建解决了大体量台体沉降、墙面冻融酥碱、排水不畅的工程通病，台体砌筑、排水组织工程技术具有独特的研究价值。

普陀宗乘之庙万法归一殿创造了大面积坡屋顶应用鎏金鱼鳞铜瓦屋面的工程实践，创造出具有巨大视觉震撼力的建筑艺术形式，体现了建筑设计与工程技术的完美结合，具有极高的科学研究价值。

普陀宗乘之庙建筑群规划布局参考布达拉宫，又结合内地汉式建筑院落布局，由南正门、五塔门、琉璃牌楼分隔为三组院落，院落内白台建筑形制、位置布置、使用功能包含了丰富的历史信息，建筑基址的发掘清理对于乾隆时期寺庙建筑群规划布局设计具有重要的科学研究价值。

3. 保护历程

1949年中华人民共和国成立后，承德避暑山庄及周围寺庙逐渐得到了充分重视和妥善保护。1949年建立热河省古文物保管所，1961年，国务院将普陀宗乘之庙列为第一批全国重点文物保护单位。1975年，成立承德市文物事业管理局统一管理避暑山庄及周围寺庙。1982年，承德避暑山庄及周围寺庙列入全国44个风景名胜保护区之一。

1976~1985年、1986~1995年、1996~2005年相继实施了三个十年整修规划，国家和地方政府相继投资1亿多元人民币，直接用于古建筑维修和园林整治，同时并投入大量资金用于改善保护区周围环境，加强保护区环境的综合治理，使承德避暑山庄及周围寺庙的风貌和古建筑的保存状况得到很大改观。普陀宗乘之庙主要进行了部分白台、宫墙、南正门、东西边门、中院东白台殿、后院东白台殿、中罡殿、碑阁、万法归一、慈航普渡、权衡三界等建筑的修缮加固、木装修补配、外檐油饰彩画补绘加固以及万法归一裙楼、御座楼及裙楼、东西塔阁、楼梯廊、千佛阁、钟楼白台、后院西白台殿、后院西1号白台等坍塌建筑的清理复建以及基础设施、消防安防避雷设施建立、环境整治等工作。

鉴于避暑山庄及外八庙（包括普陀宗乘之庙）的残破现状，为了消除文物本体的安全隐患，使古建筑得到更好的保护利用，保存传承其历史信息，2010年8月，国家启动承德避暑山庄和周围寺庙文化遗产保护工程，对承德避暑山庄及周围寺庙进行整体保护，普陀宗乘之庙保护工程勘察设计工作于2011年同步启动。

（二）项目背景

1976~2005年承德避暑山庄和周围寺庙实施的三个十年整修规划，重点为文物展示开放而进行的古建筑屋面、装修、外檐油饰彩画补绘保护、古建筑抢险加固保护、建筑复建以及环境整治、消防安防设备安装等。其中第一个十年整修规划期间维修的白台建筑，经过近三十年的自然侵蚀老化，普遍存在着白台顶部排水不畅、渗水严重，墙体开裂外闪、墙面抹灰空鼓脱落、外地平抬高、墙体及散水掩埋等病害，木结构古建筑均不同程度存在屋面瓦瓦泥酥粉、瓦垄开裂、脱节、连檐、瓦口、檐部椽望糟朽、地面散水碎裂等病害；坍塌白台建筑基址多被淤土掩埋，基址松散塌落，周边排水不畅，台基上灌木丛生，其根系生长加剧对建筑基址的破坏。特别是万法归一殿鎏金铜瓦顶的渗漏及檐部椽望糟朽、大红台白台金刚墙的排水不畅、条石冻融酥裂、金刚墙鼓胀外闪等病害严重，建筑安全隐患突出。

普陀宗乘之庙的勘察设计及工程施工均是在作为世界文化遗产地和国家级风景名胜区同步开放的情况下进行的，勘察测绘存在盲区，部分建筑不能深入勘察，因此设计人员在后期的施工中全程跟踪，及时补充勘察，完善设计方案，保证工程顺利进行。

（三）工程目标

工程性质：修缮工程、建筑基址保护。

实施对象：普陀宗乘之庙全部文物建筑、排水系统及建筑基址。

修缮工程的范围：对整个普陀宗乘之庙古建筑进行的保护修缮，共涉及单体建筑55座，其中包含大红台、大白台及12座台顶建筑（包括九间殿基址），东西中罡殿3座、白台楼1座、白台殿2座、实心白台6座、空心白台12座（包括圆白台）、白台建筑遗址5座、塔白台5座（包括五塔门）、五孔石桥1座、琉璃牌楼1座、门楼3座、碑阁1座、围墙2268米，建筑占地面积约2万平方米。

工程内容包括土方、灰土工程，建筑基址考古清理，石作工程，地面、平顶面工程，砖砌体工程，抹灰工程，屋面工程（包括布瓦、琉璃、鎏金铜瓦屋面），大木构架、斗栱、椽望连檐瓦口工程，木装修工程。大红台白台金刚墙加固归位、排水路线组织，万法归一殿木基层更换、鎏金铜瓦屋面揭瓦，碑阁上架修补、琉璃瓦顶局部揭瓦，以及建筑基址清理归安展示，为本次工程的重点核心内容。

工程目标：通过本次整体性修缮工程，对普陀宗乘之庙营建设计理念、规划布局、建筑形制、历史改建维修历程等进行研究，清理部分后期为使用便利而添建、改建形成的构筑物，最大限度保留建筑历史信息，保护普陀宗乘之庙建筑历史格局和风貌。建筑修缮以现状修整为主，遵循最小干预原则，排除普陀宗乘之庙文物建筑瓦顶开裂渗水、檐部椽望糟朽、平台顶面排水路线受阻渗水严重、墙体台体鼓胀外闪、墙面抹灰脱落、墙体散水掩埋排水不畅等现存隐患，保证文物建筑的稳定性和安全性；对20世纪不同时期因为当时文物保护理念的局限性所做的保护修缮，如果不影响文物安全，对历史风貌不构成明显影响，不做过多干预。合理的运用科学保护措施和展示手段，对现存建筑基址进行清理、保护、标识，保存其真实性和完整性。

（四）实施过程

保护工程的实施环节主要包括：前期勘察研究、修缮方案设计、施工组织实施几部分。充分的前期调查研究，设计服务的全程介入，为工程实施的顺利进行和最小干预的目标达成提供了保障。

1. 勘察研究（2011年8月～2012年1月）

勘察研究工作采用现场测绘，局部发掘清理，文献、历史修缮资料分析研究，专家工匠咨询等方式，确定普陀宗乘之庙历史布局、建筑形制、构造特征、材料规格、细部做法、施工工艺等要素，分析建筑残损主要原因。

2．修缮方案设计（2012年3月～2012年6月）

方案设计以最小工程干预为原则，尊重历史不同时期维修遗存，最大限度保留不同时期修缮历史信息，以不影响文物安全为修缮立足点，不追求风貌统一。

修缮设计优先采取预防性保护措施，重视日常的保养工作，主要解决积水问题，通过重新找坡，组织排水路线，顶面处理，达到水流顺利排走的效果。

3．施工组织实施（2013年6月～2015年11月）

针对普陀宗乘之庙工程场地范围大，院落高差大，单体建筑多，分布散，建筑形式多样，工种工序复杂，场地交叉作业频繁等诸多特征，与承德施工工期短，还要保证风景名胜区正常开放的施工不利因素综合考虑，施工方在施工前对普陀宗乘之庙进行二次勘察，对建筑现状病害做详细记录，并与方案措施认真核对，与设计人员沟通做实时调整。针对普陀宗乘之庙开放时间及游客参观游览情况，认真编制总体及单体建筑施工进度计划，中轴线及大红台建筑尽量错开游览高峰期施工；施工过程中严格按进度计划执行，实时与甲方、监理方沟通，及时调整单体建筑计划。严格执行新材料、新工艺实验先行原则，充分评估四方确认后再大规模实行。认真做好施工记录，完整的工程档案是保护修缮工程的重要部分。保护工程于2013年6月1日开工，2015年11月通过竣工初验，2016年1月14日通过省级验收。

图4-3 碑阁施工前复勘苫背望板保存状况

4．工程实施中各方的配合

项目管理单位承德市文物局与施工设计单位河北省古代建筑保护研究所在鎏金铜瓦屋面维修实验、专家评估、建筑基址清理展示、白台排湿实验、艺术构件选样补配等环节充分合作，现场协商评估，查阅文物保护档案，依据馆藏的建筑构件补配，保证修缮工程质量。项目管理单位委派两名甲方代表全程驻场，对工程实施过程全程现场监管。施工过程由监理单位河北中原工程项目管理有限公司进行全程旁站监督管理，监理公司每周组织工程例会，对工程中出现问题及时协商解决。设计人员进驻施工现场，随施工清理及时做补充勘察，完善设计方案。施工单位对鎏金铜瓦的维修进行试验、邀请专家评估修缮效果、总结修复流程，对憎水剂、防水材料等多种新材料、新工艺遵循先试验评估再推广应用的原则，以保证文物的安全。另外，对青砖、琉璃瓦、青灰、油灰、墙面刷浆等材料也做了大量耐候性、配比等方面的试验，对白台排湿进行了长期的试验和监测，这些试验对指导施工起到了重要的作用，同时也获得了宝贵的实践经验。

（五）实施效果

1. 达到了整体保护的设计目标

通过本次总体修缮，普陀宗乘之庙55座文物建筑及清代排水系统均进行了排险修缮，6座被掩埋的建筑基址得到清理保护展示，园林叠石得到清理加固，古建筑保存环境得到改善；对不影响建筑安全和功能，对建筑群历史风貌不构成明显影响的不同时期维修改建和添加，以及日伪时期墙面人为刻画、涂抹，均予以保留，不追求整齐划一而恢复始建时期风貌，基本保持了普陀宗乘之庙建筑群历史环境和整体风貌。

2. 解决了建筑排水路线受阻排水不畅的隐患

整个工程针对水的治理，采取防渗、排湿、组织水流合理路线，降低建筑外地平，清理淤积砂土，恢复建筑散水，达到水流排出建筑物至自然院落旱河冲沟效果，排除了顶部积水渗水、墙体外鼓、墙面阴湿导致抹灰空鼓酥碱脱落的安全隐患。

3. 完成了鎏金铜瓦屋面整修

探索完成万法归一殿鎏金铜瓦屋面维修，排除了瓦面渗水，檐头椽望糟朽脱落的隐患，摸清了乾隆时期万法归一殿苫背做法，参考可移动文物修复理念，探索出鎏金铜瓦修复加固工艺。

4. 社会效益

图4-4 中院东1号白台院落修缮前现状

图4-5 中院东1号白台院落修缮后效果

图4-6 中院东2号白台院落修缮前现状

图4-7 中院东2号白台院落修缮后效果

图4-8　东罡殿东南角白台院落修缮前现状

图4-9　东罡殿东南角白台院落修缮后效果

保护工程的实施，使普陀宗乘之庙一大批荒置、不合理使用的白台院落恢复了文化遗产应有的尊严，文物安全隐患得到了基本清除，文化遗产重新以健康面貌展示给社会。通过工程实施，大量被掩埋的建筑基址得到清理保护展示，丰富了普陀宗乘之庙展示内容，扩大了展示范围，向社会公众展示了文化遗产保护的探索和理念更新。

普陀宗乘之庙古建筑保护修缮工程为半开放式施工，公众可以直观地看到文物保护修缮的过程，承德当地民众对大红台的刷浆颜色热烈讨论，对普陀宗乘之庙的保护特别关注。通过保护工程的实施，社会对文化遗产保护传承的认识更具体、更丰富，保护文化遗产，传承历史文明，真正融入承德当地人民的日常生活中。

图4-10　红台刷浆前

图4-11　红台刷浆后

普陀宗乘之庙修缮工程已经结束，但白台墙体排湿和监测还在进行，用传统材料对大面积墙面抹灰持久性研究实验还在进行，普陀宗乘之庙历史格局和建筑形制特征的研究还在继续，文物保护修缮研究没有终点。

图4-12 普陀宗乘之庙修缮后全景照片

二、案例亮点

（一）亮点一：文化遗产的完整性保护

图4-13 中院西4号白台保护清理前现状

图4-14 中院西4号白台保护清理后效果

1. 发现清理保护标识6组白台建筑基址

普陀宗乘之庙内保存有多座建筑基址，呈半掩埋或完全掩埋状态，施工清理过程中引入考古发掘清理理念，辨识甄别建筑构件，妥善保护遗迹现象。对原建筑形制、原始做法进行勘察、记录、测绘和影像资料的收集，摸清建筑基址的形制特点和保存状况。

（1）基址的清理保护和局部恢复遵循原则

①以对基址的形制勘察结论为基础，有充分的复原依据。

②新增添的部分应符合建筑原材料、原形制和原做法，不能造成误读。

③最小干预原则：在基址保存现状的基础上增添的部分是保护基址所必需的，而且应做到解决问题满足保护需要即可，不扩大复原范围。

④可读性原则：新增添的部分是为了便于对建筑基址的顺利解读，推断建筑原貌。

图4-15　清理建筑基址散水　　　　　　　　图4-16　整理展示的中院东白台殿东侧基址

（2）基址施工清理流程

施工技术人员、设计人员、监理全程介入清理现场，研究建筑形制，确定施工清理范围；人工剥离基址堆积渣土，收集整理建筑残构件，登记标本留存；渣土倒运至东沟材料堆放点，二次复核渣土成分，三方确认无残存建筑构件后，垃圾清运出施工场地。

（3）基址施工技术落实

归位错动的阶条石和柱顶石，重墁建筑地面和院落地面，找出泛水。对残存墙体顶面进行封护，墙体已无存、暴露毛石墙基的，为防止雨水直接下渗，用青砖砌筑三层标识墙体，顶部轧青灰背封护。

2．发现清理保护建筑遗迹、建筑构件

施工清理过程中注重建筑遗迹保护和建筑残构件的收集，对发现的墙体基础残存和墙顶瓦面遗存做加固处理，油灰勾缝。

（1）西罡殿西北围墙

在清理西罡殿北侧淤土时发现，在西罡殿西北残存一段围墙，东西向，连接西罡殿与后院西3号白台。围墙残高300毫米，厚500毫米，毛石砌筑，内外各保留石沟门一个。毛石松动、散落，石沟门风化较严重。四方协商后，决定对于该段墙体进行整修保护，以展示院落格局。清理淤土，整理加固毛石砌体，两侧补做卵石散水，墙面毛石用青灰勾凸缝。

（2）东罡殿东南角白台北墙残留屋面

在维修东罡殿东南角白台时，在北墙顶面发现残留部分屋面。屋脊为清水脊，与白台北墙连接。脊根部残存屋面400～800毫米长，筒瓦屋面，筒板瓦为2号布瓦。屋脊生长草树，盖瓦松动，每垄筒瓦仅留有脊根处一块，每垄板瓦残存3～9块，瓦件部分碎裂、松动严重，生长草树。

图4-17 清理出的西罡殿西北围墙

图4-18 整理展示的西罡殿西北围墙

图4-19 东罡殿东南角白台北墙残留屋面现状

图4-20 东罡殿东南角白台北墙残留屋面整理后

为了保留历史痕迹，四方协商后，决定对屋面做出整修。清理屋面草树，补配缺失筒瓦瓦件，更换碎裂板瓦。重新铺设瓦顶面部分屋面屋脊，补配缺失脊帽盖瓦，更换碎裂瓦件，捉节夹垄。屋脊与北墙女儿墙帽之间用青灰连接，防止雨水渗透。

（3）琉璃牌楼东侧叠石护坡与围墙

琉璃牌楼东侧围墙与西侧围墙对称，东西向，清理淤土后发现残存高墙体，下部为毛石墙基，上部为杂砖糙砌，中部用二城砖做腰线隔开。墙砖松动、脱落，北侧淤满杂土，墙体南侧清理淤土后为叠石护坡。四方协商后，决定对于该段墙体进行整修保护，既可展示院落格局，又可用于挡土墙。清理淤土，拆砌腰线砖以上部分墙体，在墙体下部留出水口，便于排水，清理淤土，整理加固叠石挡土墙。

图4-21 琉璃牌楼东侧腰墙及叠石基址现状

图4-22 琉璃牌楼东侧腰墙及叠石基址清理加固后效果

3. 最大限度保留历史信息

对不影响建筑安全和功能，对建筑群历史风貌不构成明显影响的不同时期维修改建和添加，以及日伪时期墙面人为刻画、涂抹，均予以保留，不追求整齐划一，恢复始建时期风貌。

（1）金刚墙条石抽换

大白台东、北、西三面均为金刚墙，由厚达50～60厘米的红砂岩条石叠砌而成，部分条石已酥碎严重，需要对其进行拆卸和更换。更换酥碎的条石时，四方经过现场洽商，摒弃大范围拆卸金刚墙以更换酥碎条石的传统做法，而是参照剔补砖墙的做法，做好支顶和保护措施，搭建操作平台，用机械设备辅助人工，对巨大的条石采取了抽换，使对金刚墙的扰动降到了最小。

图4-23 大红台文殊圣境墙面题刻

图4-24 大红台文殊圣境墙面抹灰保留题刻

图4-25 前院西1号白台院落地面清理现状

图4-26 前院西1号白台院落地面墁地局部保留原状

图4-27 大红台西侧金刚墙修缮前现状

图4-28 大红台西侧金刚墙修缮后效果

图4-29 大红台北侧金刚墙条石抽换

图4-30 大红台北侧金刚墙条石抽换后效果

（2）金属类瓦面原状修复

本次万法归一殿鎏金铜瓦屋面维修坚持最小干预原则，未新增加一组铜瓦件，全部为旧瓦经过整形修复加固后重新使用，坚持保留旧瓦件，重新做苫背层，调整屋面囊度，实现瓦件与脊件的无缝组装。

（3）东西边门后期维修砖砌蹬道保留

东西边门蹬道为20世纪80年代维修，红机砖补砌，水泥砂浆抹面，方案勘察阶段及施工前勘察均保存状况良好，且与宫墙、城台等周围环境基本协调，方案为保留不做更换；施工中四方又在现场查勘，水泥砂浆抹面蹬道满足使用功能，保存状况良好，对周围环境不构成明显影

图4-31 万法归一殿鎏金铜瓦瓦瓦

图4-32 万法归一殿鎏金铜瓦屋面修缮后效果

图4-33 鎏金铜瓦编号、残损记录

图4-34 鎏金铜瓦冷焊

响，确认保留，不做条石蹬道更换。

（二）亮点二：鎏金铜瓦屋面的探索性修复实验

鉴于现存的鎏金铜瓦大坡屋面建筑极少，无此类技术规范和其他文献资料记录，考虑到万法归一殿的重要性和独特性，工程先对鎏金铜瓦屋面维修的做法进行研究，明确工艺流程，邀请专家评估修复效果，再实施保护。

1. 鎏金铜瓦屋面形制、工艺做法、残损原因研究

首先对上层东坡屋面进行了局部试验性拆卸，摸清了鎏金铜瓦屋面的形制和工艺做法及残损现状。万法归一殿上檐仍保留较早时期的苫背层，下部为灰土比6∶4的泥背两层，上部为青灰背两层，中间夹麻片一层，麻片密度为每10毫米三根麻线。鎏金鱼鳞铜瓦屋面由滴水、三联瓦、四联瓦构成；在对鎏金铜瓦勘察和研究后发现，屋面渗漏主要由三个方面原因造成：一是屋面变形、瓦件翘曲导致"倒喝水"现象；二是以前维修不当造成屋脊和瓦面之间存在裂缝形成漏雨；三是多数瓦件本身缺损和开裂导致渗漏。先要解决瓦件自身的问题，应对瓦件逐个进行检查和维修。

图4-35 鎏金铜瓦开裂

图4-36 鎏金铜瓦原铆补

2. 鎏金铜瓦修复工艺研究

从瓦件的历史修补痕迹上来看，传统的方法有两种，一种是铆补或铆接，另一种是锡堆焊。然而经过研究发现，两种传统维修方法皆有其缺点。铆补的方法连接强度高，但对瓦件造成了破坏，外观效果也不理想。锡堆焊不会对瓦件造成损伤，焊点隐蔽于瓦件下部，外观效果好，但连接强度差，受到震动或轻微变形极易开裂。

为此，采取了不同的手段进行了大量试验，并多次邀请相关专家到工地现场进行论证，确定了冷焊、铆补修复，锡堆焊防渗，新技术与传统技术结合，既解决了瓦件自身渗漏问题，又保证了鎏金铜瓦修补后的强度和外观效果。

3. 鎏金铜瓦揭取

（1）保护性拆卸：揭取文物鎏金铜瓦前，先测量各坡瓦面生起生出以及弧度等数据，统计

瓦件数量，对瓦件编号并绘制编号图。揭取瓦时先用小撬棍翘起须拆卸铜瓦的上层瓦件，用小木楔加以支垫，然后用压力钳剪断或起除下层铜瓦的铁钉，将下层铜瓦小心抽出。随后对拆卸的铜瓦初步清理内部残灰，在瓦件内部粘贴编号，运送至文物库房保管。

（2）登记入库、保管看护：鎏金铜瓦运至文物库房后，对瓦件照相、登记、记录，放入特制文物防护箱内保存，并对防护箱进行编号。

4．鎏金铜瓦修复加固

（1）清理：对入库瓦件进行清理，首先用软毛刷清扫文物表面的尘土和残余灰土，瓦件内侧难以清理的灰泥，可以视情况用清洁球或钢丝刷清理，但禁止用其处理瓦件外表面的鎏金部位。瓦面的水渍用棉布或棉球蘸清水清洗，必须在瓦件内外的灰土清除干净后方可进行。瓦件表面的鸟粪等污物，应用湿棉球覆盖其上，待泡软后再行清除，禁止强行铲除或擦抹。

（2）整形：分别依照滴水瓦、三联瓦、四联瓦的形式和内侧的规格尺寸制作相应的铁榰，外部覆以胶皮，将表面凹凸不平及瓦沿翘曲变形的瓦件，置于铁榰上，用包裹棉布的木槌适度敲击，以使其表面平整、边沿齐顺。

（3）物理修复：用自制扁铲剔除开焊的焊锡及铆钉，用角磨机结合圆锉等手动工具打磨掉残损部位瓦件内部的铜锈，以2毫米厚紫铜板裁剪适合大小作为铆补补丁，用直径3毫米的铜铆

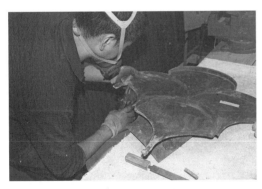

图4-37　鎏金铜瓦整形

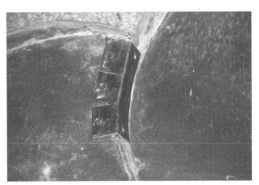

图4-38　鎏金铜瓦铆补维修

图4-39　鎏金铜瓦冷焊维修

图4-40　鎏金铜瓦锡堆焊维修

钉对缺损部位进行修补。边沿裂缝的，打磨掉锈层后，用冷焊机在瓦件内侧采用单面铜点焊以保证焊接强度。铜点焊完成后，再采用锡堆焊的方式对裂缝做封闭防渗的处理。最后对焊口进行清理和打磨。

（4）焊点焊缝防锈：为了保证文物鎏金铜瓦的观感质量和防止修补部位的锈蚀，对焊点易锈处进行刷氟碳金漆处理，刷氟碳底漆一道、金漆二道，每遍刷漆要待上道漆完全固化后方可进行。这一环节要注意对文物瓦件原鎏金部分的保护。

5. 鎏金铜瓦安装

（1）登记出库：文物鎏金铜瓦安装前，在专人看护下将所需的鎏金铜瓦逐件登记出库，运送至施工现场。

（2）安装：先按照编号图逐块原位样活，再进行安装。安装时用小麻刀灰铺垫以找补瓦面的高度和瓦件的倾斜度，用铁钉逐垄钉牢在苫背层上。

（3）整修、归位固定：完成整坡屋面的安装后，检查包括未揭除的鎏金铜瓦和脊部鎏金构件在内的所有瓦件，对错位和变形翘曲的瓦件进行整修、归位工作，以防发生"倒喝水"和渗漏水现象。

（三）亮点三：工程组织管理

1. 设计、施工、研究的整体考虑

本工程设计施工均由河北省古代建筑保护研究所承担，设计、施工人员既有明确分工，又密切配合，设计人员参与施工现场清理、施工复勘，及时完善设计方案，保证最小工程干预保护理念的实施；施工人员在编制施工组织设计方案、专项方案以及施工新发现等过程中，与设计人员充分沟通，准确把握"不改变原状"、真实性、完整性、最低限度干预的文物修缮理念，将研究工作贯穿工程全过程，既保证了文物修缮工程质量，也探索了设计施工一体化在文物修缮工程中的应用。在万法归一殿金瓦的揭顶维修、建筑基址的清理保护展示、白台的除湿等施工过程中，设计、施工、监理、管理人员充分沟通协商，多方咨询专家意见，施工单位聘请有经验的施工技术人员现场指导，保证工程的顺利实施。

在工程实施过程中，重视档案资料收集整理，对《清宫热河档案》和承德文物局修缮资料及历史照片做了梳理，结合施工现场清理记录，对普陀宗乘之庙历史格局和建筑形制特征深入研究，工程结束后完成了《普陀宗乘之庙历史与建筑研究》图书出版，《普陀宗乘之庙修缮实录》现已编写完成，正在校对修改，近期即将出版。对普陀宗乘之庙的研究没有随工程结束而终止，河北省古代建筑保护研究所结合修缮工程实施后效果回访、监测、评估，对普陀宗乘之庙大红台白台金刚墙、万法归一殿瓦顶以及寺庙建筑规划布局、建筑基址始建名称功能界定、建筑3D模型复原、寺庙建筑空间尺度研究等方面做深入探索。

2. 施工过程中的公众参与

普陀宗乘之庙工程一直在风景名胜区正常开放的状态中实施，游客虽不能进入施工作业场地，但可以看到修缮工程的实施，施工一直在游客的全程"监督"中进行。施工、监理、管理单位三方对现场安全文明施工细化要求，制定施工现场管理方案。节假日游客参观高峰期工程

管理人员在大红台和中轴线建筑施工现场持证上岗巡查,解答游客对文物保护工程的疑问,宣传文化遗产保护。

(四)经验总结

1. 勘察研究贯穿施工全过程

对于像普陀宗乘之庙此类正在开放的大规模的建筑群修缮,前期勘察研究存在局限性,施工过程中的设计跟踪研究十分必要,设计人员对于新工艺、新材料的实验,大量的施工新发现,现状病害与方案勘察阶段的差异,结合文物建筑的价值判断,及时制定补充设计方案,保证工程顺利实施。

2. 施工过程中的多方配合

项目管理单位对修缮工作管理规范,招聘文物修缮专业技术人才成立专业文物工程管理团队,制定承德避暑山庄及周围寺庙文化遗产保护工程操作规程等一系列专业规范文件,在工程现场管理、工程材料设备采购、设计服务、文物安全管理等方面提供规范化指导,为文化遗产保护工程提供质量和安全保障。

文物保护工程既要遵守工程的一般规定,对合同约定的工期、报价、工程范围等充分尊重,更要尊重文物保护工程受自然气候环境影响的规律,合理组织施工工期流程,保证修缮工程质量。施工单位以科学合理保护文物建筑为一切工作的出发点。

施工单位工序组织合理,施工前制定周密的施工技术方案、进度计划保障措施和灾害风险应急预案,并根据现场参观人员数量对进度计划和保障措施进行局部微调和优化,以保证施工顺利进行。监理和设计人员积极应对现场施工发现和施工计划调整,及时编制审核补充设计方案和施工洽商,保证修缮工程质量和施工进度按计划执行。在工程实施中,与文物管理部门合作,对靠近文物建筑滋生的阔叶树木进行砍伐或修剪,向管理单位就日常维护的重点和注意事项提出了建议。

专家点评

素有"小布达拉宫"之称的普陀宗乘之庙是康乾盛世、民族团结的象征。它的修复在社会上引起了极大的反响,意义深远。这是一项规模大、难度高的古建综合修缮工程,工程将排险加固保护与展示利用密切结合,工程始终坚持以科研为基础,以科技为支撑,以专家、施工技术人员为引领的指导思想,在整个工程实施中,处处体现着工匠精神,精益求精,不做表面文章,治标不忘治本,确保了工程的高质量,始终贯彻了文物保护最小干预的原则,取得了鎏金屋顶瓦面冷焊、铆补、锡堆焊防渗技术多项创新成果。

该项目积极探索创新管理模式,发挥文物保护项目设计施工一体化的新型管理模式,保障了施工过程参与各方同心协力,相向而行,使工程管理规范,确保了修缮项目程序完备、资料完整,堪称文物保护工程经典之作。

业主单位：承德市文物局

设计单位：河北省古代建筑保护研究所、承德市文物局规划设计室

施工单位：河北省古代建筑保护研究所

监理单位：河北中原工程项目管理有限公司

案例编写人员：檀平川　孙颖卓

5

湖北武汉大学早期建筑——理学院
文物保护修缮工程

一、案例概况

（一）保护对象基本情况概要

1. 简介

武汉大学早期建筑位于湖北省武汉市东湖之滨的珞珈山、狮子山等十余座起伏的山丘之间。1930年3月开始兴建，1937年7月竣工，占地面积200多公顷，建筑面积7万多平方米。校舍由李四光、王星拱、张难先、石瑛、叶雅各、麦焕章实地考察选址，美国著名建筑师凯尔斯（F.H.Kales）担任设计，按照"实用、坚固、经济、美观、民族传统式外形"的要求，遵循"轴线对称、主从有序、中央殿堂、四隅崇楼"的原则，引入西方古典式样，融合了中西建筑之长，形成了以图书馆、理学院、工学院为主体的建筑群。气势恢宏，布局精巧，中西合璧，美轮美奂，是中国近代历史时期唯一完整规划和统筹设计并在较短时间内一气呵成的大学校园，堪称中国近代大学校园建筑的佳作和典范。

理学院是武汉大学早期建筑群主要建筑之一，位于狮子山东麓，坐北朝南，依山就势。建筑形态特色鲜明，由一主四从共五栋楼构成，通过回廊连接。中央主楼八角平面，拜占庭风格大穹顶，直径为20米，高14.4米。中间布置阶梯教室和演讲厅，东西南北四栋中国传统宫殿式附楼簇拥着中间拜占庭风格穹顶主楼。理学楼建筑群，中西融汇，因借地势，建筑空间丰富多变。五栋建筑依据山势建设，虽均不在同一水平线上，却轴线对称，主从有序。两组建筑群主楼的屋顶造型一方一圆，体现出"天圆地方"的传统建筑理念。整体建筑分两期建造，主楼和前排配楼为第一期工程，由汉协盛营造厂中标承建，1930年6月开工，1931年11月竣工；后排配楼为第二期工程，由袁运泰营造厂中标承建，1935年6月开工，1936年6月竣工。建筑面积10120平方米。

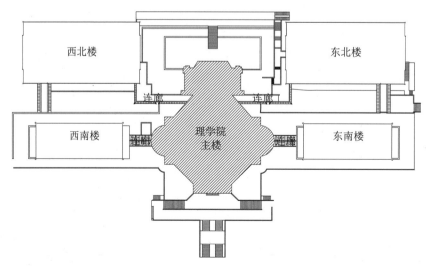

图5-1 武汉大学早期建筑——理学院平面图（来源：理学院修缮设计项目组提供）

图5-2 武汉大学早期建筑——理学院维修后（2018年3月）（来源：武汉大学文物保护管理处提供）

2．核心价值

理学院，作为中国近代史上重要学府武汉大学的一部分，其记录了中国近代教育体制的演变和中西文化交融的发展，是研究近代历史变迁和城市建筑演变的珍贵资料；其经历了抗日战争、国内革命战争、新中国的建设，见证了中国近现代社会变革。国民党在国立武汉大学办军官团期间，蒋介石亲任团长并在理学楼前运动场阅兵；1938～1946年日本侵占时期国立武汉大学为日军中原司令部，理学院中修有关押抗日人士的地牢，期间曾在理学楼前运动场祭奠阵亡将士。

理学院位于珞珈山对面狮子山东部，背对东湖，与工学院在南北轴线上形成对景。主楼采用八角面墙体和拜占庭式的钢筋混凝土穹隆屋顶（直径20米），与南面的工学院方形墙体和玻璃方屋顶相呼应，体现出天圆地方的建筑理念。两侧配楼为化学楼和物理楼，西配楼外观两层内部三层，东配楼外观三层内部四层，单檐庑殿顶，孔雀蓝琉璃瓦。主楼与配楼有连廊相通。主楼内阶梯教室四根大圆柱，既起到支撑作用，又不妨碍视线，威严的柱身上配之以白色纹状的"莲花柱头"装饰，严肃却不失雅致。

理学院主楼圆穹顶不仅是天圆地方的象征，同时也可以抵抗来自东湖边吹来的强风。中部主体首层有三个阶梯教室，是中国最早的阶梯教室。这些阶梯教室无需借助扩音设备即可确保声音传播到各个角落；二层为理、工学院的教室；三层为生物系的标本室和数学系的模型室。配备了幻灯、电影放映设备，尤其是电化教学设施在当时堪称国内首创。理学院使用了当时先进的框架结构和钢筋混凝土材料，经过八十年使用，证明其很好的耐久性；同时建筑设计考究，因借山势、中西结合，对建筑科学有很高的研究价值。

3．保护历程

1989～1999年，武汉大学自筹经费对理学院在内的11座武汉大学早期建筑进行日常维护。
1993年4月，武汉市人民政府公布武汉大学早期建筑为武汉市保留的历史优秀建筑。

图5-3　武汉大学早期建筑——理学院1937年照片（来源：武汉大学文物保护管理处提供）

2001年6月，包括理学院在内的武汉大学早期建筑被国务院公布为第五批全国重点文物保护单位。

2002年12月，武汉大学巨成加固实业有限公司对理学院的东南楼和西南楼进行了结构安全检测与加固。

2012年，由武汉大学工程检测中心对理学院的东北楼、西北楼和主楼进行了结构安全检测和加固设计方案。同年武汉大学组织编制武汉大学早期建筑——理学院维修方案，经国家文物局评审原则同意（文物保函〔2012〕1771号）。

2014年5月在国家文物局批复意见指导下，重新对理学院主楼、西北、东北楼的现状检测评估，同时增加了西南、东南楼现状检测评估，2014年10月至2015年5月期间通过公开招标，由湖北天利建筑技术有限公司完成了理学院结构加固工程。

2015年11月，正式启动于武汉大学早期建筑理学院保护工程。

（二）项目背景

理学院主体建筑从竣工至今一直作为理、工学院主要教学办公场所。改革开放以来，随着武汉大学教育教学改革的不断深入，院系逐步扩充完善，现有校区房屋不敷应用，造成更多的院系迁入其中，使得理学院是现有武汉大学早期建筑中面积最大、使用频率最高和使用人数最多的教学建筑。到2012年，共有包括理学部及其他院系共9个院系安置其中。由于缺少必要的保养维护，文物建筑饱经沧桑。屋面残损、渗水；墙面开裂、脱落；结构龄期老化；给排水系统基本瘫痪；室内装饰面貌已改；楼地面残损不堪；门窗严重破损；教学设备陈旧、落后；理学院基本处于无法正常使用的濒危阶段。

2012~2014年期间，在校领导的统一部署，文物保护管理处统筹协调，多院系协力支持下，九个院系师生从理学院临时迁出安置，理学院维修保护工程得以开展。

建筑病害多样性，需要不同的修缮和加固工艺。目的是减少干预，尽可能保留文物信息，避免大拆大建。搞清病害类型，有利于采取针对性措施，提高保护手段的科学性。

图5-4 武汉大学早期建筑——2015年理学院修缮前照片（来源：武汉大学文物保护管理处提供）

本体建筑的主要病害及成因分析表　　　　表5-1

病害类型	成因	发生部位
大气污染物	自然	室外内墙
盐害	雨水、地下水、大气水汽	屋面、墙体、楼板
生物入侵	自然	屋面、地面、外墙
人为损害	人为	所有可能部位
风化、酥碱、麻面、起甲、开裂	水害、材料老化	抹灰层、油漆、木材
裂缝、空鼓、脱落	水害、温差	砂浆、混凝土
冻害	气温	室外暴露材料
腐蚀、霉变	盐、潮湿	所有受害材料
断裂、损毁	沉降、应力、人为	可能部位

通过前期细致的病害排查，以及对方案的多次探讨、深化，理学院的本体保护工程于2015年11月正式启动，在基于最小干预的技术路径前提下，尽可能地恢复建筑应有风貌，在保护和延续理学院传统教学使用功能的同时，给其注入"新的活力"，使其满足现代教育信息化多媒体教学的需要。

图5-5 本体建筑的主要病害（来源：理学院修缮设计项目组提供）

（三）工程目标

工程性质：保护修缮工程。

实施对象：理学院文物建筑本体。

修缮工程的范围：理学院整体建筑面积10120平方米，主要包括建筑外墙维修、地下楼层维修、整顿，室内维修，屋顶维修，建筑设备维修等内容。

工程目标：严格按照"不改变文物原状"和"最少干预"原则进行保护与修缮，坚持"原形制、原结构、原材料、原工艺"，使用恰当的保护技术，拆除理学院加建和添加物，恢复历史格局、外观形制特征和内部装饰。通过适度干预，排除理学院本体危险因素，同时也对周边环境风貌进行维护，完整地呈现理学院应有的时代特征和艺术风貌，实现文物建筑为当代再利用。

（四）实施过程

工程的实施环节主要包括：前期勘察研究、修缮方案设计、施工组织实施（包括多次组织专项方案专家论证及会商）几部分。

1．勘察研究（2012年2月）

在勘察阶段，有针对性地采取红外热成像技术、光谱分析技术等多种手段分别对建筑本体所存在的病害进行分类细致的排查，同时查阅文献、历史图纸等所有档案资料，对原有建筑样式、室内空间布局、细部、装饰等与现状一一比对、研究，通过全面、深入的勘察及档案资料的研究，对建筑本体的病害、损伤以及建筑原有的历史风貌有了全方面的了解。

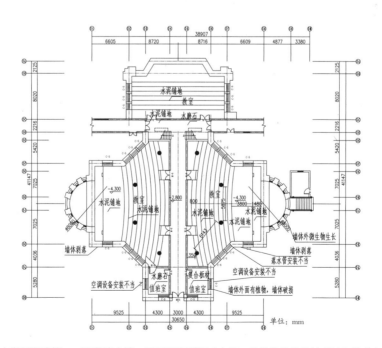

图5-6　武汉大学早期建筑——理学院主楼一层平面实测图（来源：理学院修缮设计项目组提供）

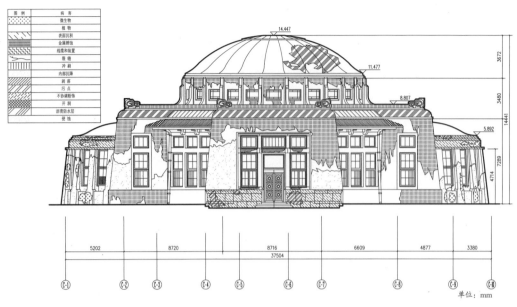

图5-7 武汉大学早期建筑——理学院主楼南立面病害分布图（来源：理学院修缮设计项目组提供）

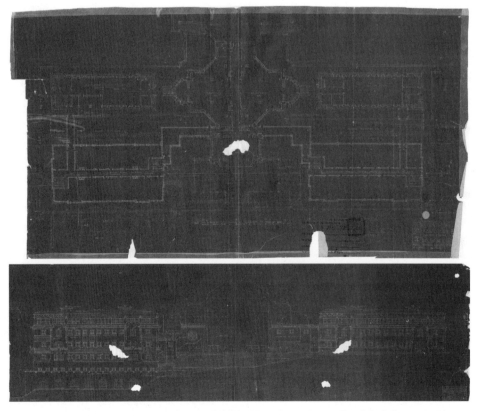

图5-8 武汉大学早期建筑——理学院一期工程原始建施图纸（来源：武汉大学文物保护管理处提供）

2. 修缮设计方案（2012年3~7月）

为了确保修复以后建筑依然能保留20世纪30年代的历史风貌，设计阶段尽可能地保证对建筑病害进行针对性的防范和治疗，避免大拆大建带来的对文物的伤害。

秉承安全、可靠、最小干预、最大保留、可识别、可持续性、可逆性等修缮原则，方案设计中针对不同病害种类，实施针对性的干预措施，主要策略如下：

（1）真实性保护

在项目设计阶段从建筑外墙、护栏、工艺构件、门窗等重点部位进行有针对性的专项措施，凡是能用的残损构件，尽最大可能经加固、修复回到原来位置，而不是拆除新配。

（2）法式和时代特征的保存

理学院采用的是西方建筑技术和材料，富有20世纪30年代的时代特征。水泥、钢材、玻璃的大量运用，以及富有时代特征的水泥砂浆、水刷石、水磨石、铆钉钢门窗、铜质五金、铸铁排水管等材料和工艺，构成了理学院时代和个性的独特风貌。原汁原味的保存、修复，是项目的重要使命。

（3）妥善处理保护和利用的关系

理学院修复后将继续投入到教育和科研中，为武汉大学教学继续提供服务。必须增加和提升的设备和设施等现代化功能将为教育和科研提供安全、舒适的环境。在方案设计中，尽可能实现设备与建筑的空间分离，安装方式以最小伤害为目标。

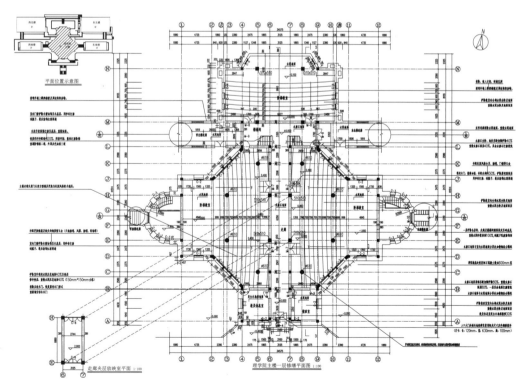

图5-9 武汉大学早期建筑——理学院主楼一层平面修缮图（来源：理学院修缮设计项目组提供）

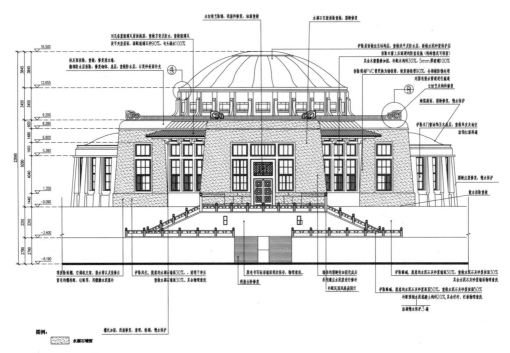

图5-10 武汉大学早期建筑——理学院主楼修缮南立面图（来源：理学院修缮设计项目组提供）

3. 施工组织实施（2015年11月～2017年8月）

（1）施工深化设计，解决施工图无法达到的难题

理学院建筑规模较大，且兼具中西合璧建筑风格，材料、工艺、修复方式、病害类型非常多样，修复必然是一个复杂的系统，施工图难以面面俱到。理学院除了一般百年建筑的"通病"外，还有建筑本身依赖的环境、气候、历次修缮、人为干预等复杂因素产生的特殊病害。完全依赖施工图解决所有问题是件非常困难的事情。

在进入施工阶段，设计、施工、建设单位首先对重要部位逐一进行施工图落地研究。这些分项主要包括：屋面瓦件的保存和补配；有组织排水系统的维修和提升；外墙建筑风貌的保存途径；护栏断裂、缺损的修复材料和工艺；水磨石柱的残损修复中的材料、工艺分析；理学院个性化工艺装饰构件的加固、修复方法，材料的选择；富有时代特征的铸铁排水管、铜五金件、老式钢门窗的修复工艺和复原方法等，一一根据施工图要求进行了深化设计。

特别是影响关键部位的方案，湖北省文物局组织专家组，多次听取设计、施工单位的意见，现场勘察、评估，把握文物保护原则，优化设计方案。

对施工中新发现的建筑病害和隐蔽部位施工图没有设计的部分，第一时间由设计院到现场踏看，制订补充设计施工图。特别重要的节点，邀请中国遗产研究院、北京建筑大学等权威专家进行会商。

（2）研究贯彻施工全过程

理学院的个性化保护工程注定没有现成的技术标准可以照搬。为了确保历史信息的保存，所有分项分部优先实施加固补强的技术手段进行修复。

民国时期的材料工艺，与当代已经相去甚远，给加固技术提出了更高的挑战。

特殊工艺主要包括：水泥灰浆抹灰面的加固和修复；水刷石的加固和补强；水磨石的残损修复；屋脊、柱式、腰线等工艺装饰件的加固材料和修复工艺；铸铁件、钢质件、铜质构件的焊接、修复工艺，缺失件的模具仿制。

在加固修复前，一一对对象物的材料特征、肌理、颜色等物理性状进行分析。使用的加固材料综合考虑应力匹配、稳定性、可灌性、可逆性以及是否会与基材有不良化学反应等要素，优先考虑以上因素后再选择合适的加固材料。

材料分析完成后，确定不同的工艺方法。用于加固的材料应用，事先进行多组小样试验，反复比对强度、肌理、颜色等要素，再确定材料和工艺。

保护工程于2017年7月通过竣工初验，2017年8月通过最终验收。

4．工程实施中各方的配合

坚持定期工程例会制度。工程的图纸会审、技术交底、设计变更、技术会商、资料传递、隐蔽工程验收、材料检测等各环节有条不紊，管理到位。

为确保工程质量，业主单位指派两名工程管理人员驻工地，与设计、监理一起抓工程进度、工程质量，及时解决施工中遇到的问题。文物处、维修办定期组织有关工程管理人员到项目部进行现场检查、指导。

施工单位和监理单位在项目实施过程中，指派了富有文物保护经验的专业队伍，科学组织，精心施工，体现了良好的职业素养和敬业精神。能够比较负责地贯彻施工图和专家意见，尽心尽责，较好地完成了设计部门提出的保护目标。

勘察设计单位组建专班派驻施工现场，协助施工单位开展各项工作，确保了国家文物局批复的勘察设计方案中所有技术环节落到实处，真正贯彻了"不改变文物原状"的原则。

（五）实施效果

1．去除残损、病害，恢复健康状态

武汉大学的20世纪30年代建筑不但是我国近代大学的一个典范，也是独具风格的东西方建筑文化合璧的成功范例。为了确保修复以后建筑依然能保留30年代的历史风貌，先后制定了《理学院建筑立面专项保护方案》《理学院护栏专项保护方案》，对建筑病害进行针对性的防范和治疗，避免大拆大建带来的对文物的伤害。

在增加强弱电、消防、空调等设备时，一再修改施工方案，减少对建筑的破坏。工程最大可能最小干预的目标，尽可能地避免或减低因维修而带来的文物自身价值的损害。

2．恢复建筑历史原状、展现丰富的历史信息

理学院的建筑风貌具有鲜明的时代特征和个体风格，中西合璧，优美典雅。特别体现在它屋面、墙面装饰、门窗、排水管等部位。在修缮中，我们充分尊重原始材料、造型、色彩、肌理进行修复。已经消失或无法修复的构件，采取1：1开模制作的方法，并采用原材料、原工艺。琉璃瓦、门窗、排水管远送宜兴、佛山、杭州进行定制。

图5-11 武汉大学早期建筑——理学院保护工程实施前后对比（来源：武汉大学文物保护管理处提供）

图5-12 管线一律明装明敷，避免开槽、穿墙打孔（来源：武汉大学文物保护管理处提供）

图5-13 外墙铸铁排水管按1：1原材料、原工艺定制（来源：项目施工单位提供）

图5-14 富有时代特征的水磨石护栏修复（来源：项目施工单位提供）　　图5-15 修复后的门窗完全忠于原形制（来源：项目施工单位提供）

3. 满足校舍建筑使用功能，提供良好教学环境

通过加固、补强、修复等必要的手段，建筑本体病害得到有效控制，通过本次保护工程，很好地保护和延续了理学院的实际使用功能，将其历史实用价值传承至今并延续使用，发挥了其最大作用。

图5-16 延续教学使用功能，并赋予新的"活力"（来源：武汉大学文物保护管理处提供）

4. 彰显武大校园历史文化特色

保护工程实施后,原有破败杂乱的理学院重获"新貌"并继续作为教学使用。莘莘学子在感受历史建筑独有风采的同时,也同样有了"家"一样的归属感。在每年三月樱花盛开的季节,武汉大学作为武汉市赏樱花的最佳场所,会吸引大量的游客驻足、游玩、拍照。而在欣赏自然景观的同时,以理学院为代表的武汉大学早期建筑群以其厚重的文化底蕴,同样是学生、游人流连忘返的人文景观。"最美校园"将会被更多人所熟知,为其打造自己的名校文化品牌起到积极推动的作用。

二、案例亮点

(一)亮点一:真实性和最小干预

理学院从建成至今已八十多年,建筑病害主要集中在建筑立面。受风、雨、大气、冰、雪、日照、人为干预等因素的影响,建筑外墙的结构、肌理、表面均发生很多"病害",各种隐患较为严重。如何把控尺度,用最小干预的手段,实现建筑遗产的有效保护,是本次工程的重点以及难点。

1. 对外墙原材料工艺做法的科学分析研究,确保真实性

(1)材料物理学分析

修复对象主要材料为水泥砂浆、混凝土、清水墙。要实现历史建筑修缮的理想效果,事先必须对历史建筑的材料组成、晶体种类和结构、微观质地和形态进行仔细的测试分析,得出材料的物理、化学特征以及结配方案的详细资料。

通过电子显微镜可以测定材料的物理学特征及材料组成成分进行鉴定分析。

(2)透气性的检测及评估

墙体透气性指标(μ、sd),μ值反映水蒸气穿过某一材料所受到的阻力与其穿过静态空气所受到的阻力的比值(设静态空气=1)。sd值反映了不同厚度材料的透气性能,相对μ值更能准确反映材料的透气性能。

透气性指标的测定可以为修缮此案料的科学选用提供依据,防止不同材料因透气性的要求不同引发结合层的脱落隐患。

(3)盐勘察及测试

砖石被雨水润湿后,待天气转晴后,表面会泛出白色结晶物。盐的溶解、结晶过程产生结晶压力,使建筑材料结构遭到破坏。

对建筑物有损害作用的最重要的几种盐类:

①硫酸盐

$MgSO_4 7H_2O$ 泻盐,硫酸镁;$CaSO_4·2H_2O$ 石膏,硫酸钙;$Na_2SO_4·10H_2O$ 芒硝,硫酸钠;$3CaO·Al_2O_3·3CaSO_4·32H_2O$ 钙矾石

②硝酸盐

Mg（NO$_3$）$_2$·6H$_2$O硝酸镁；Ca（NO$_3$）$_2$·4H$_2$O硝酸钙；5Ca（NO$_3$）$_2$·4NH$_4$NO$_3$·10H$_2$O钙硝石

③氯化物

CaCl$_2$·6H$_2$O氯化钙；NaCl食盐，氯化钠

④碳酸盐

Na$_2$CO$_3$·10H$_2$O苏打，碳酸钠；K$_2$CO$_3$钾碱，碳酸

盐的来源除了建筑材料本身包含的盐类外，溶解于地下水中的外来盐会进入墙体。此外，建筑材料也会通过与气态的有害物质发生化学反应，而生成盐，等等。

通过选取不同位置、不同材料的样品，经干燥、粉碎、称重、溶液配制，采用离子层析和质谱仪分析，对有害离子进行检测。

对盐害的成因进行检测和分析，找到病害源。外墙的盐害源主要使用红外热像仪进行追踪，排查可疑渗水区域、顺藤摸瓜找到水害源头。对屋面渗水、楼板劣化、有组织排水沟、管破损等一一确定，进行修复。

图5-17　红外热成像技术用于检测建筑渗水（来源：武汉大学文物保护管理处提供）

通过科学严谨的分析及检测，对建筑病害的分布及成因有了较为清晰的认识。（注：建筑病害分布图以理学院东北楼为例）

2．使用恰当的保护技术

外墙的修复应当遵循文物保护的基本原则，在满足坚固、安全的前提下，最大限度保留历史信息，不改变历史建筑的原始风貌。干预的材料不产生新的病害，并具有可逆性。

通过不同病害分类治理、物理干预、加固为主、结配试样等手段，避免过度干预，实现建筑立面风格的原真性。

（1）材料的选用及试验

外墙病害的多样性也要求我们通过不同介入手段来完成对病害的处理。

在保证按原材料、原工艺修复方案的同时，修复前事先进行比对试验。除了在材料同质性、配比上一致以外，在色彩和质感上追求与原来面貌的一致性，追求整体视觉的协调与和谐。

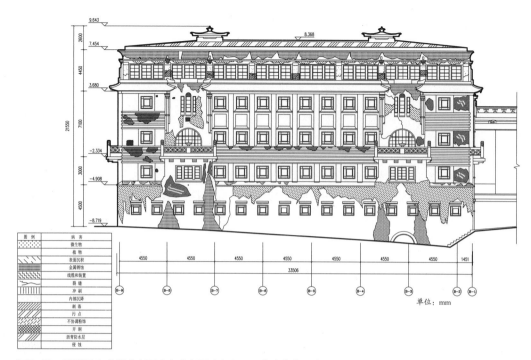

图5-18 理学院东北楼北立面病害分布图（来源：理学院修缮设计项目组提供）

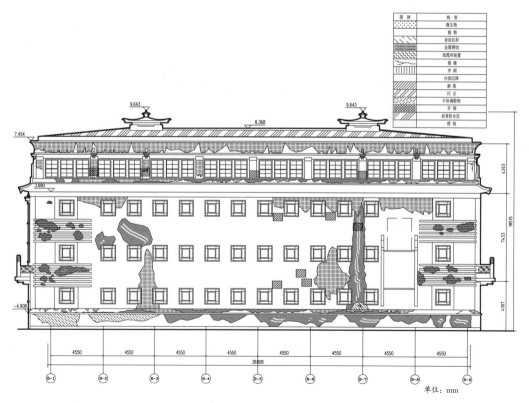

图5-19 理学院东北楼南立面病害分布图（来源：理学院修缮设计项目组提供）

水泥砂浆在满足工艺标准前提下，适量加入了矿物颜料、石膏等，调整因水泥颜色过于深暗引起新旧墙面的反差。同时，在施工工艺上，十分注意被修复部分墙面或裂缝的平整度，有效控制边线的接缝严密。

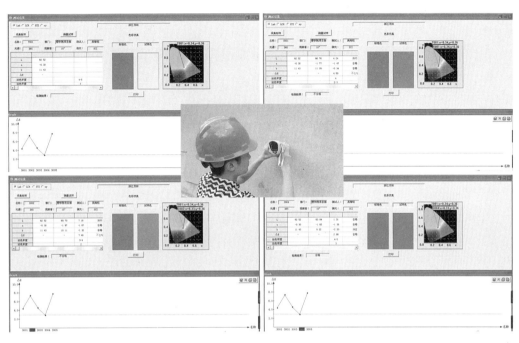

图5-20 光谱分析用于保护砂浆的配制

图5-21 砂浆配合比试验

（2）外墙面清理和清洗

外墙清洗的对象是指当代涂刷的乳胶、真石漆、原墙体未经清理的污垢，主要为灰尘、工业排放物、汽车尾气微粒、油污等，在阳光、雨水、空气的作用下，产生化学反应，形成的复杂的化合物。这些化合物的化学成分中含有大量的Ca^{2+}、Si^{4+}、Fe^{2+}、Al^{3+}、Mg^{2+}、Na^+、K^+、S^{2-}、C^{12-}、SO_4^{2-}等。

①墙体清理的基本目标。不损坏原墙体表面。不论采取物理方法还是化学方法，清理后的墙面不能因此受到损坏。表面磨损控制在最小的范围以内。

不能残留有害物质。包括有害于墙体憎水性、透气性物理性状，引起建材发生化学反应的有害物质，特别是盐的再次生成，不残留有害于人、动物身体健康的有害物质。

清理后的墙面不出现黄斑。

用于对重要历史遗迹的保护。

②根据建筑外墙体现状，采取区别情况、综合运用的办法保护现状。

a. 物理清洗。

实施对象：后期附着表面污渍。采用高压泵冲刷墙面涂装和表面污垢，清水为主，不易清洗部分用低碱清洗剂。渗入砂浆毛细孔和毛面的腻子、油漆等，采用手持式机械打磨方式清理，然后再用高压清洗方法，清除残留部分。尽量减少对原始砂浆面的破坏。

b. 手工铲凿、打磨。

实施对象：后期附着的乳胶、真石漆、油漆等。人工用斧头、铲、砂纸将当代涂装的去除，露出原粉刷底层。铲凿全程在施工质量监督员的示范及监督下进行，严格控制铲凿力度，避免对墙面造成物理伤害。残余部分物理清洗。

c. 化学清理+喷砂清理。

实施对象：外墙乳胶。外墙乳胶与原墙面具有很强的粘合强度。在进行喷砂清洗前，使用了乳胶专用清洗剂喷洒墙体，使乳胶的结构发生分解，软化乳胶。然后通过高空气机将石英砂加水；喷射清理乳胶墙面。由于加入水作为分散介质，可减少对墙体表面的损伤。

d. 化学清理。

表面初步完成附着物清理后，对原来面层附着的污垢，用专业墙面清洗剂，再次进行清洗。工艺如下：面积试样→确定清洗剂→安装登高机具→清水冲洗→涂刷清洗剂→刷洗→高压水冲洗→检查清洗效果重点清洗→pH测试。

墙体清洗剂分中性、碱性、酸性三大类。现场施工中在测试小样的基础上，根据污垢类型、污染程度综合考虑，选用合适的清洗剂。

（3）外墙面维修

①病害"伤口"的切割和清理。对砂浆和水刷石裂缝进行切割、抠缝，剔除疏松面，清理浮灰、渣土。

②灌浆和填缝：对小于2毫米以下的细裂缝，用超细水泥加高分子聚合物乳液，配合成加固浆液，用压力注浆的方法，填实裂缝；对大于2毫米裂缝，经切割、清理后用聚合物水泥基加固砂浆手工压实填缝法修复。

③空鼓处理：对空鼓面积小于0.5平方米或间隙小于2毫米的空鼓面，采用灌浆加固的方法；空鼓面积大于0.5平方米或间隙大于2毫米的，采取切割、凿铲基层，配制M15砂浆，重新抹

图5-22 墙面空鼓修复

灰,铁板光面。如砌体有酥碱、冻裂的砖石,则用涮除补贴的方法,并将砖缝进行补充饱满。

④面层处理:补配和修复部分抹灰层,按规定进行养护处理,必要时补设防裂钢丝网。七天后对面层及接茬进行检查后打磨,保持新老灰面的平整。

⑤麻面、蜂窝的修复:用聚合物加固砂浆配制细砂,用刮板填压的方法进行修复,并清水养护。残留在原墙上的砂浆,在初凝后用清水洗刷,保持墙面平整、干净。

⑥保护面层:聚合物水泥基加固砂浆+苯丙乳液配制成浆液,滚涂外墙表面两道。在浆液中适当比例加入矿物颜料调色,得与建筑原色相近的外观风貌。事前先做小样做比较试验,用色差分析仪进行校正。

⑦清水墙修复。

强风化墙面修缮:选用水泥、细纸筋、氧化铁红粉、石灰膏、石花菜等材料,经试验后确定配比。当色彩未能达到原样要求时,添加矿物颜料进行颜色调整,直到二者颜色接适为止。

工艺做法:清理基层→洒水湿润→1:2水泥浆抹面→结合层,厚度4~5毫米→抹面层,厚≥15毫米,二层充分抹平压实→收干、压实抹光→终凝前刻出分格缝(丝缝做法填满油灰)。

严重损坏的清水墙,采取拆除重砌的方法。基本完整的旧砖仍然保留使用。重新砌筑的砖,先对其进行成分检测,确定配比,按原物1:1制模,定烧。

⑧水刷石墙面维修。

应用于腰线、窗楣、柱子等处的水刷石,经表面清理后采取以下修缮工序:抹灰层验收→弹线、粘贴分格条→抹石层石粒浆抹面、压实平整→初凝前刷洗面层→起分格条→喷水养护。

水泥、石子、砂配合比为1:3:1。加10%左右石灰膏和矿物颜料,以调整水泥过灰暗的色差,求得与原料接近的色彩和质感。

⑨外墙面憎水保护。

外墙憎水剂的基料采用有机硅系列树脂。

施工工艺:清理墙面上的灰尘、苔斑等污物→修补裂缝、孔洞→干燥→按产品规定兑水配比搅拌均匀→喷雾或涂刷、纵横连续2遍。

⑩墙体脱盐处理。

墙体脱盐处理是防止墙体固盐晶体的溶解和结晶引发建筑材料分子结构破坏的根本性措施。在墙面表面清理后，虽然附着在墙体表面的盐已被清理，但吸附于材料体内的盐仍然存在潜在危害。

除盐方法：在砂浆缝中安放小型密垫，在墙体内部补给水分，使盐类物质迁移到敷布中，每隔两周换洗敷布，连续四次。

3．实施效果

保护工程基本实现了建筑病害的有效控制及安全隐患的排除。整个理学院建筑本体"旧貌换新颜"，既保留了建筑本身的历史沧桑感，也使得建筑本身历史信息得到了尽可能的保留。

图5-23　实施效果

（二）亮点二：使用恰当的保护技术

本次工程计划工期360日历天，实际工期为630日历天。实施过程中，大量时间用于技术方案的研究、试验、论证，注重修缮细节、工艺、质量的把控，注重原工艺、原材料、原形制的研究。充分发挥武汉大学的综合学科优势，通过大量的实验、试验以最优化的方式使得文物建筑历史信息得到有效的保护，为今后武汉大学早期建筑修缮工程提供了最强有力的支撑。

1．加固和修复材料的科技运用

文物加固修复材料有特定要求，既能满足加固后的使用寿命，又不能对文物本身再次造成新的干扰和病害，不能改变文物的原状，同时还必须符合可逆性原则。在工程实施过程中，通过实验、试验等方式，找到最符合本次工程的保护材料。

（1）增强

针对不同建筑材料选择不同的增强材料。硅酸乙酯类增强剂适用于砖石；聚醋酸乙烯酯适合于木材。

环氧树脂则广泛适用于钢材、砖石、塑料等多用途粘合剂。

碳纤维（布、棒）适用于混凝土、砖石、木材、钢材的加固。

（2）修补

除了局部替换新料外，文物更强调原状保留，局部修复。

运用无损粘合剂与传统材料和无机颜料调色，肌理质感与原物接近，耐老化性能好，修复材料的强度低于基材，具有可再修复性，在吸水、透气方面与基材接近。

（3）憎水

外墙憎水是保护建筑寿命的重复一环。选用憎水材料应以不改变外墙风貌为前提，因而不能使用表面成膜的材料。

憎水剂的使用既不能改变原有外墙的表现，也不能改变砖石表面的理化指标。

外墙憎水处理不等于所谓的"化学封护"。经化学封护的墙面外界的水进不去，同时内部的水也出不来。其结果是水在建筑砌体内滞留和迁移，并与建材发生化学反应，生成各种有害盐类，腐蚀和破坏砌体的物理性状，造成新的建筑病害。

通过憎水保护的墙体，吸收大气水的能力和空气污染物的能力会降低，但不等于零。岩石的"拨水效果"可以通过改变水的表面张力的方法，从而起到"防水"的效果。同时，砌体内的水，又可以通过憎水表面膜，转移到空气中去。墙体依然是能够"呼吸"的。

比较适用于外墙憎水的材料为有机硅类。

有机硅的硅烷/硅氧烷通过中间产物硅醇，和基材发生反应，生成有机硅网络。有机基团R起憎水作用，而Si–O基材结合，形成耐物理、化学的化学结合。

优良的有机硅吸水可以达到如下指标：

岩石毛细吸水能力：–70% ~ 90%
DIN18550，$\omega < 0.5 kg/(m^2 h^{1/2})$
水气扩散能力：≥50%
岩石强度：不变
岩石颜色：不变
耐紫外线，耐久性：>10年

因此，有机硅的以上性状指标，符合文物保护的基本原则，可应用于理学院外墙整体保护的材料选择。

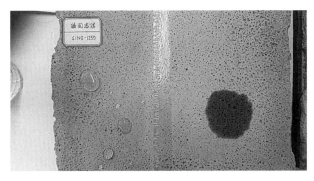
图5-24 憎水区荷叶状水珠

图5-25 憎水小样试验

图5-26 未做保护的水泥砂浆吸水

2. 修缮过程中细节把控

建筑立面的病害处理得以有效防治的同时，也为其他工序的合理开展奠定了基础。质量为重，传统工艺、细节把控为先。采用传统材料、做法和工艺，尽可能地保留历史信息，这是文化遗产保护最根本、最核心的课题，也是检验保护成果最为重要的衡量尺度。

（1）室内外地面修复

修复主楼各层的水磨石地面；修缮东北楼地下一层、一层、二层及西北楼三层内的水泥地面。

水磨石做法：只对局部病害区域进行"手术"，避免裂隙继续发育，防止水渗入，生成盐腐蚀和冻害发生。分两层，面层是由85%的石屑和15%的水泥砂浆构成，厚度为10～12毫米。

工序：抹灰层验收→弹线、粘贴分格条→抹石层石粒浆抹面、压实平整→初凝前刷洗面层→起分格条→喷水养护。

水泥做法：对开裂、缺失的水泥地面，采用相同的水泥材料修复、填平。

图5-27 楼地面只对残损部位进行修复，不对基本完整部分进行过度干预

图5-28 水磨石级配试验

图5-29 水磨石地面修缮前后对比

（2）木、钢门窗的修复

对门板散落、外框松散、榫卯松动、断榫、裙板开裂缺损等现象，采取剔补、挖换边梃、重新组装等办法进行维修；清除铁门窗上的油漆，现场采样，确定油漆的颜色，做防锈处理后重新涂刷，并剔补缺损玻璃。

图5-30 干预前后对比

（3）栏杆及装饰构件的修复

采用物理喷砂方法清除栏板及四角处回纹塔饰内、外侧的不协调粉饰，清洗现有构件污渍粉尘。采用水泥砂浆补抹的方式回填、加固破损部位。按原样补配缺失的浮雕构件，适当做旧，以保证整体立面效果和自然和谐。

在修缮中，充分尊重原始材料、造型、色彩、肌理进行修复。已经消失或无法修复的构件，采取1:1开模制作的方法，并采用原材料、原工艺。琉璃瓦、门窗远送宜兴、佛山、杭州进行定制。

图5-31　干预前后比较

（4）铸铁排水系统的修缮和定制复原

保留原有铸铁管，拆除历年维修安装的白色PVC排水管，在修缮中，充分尊重原始材料、造型、色彩、肌理。对已经消失或无法修复的构件，采取1:1开模制作的方法，并采用原材料、原工艺。排水管远送宜兴、佛山、杭州进行定制。

图5-32　模具制作（1:1），原材料、原工艺，与原始面貌完全一致

(三)亮点三:保护维修与利用的结合

当代设施、设备在文物建筑中的非干扰性方法。

理学院后续使用中不可避免地需要安装现代设备、设施以满足其功能需要。而文物建筑的活化利用中,常常遇到的设备、设施主要包括给排水、暖通、安防、消防等功能建设。设备和设施常常需要大量的管线联通。在现代建筑中一般要求入地、暗敷进行施工安装,暗敷管线的施工方法是:楼板开槽,管线埋入楼板;垂直方向的管线,在墙体或柱子表面开槽;穿过空间的管线,在楼板或墙上开洞口穿过。这样的管线施工方式,不可避免造成对文物建筑造成伤害。考虑到理学院建筑原状内部空间的特色,包括简洁的结构关系、梁柱上的装饰元素、室内时代风格的整体性等需要完整保护和呈现。理学院突破惯例,没有采纳现代建筑规范,从文物建筑保护的需要出发,舍弃了舒适、美观,全部采取明装、明敷的施工方式,体现了最大保护的文物保护思想。

主要做法:所有管线集中提供金属桥架收纳,丝杆直接安装在天花上。所用管线集中在桥架内,在局部空间内分若干支线,通过金属管分配到相应的设备上。支线也采取明敷吊挂的方式。

这样的施工方式,避免了大量的开槽,穿越空间的洞口只有暗敷施工的四分之一,大大减少了对建筑的伤害。

这些当代增加的设施,与文物本体是相互独立的系统,所有管线和设施,便于维修、更换,具有可逆性和可识别性。

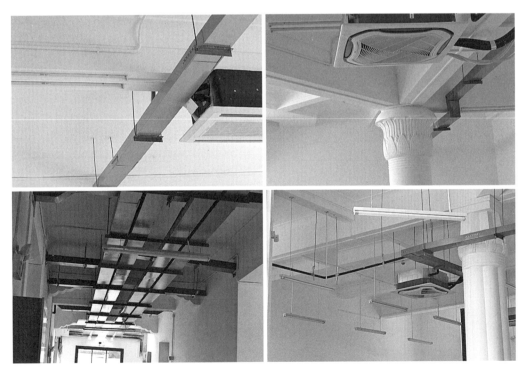

图5-33 设备、设施明敷细节

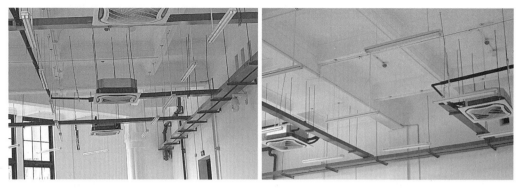

图5-34　阶梯教室天花下方安装的管线和空调

图5-35　教学楼走廊安装的桥架和照明

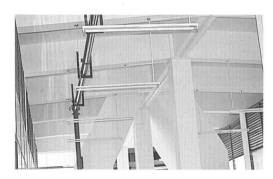

图5-36　消防管道采用U型支架安装在天花上

图5-37 学生在舒适的文物建筑内上课（图5-20～图5-37
来源：项目施工单位提供）

（四）亮点四：开放利用

1. 功能延续

项目实施过程中，注重原有建筑教育教学功能的延续。对加建、改建等破坏历史格局的不当添加予以拆除。对于影响整个建筑立面空调、管线等在拆除的同时统一设计规划，新植入的强弱电、给排水、暖通等设备通过精心设计与安排，既能够满足现代使用需求，又未对文物本体带来任何不利影响。

2. 功能适宜

理学院竣工后，继续作为武汉大学理工部教学使用，这是作为保护利用的最好传承。通过本次修缮工程，在很好地保护和延续理学院传统教学使用功能的同时，也满足了现代教学的使用需求。教室、办公室区域增加了现代化的教学设施，先进完备的教学设施为学院的教学工作提供了可靠的教学保障，为广大学生提供了一个良好的学习环境，使其成为广大学子最理想的学习场所之一。其建筑本身深厚的文化沉淀及文物建筑修缮实践和相关展示展览也对发挥其社会效益、延续校园历史文脉起到重要作用，这也是让文物"活"起来的具体实践。

（五）经验总结

1. 细致深入的勘察研究

依托武汉大学校内专业团队结合现代化红外热成像技术、光谱分析技术等检测设备，对建筑进行了全面的检测与分析研究，对于建筑的保存状况及病害成因有了翔实的了解；理学院原设计图纸及历史照片等档案资料较为完整，对于建筑的历史原貌与现状之间的改变提供了修复的参考依据；通过以上手段，结合建筑实际情况，设计单位进行了"对症下药"的修缮设计，使建筑历史信息得到有效保护。

2. 施工过程中的多方配合

武汉大学文物保护管理处作为业主方代表对于文物修缮有着丰富的管理经验。在本项目实施过程中，文物保护管理处设置两名专业人员负责对修缮工程进行组织、管理、协调。业主单位对施工质量严格把关，对于工程中工艺材料选择、传统材料优化试验、专项方案研究论证、安防消防同步实施和施工过程的技术指导提供全方位的保障服务，为理学院科学、合理地执行技术方案提供了强有力的技术支持。

施工及监理单位项目组派遣了对于文物保护修缮项目有着丰富经验的精英骨干进行项目组织实施。施工单位在勘察设计技术人员的全程协助下，引进BIM系统对项目过程进行科学、精细化的管理，同时依据修缮设计在监理单位的督导下引入现代技术，确保了工程质量和施工安全，并形成了多项科研成果和技术专利。

3. 保护与利用的充分结合

通过本次修缮工程，在延续理学院传统功能的同时，也满足了武汉大学现代化教学的使用需求，在延续了校园历史文脉的同时实现了文物建筑实用价值的"活化"保护与传承。

专家点评

武汉大学理学院修缮工程充分体现了项目业主、高等学校科学研究团队、文物保护修缮设计单位、专业施工技术队伍及工程监理单位的精诚合作。其突出的特点表现在：充分的历史档案依据及各项研究贯穿于项目始终，提供了可靠的原材料、原工艺、原形制详细数据资料；专业化的实验室和现场实验、试验、检验，为尽可能多地保存历史信息提供科学依据；施工阶段引进BIM技术系统，对实施过程进行精细化控制管理；校方打破常规的项目进度控制惯例，工期服务于质量，合理控制文物建筑施工期。更值得提倡的是修缮后的理学院大楼延续了教育教学功能，新植入的强弱电、给排水、暖通设备通过精心设计与安排既能够满足现代使用需求也未对文物本体带来任何不利影响。武汉大学理学院大楼的修缮工程充分遵循了《中国文物古迹保护准则》的技术标准和规范，体现和引领了国内近现代文物建筑修缮方面科学、严谨、务实的一种良好趋势，同时也是文物"活化"保护利用的优秀案例。

业主单位：武汉大学文物保护管理处
设计单位：湖北省古建筑保护中心
施工单位：浙江双林园林古建筑有限公司
监理单位：北京方亭工程监理有限公司
案例编写人员：王林　陈亦文

6

青海塔尔寺古建筑群修缮保护工程

一、案例概况

（一）保护对象基本情况概要

塔尔寺位于青海省湟中县鲁沙尔镇，距西宁市约25公里，为第一批全国重点文物保护单位。塔尔寺地处海拔2661～2788米，湟中县属高原大陆性气候，年均温2.9℃，年降水量450～600毫米。塔尔寺缘起至今600余年间，逐渐形成拥有众殿宇、经堂、佛堂、经院、灵塔、活佛嘎尔哇（府邸）和僧舍的宏伟建筑群，是我国西北地区历史悠久的著名藏传佛教寺院。

本期获奖项目包含2000～2014年三期维修工程，先后为：2000年底启动的大金瓦殿维修工程，2007年启动的九间殿等四处维修工程，2010年启动的四处活佛院维修工程。

三期维修对象包括两大类型，前两期为寺院公共殿堂建筑，后一期是活佛院居住性建筑。塔尔寺建筑均为木结构承重，建筑形式有藏式、藏汉结合式和民宅建筑类型。它们是塔尔寺传统建筑文化和建造技艺的载体，是塔尔寺发展历程的实物见证。它们至今仍发挥着使用功能，同时也担当着向公众展示文化遗产的历史使命。

本项目涉及的维修对象，除个别活佛院建筑在新中国成立后因残损严重被拆改重建，大多建筑解放后未经过大修，保留了原有建筑的形制和样貌，普遍具有较好的真实性与完整性。这些建筑上留存的1958年特殊时期绘制的彩绘、壁画，已成为寺院年长僧人们口传亲身经历的特别承载。

（二）项目背景及缘由

在这三期建筑中，普遍存在年久失修的问题。其中木构件虫蛀腐朽情况普遍严重。因所处坡地或不良地质条件，建筑基础不均匀沉降也多有存在，很多建筑存在大木构架歪闪、墙体开裂、屋面失修渗漏或局部坍塌损毁。

大金瓦殿是围绕宗喀巴纪念塔而建造的，是塔尔寺的中心建筑。大金瓦殿始建于明天启二年（1622年）。清康熙五十年（1711年），由第十八任法台却藏·洛桑丹贝坚赞主持，将大殿扩建为三层歇山顶式建筑，并将大殿的歇山顶覆盖上鎏金铜瓦。因年久失修，木构架歪闪，墙体局部开裂，木构件糟朽，屋面渗漏，铜瓦鎏金已大多脱落。2000年寺院争取到国家经费支持，并获准对瓦顶重新鎏金。

2007年启动维修的四处建筑分别是：①遍知殿又称三世达赖喇嘛灵塔殿，建于1590年，1818年殿、塔失火被焚，次年按原样重建。②九间殿即文殊菩萨殿，建于1734年，该殿是在明万历二十年（1592年）三世佛殿的基础上重建而成的。③医明经院，清乾隆二十二年（1757年）始建，清嘉庆二十二年（1817年）重建。④大吉哇，建于清光绪五年（1879年）。本次维修的大吉哇建筑有正殿、南北厢房、二进门、南北跨院建筑、粮仓。这四处建筑年久失修，存在基础不均匀沉降、木构件糟朽、构架歪闪、墙体开裂和屋面渗漏等问题，尤其是大吉哇待修建筑大多已成危房被闲置，局部已出现坍塌。

2010年启动的四处活佛院维修工程，大多建筑修前处于闲置年久、严重失修状态，如局部坍塌、构架歪闪、屋面渗漏的危房状态。

（三）工程目标

维修工程是对建筑残损状态进行维修，消除安全隐患，防止残损进一步发展，为长久传承做好阶段性维护。通过对闲置危房的维修，助力于寺院方重新规划闲置建筑的使用功能，使建筑物尽其用。

（四）实施过程

项目实施过程中除既定的维修方案设计外，还有一些问题方案阶段未能确定或涉及，需要设计方跟进勘察，对不确定或欠缺部分进行补充或修改完善。结合实施中的进一步勘察和了解，综合其他因素的考量，现场会有一些调整。

与一般文物保护单位的甲方有所不同的是，塔尔寺既是全国重点文物保护单位，也被寺院方视为是他们世代生活和精神的家园。寺院方很自然会对维修项目有一些自己的想法和诉求，其中有的主张与文物维修原则要求存在分歧。对文物建筑维修工程而言，遵守文物保护的原则要求是首要的，同时也有必要从寺院文化与传承、保护与利用的角度，斟酌寺院方诉求的不同由来与去意。比如对原背里墙为碎砖乱砌，现已损毁严重的墙体，拆砌时，凡墙上所有的壁画一律要求揭取后再原位回贴，而对处于隐蔽部位背里墙体和建筑基础等部分，则尽量考虑寺院方对修后建筑牢固度的要求。再比如，寺院有很多草泥平屋顶，因为本身材料和做法的防水性较差，逢雨之后需要及时碾压，且屋面隔几年就要对面层草泥进行加厚或更新，随着青海地区雨水渐多，寺院内的平顶屋面基本全都采取了铺瓦、铺塑料布、铺油毡或其他现代防水材料。为此，设计方开始计划通过在草泥中添加现代材料，提高草泥顶的防水性能，并在现场做过屋面模型的露天试验，后考虑改性材料的时效性问题，又尝试在苫背层内加铺防水层做法，固然这种隐蔽添加的做法，对屋面外观没有改变，但会使得苫背内层与苫背面层之间分离，破坏了苫背层应有的整体性，容易引起苫背面层及苫背整体的损坏。以上两种屋面的改进做法，均涉及改变传统草泥屋面完整的原材料和原工艺的做法。权衡之后，寺院方主动选择对大经堂屋面完全保持草泥屋面传统做法，不加铺防水材料，进行重点日常保养。

塔尔寺维修工程的实施方是以本地工匠为施工主体，他们对维修工程中涉及的传统材料和技艺十分熟悉。主要工作人员参加过20世纪90年代塔尔寺的维修工程，他们有着丰富的工程实施经验，对很多维修问题的应对都手到擒来。但是文物建筑维修不仅仅限于传统材料和技能，对一些特殊问题的处理，还需要借助新方式和新技能。如针对墙体拆砌涉及的壁画保护，最初是采用外包方式，实施时，考虑很多建筑墙体修缮涉及局部有壁画的问题，于是设计方、监理方与僧人及施工人员一起在现场进行壁画揭取与回贴的模拟试验，使参与项目各方亲身体验壁画揭取、回贴过程，直接收获实施和监理经验，为之后对零散壁画的揭取与保护打下基础。另外对一些特殊部位墙体的整体抬托，对彩画进行现状修补等，都是施工队之前未曾经历的。对新技术的尝试，在实践中锻炼了队伍，修缮理念和方法的不断探索也从根本上促进了藏式建筑的保护与修缮工作。

伴随文物保护意识的不断增长，寺院逐渐认识到对历史遗存保护的重要意义，在提高构件修补量，减少更换量方面已有明显改进。更为难得的是，塔尔寺维修工程至今一直保留着鎏金项目由僧人自行承担完成的传统，使人工鎏金技术完整地在寺院内流传下来。

图6-1　僧人旁站监工

图6-2　寺院主持西纳活佛现场检查

图6-3　寺院主持宗康活佛视察屋面揭开情况

图6-4　工程管理人员记录施工要点

图6-5　设计人员根据设计图纸检查窗扇修配情况

图6-6　设计、监理共同检测大木拨正效果

图6-7 柱子现状架空，重做基础

图6-8 木构件防腐浸泡处理

图6-9 补配带雕刻木构件

图6-10 补配砖雕构件

图6-11 柱子墩接

图6-12 彩画局部补绘

（五）实施效果

20世纪90年代塔尔寺的大修工程积累的一些维修经验，经过二十余年的检验，已得到寺院方认可。诸如基础加固、墙体维修等做法基本都是参照90年代的经验和做法。在大木、装修等传统维修做法中，现状修补的分量逐渐增多，包括对既有彩画的保护，不再是一味追求完全焕然一新的效果，而是顺从新老交替中实现传承的自然过程。

对富有地方特色的草泥平顶和坡屋顶屋面的维修，依然传承了当地传统材料和工艺做法。九间殿南山墙拆砌后，在山墙前廊券洞触手可及的位置，保留了僧人们传说的从远处驼来

图6-13　建筑整体拨正维修后

的表面布满年久陈渍的石质券脚石，还有很多建筑上遗存的20世纪50年代寺院僧人亲手绘制的壁画、彩绘等历史遗迹，在建筑维修之后，依然安然于原位，它们携带着老一辈僧人的记忆和情感，又附着现代人的保护意识，成为寺院文物保护的新佳话。

那些修前被荒废久已的危房，重新恢复了使用功能，既保留了原建筑的格局与风貌，也利于缓解寺院居住性房屋不足的问题，使维修工程在保护与利用方面均取得了不错的效果。

图6-14　危房修复后已安排僧人入住

通过维修工程，施工方获得了从学习新技能到熟练掌握、再到自觉运用的成长过程。寺院方也从中逐渐认识到文物保护要求在维修工程中的价值和必要，由一味追求修葺一新，到对老的遗存有了更多自觉的珍惜，增进了人与建筑之间的情感维系，提高了寺院方对寺院既是家园又是国家重点文物保护单位的双重属性认识。

二、案例亮点

（一）亮点一：名实相符的施工团队

塔尔寺维修工程由具有国家文物局颁发的一级施工资质的塔尔寺古建筑有限公司承担，由于该一级施工资质限制在塔尔寺寺院范围内承接古建筑维修工程，因此，参与塔尔寺维修工程的施工人员，都具有熟悉当地传统建筑材料和做法的优势及既往维修工程的经验。如果不是熟悉和有经验的施工方去实施，设计方再多努力，也只能纸上谈兵。因此，施工方对维修工程涉及的熟悉与经验，是塔尔寺维修工程能较好地传承传统建筑技艺的基本保障。

但是仅此并不能满足文物建筑维修的全部要求，比如面对塔尔寺建筑维修拆砌松散墙体涉及壁画保护的要求，需要施工人员突破传统工匠的思维习惯，对新方法新技术不断探索、试验，通过壁画揭取回贴、局部墙体整体抬托，确保墙体基础加固、墙体拆砌之后，原壁画保留完好的目的。再比如寺院对彩画基本是逢修即重绘的习惯，彩画工匠从未有过现状修补的经验，针对彩画现状修补的设计要求，彩画工匠在新的修缮方法的要求下进行了不断尝试，最终取得了不错的成果，这都显示了塔尔寺施工队在文物建筑维修理念与技术上的不断拓展，这对于塔尔寺未来文物建筑修缮与保护具有非常的意义，也是专业施工队所应具有的进取精神。

（二）亮点二：甲方实时旁站监督

寺管会对每一处施工工地，都安排专门僧人作为甲方代表进行全天候旁站式实时监督，早期大金瓦殿维修现场旁站安排的都是寺内年长资深的僧人，随着时间推移，在后期维修工程中，旁站监督的逐步换成中年的寺院骨干。旁站监督是寺院方重视工程管理的体现，是寺院方确保对施工情况的知情权和对施工质量的监督权的有效举措，也是对专职监理的补偿。

塔尔寺僧人旁站监督的另一个特别意义，在于对僧人而言，监督过程是一次文物保护理念和实践结合的体验。旁站者对文物建筑维修工程的阅历和记忆，会自然地转化为对寺院传统建筑更深厚的情感和对文物保护的诉求，最终成为保护寺院文化遗产的直接动力。

（三）亮点三：设计方跟踪施工全过程

设计方全程跟踪重点在于设计方对项目意图的传布，实施全过程的知情、把握和责任。设计方的现场跟踪，主要针对如对隐蔽部位的打开环节和重要施工节点，及时应对现场出现的新情况、新问题，现场提取或现场复核相关工程数据，确切掌握方案的落实情况，确保实施过程不间断地顺利进行。在第三期四处活佛院维修工程实施时，设计方因工作等缘故不能及时到场，但设计方没有就此放弃对该期工程的全程把握。在克服困难去现场传布设计要求，查看方案执行情况的同时，另一方面也督促施工和监理方加强现场记录，以实现设计方全程跟踪的要求。

（四）塔尔寺维修工程涉及的主要工程做法

塔尔寺维修工程涉及建筑全面维修的工程内容。下面仅就木构架拨正、草泥平顶屋面修复做法以及壁画揭取归安和鎏金基本做法简介如下：

1. 木构架拨正

塔尔寺位于三面环山、南高北低的山坳内，由于很多建筑处于半挖半填的基础上，加之土质不均匀，又为素夯浅基础做法，导致很多木构架歪闪与地基不均匀沉降有关，或为柱根糟朽引起。严重的歪闪牵连整座建筑的大木构架。打牮拨正前首先要对歪闪情况相关现状进行测量，明确歪闪原因及具体程度和范围，确定拨正重点及相关涉及。拨正一般采取打牮方式，结合基础加固和找平，恢复原有柱子正常标高。同时通过绳索牵引和支顶将歪闪柱子归位，最后进行稳定加固。

大木拨正往往因为涉及墙内柱而涉及墙体或其他更多因素，有必要结合建筑整体情况，把控必要的拨正范围和拨正幅度。

2. 草泥平顶屋面修复

塔尔寺传统草泥平顶屋面的木基层和苫背用材及做法具有当地特色。

图6-15 木构架整体拨正

图6-16 抽换墙内柱、枋

图6-17 补夯基础，恢复柱基正常标高

图6-18 前檐柱原位抬升

一般做法是在椽子上铺栈棍（当地俗称"塔子"），然后在塔子上铺麦草、黄土，再铺压不少于10厘米厚的踏泥（即当地的大白土掺草后搅拌，放置几天后成干泥状），随铺随用脚踩，使泥背形成整体。待踏泥晾干，表面出现干裂缝后，再其上铺一层3~4厘米厚的稀泥，对泥背层做最后找补与找平。

图6-19　平顶屋面修复中

图6-20　坡屋顶屋面修复中

3. 鎏金技术

大金瓦殿是围绕宗喀巴纪念塔建立起来的，是塔尔寺等级最高的建筑。它的创建与建设记录了塔尔寺的缘起与发展。在藏传佛教建筑中，对铜构件进行鎏金装饰是很常见的做法。

鎏金工艺主要配料有水银、白石子、青盐、碳酸镁等。其工艺程序是先将整块黄金捶打或碾压成薄片；然后用剪刀将薄片剪成碎片，加入配料及适量清水，碾磨成泥状；将制成的金泥涂抹在清洗过的铜瓦表面，再用自制的牛粪砖进行烘烤，直至水银挥发，金子凝固在铜瓦上；最后再用玛瑙石对铜瓦表面进行打磨压光，直至呈现金色。

大金瓦殿屋面重新鎏金的工作，成为寺院内老一代僧人向晚辈僧人传授传统鎏金技艺的难得机会。如今，传统鎏金技术已在寺院僧人中得到完整传承。

图6-21　鎏金前清洗铜构件

图6-22　剪碎金片

图6-23　研磨金泥　　图6-24　将金泥涂抹到铜瓦表面

图6-25　特制牛粪砖烘烤涂刷金泥后的构件　　图6-26　鎏金后人工打磨

4. 壁画揭取与归安

由于塔尔寺建筑墙体普遍质量较差,又存在因基础不均匀沉降导致的墙体开裂问题,或因大木构架歪闪引起的一些变形毁坏,故对一些墙体需结合重做基础进行拆砌。典型如九间殿内墙面有线勾卷草纹饰壁画,这些壁画都是围绕墙面悬挂的唐卡绘制的。因此,壁画揭取可以利用无卷草空白处或已开裂处进行分块切割。施工方预先截锯好对应壁画大小的托板,并在托板上包衬海绵,外用纱布包裹,将对应的托板直接抵住壁画表面,从壁画背后砌体拆起,最后使壁画与砌体完全分离,再由托板将壁画块取下。壁画背面的土坯砖拆除后集中留存,待壁画归

图6-27　九间殿壁画揭取后外运　　图6-28　学习和体验壁画背面加固方法

图6-29 木材防腐后检测含水率　　图6-30 监理现场检查、记录

位时原位砌回。塔尔寺施工队主管僧人领导亲自学习和体验壁画加固工序，使塔尔寺施工队在这一过程中，迅速熟练掌握了壁画揭取再归安的技术，并在后续涉及壁画保护的工程中，做到完全自主施工。这一过程，提高了参与者对文物的珍惜和保护的意识。

5. 局部墙体托换基础

九间殿南山廊墙内侧墙芯砖砌体上绘有纹饰装饰壁画，因该壁画所在墙体需整体重做基础，故在原位托起带壁画的部分墙体。具体做法：先用塑料布等对壁画原位封护，用木板框架支撑壁画墙体，在壁画所在砌体的下方，边局部掏空，边穿木杠，原位整体托起南山廊墙，实现对下肩墙进行拆除，重做墙基的目的。

对壁画揭取再归安以及局部墙体原位托换基础的做法，虽然只是局部的一个小举措，但对于寺院如何做好文物建筑维修工作却有着技术引导和需要不断拓展新技能的启发。

图6-31 用木架原位托起带壁画廊心墙　　图6-32 整体托起的廊心墙　　图6-33 墙体拆砌后，老券脚石依然如故

(五)经验与总结

三期维修工程,前后跨越十余年。大金瓦殿维修工程时旁站和参加鎏金的阿卡爷,有的已经过世,但传统鎏金技术已在寺院僧人中得以传承。

九间殿等建筑维修时期,寺院方施工队为文物保护需求,在维修工程中摸索和拓展了新的理念和技术,也呈现出文物建筑维修工程应该有的技术水准。

四处活佛院工程实施阶段,寺院方文物保护意识有了明显提高。在设计方不能如期抵达施工现场的情况下,维修方案所有的设计意图都得到实现,工程验收得到寺院内外的广泛认可。

尽管塔尔寺古建筑群维修工程获得一定的承认,但在已完成的工程中,还存在不少未尽人意的缺欠,比如有些传统材料早已失传,未能重新拾起,有些墙体未能完整的按原材料和做法去恢复,还有一些涉及保护理念的认知问题。文物建筑维修是一个持久的历史过程,如何才能传承好,还需要在实践中不断去体会、去探讨、去努力。

📝 专家点评

塔尔寺为藏传佛教格鲁派创建者宗喀巴大师的诞生地,在藏传佛教中具有极高的地位,寺院建筑集藏汉合璧的营造艺术特色。

塔尔寺保护项目是一个从古建筑到环境到风貌的整体保护体系,项目各方之间相互作用,获得了"1+1>2"的效应。勘察设计注重现场技术指导服务,通过解决问题与提高工程效果传播文物保护原则与理念,使寺院僧人对文物保护从"不理解"逐步转变为"自觉"意识,培养了一支具有文物保护理念、娴熟汉藏技艺的寺院保护队伍。他们不断探索,使传统技艺得到有效传承,存续了寺院的原汁原味,充分体现了民族间文化与技艺的融合发展,对青海藏区寺院乃至全国宗教管理文物保护单位的保护都具有借鉴意义。

业主单位:青海塔尔寺寺管会
设计单位:中国文化遗产研究院
施工单位:青海塔尔寺古建筑工程有限公司
监理单位:辽宁兴博文化遗产保护设计有限公司
案例编写人员:杨新

7

山西灵丘县觉山寺塔修缮项目

一、案例概况

（一）保护对象基本情况概要

1. 简介

觉山寺位于山西省大同市灵丘县东南约15公里的翅儿崖下台地，又名普照寺，创建于北魏太和七年（483年），在后世各代中不断废兴，现存密檐砖塔为辽代遗构，其余皆为清末建筑。觉山寺塔位于寺院西轴线前部，坐北朝南，建于辽大安五年（1089年），距今有930余年的历史，总高45.64米（含塔台），包括：塔台、基座、一层塔身、密檐部分、塔刹等五部分。2001年，觉山寺塔被国务院公布为第五批全国重点文物保护单位，类型为古建筑。

图7-1 觉山寺塔及寺院全貌（修缮前）

2. 核心价值

觉山寺由北魏孝文帝敕建，随着灵丘道的修建而产生。辽、金、元、明、清多次重修。北魏与辽王朝皆十分重视灵丘道的军事战略作用，因而也重视当其锁钥处的觉山寺的建设。辽大安五年（1089年），道宗皇帝大规模敕修扩建寺院。元代，世祖赐当寺住持"扶宗弘教大师"，成宗加赐其"普济"之号，并赐寺额"大灵光普照"，全称为"大灵光普照觉山寺"。觉山寺主要在北方民族政权统治时期有较大发展，在研究北方王朝历史、文化方面价值突出，亦是北方游牧文化与中原农耕文化交融的实物见证。

有关辽代的历史文献遗留下来的很少，且多有纰漏。觉山寺塔除塔体保存的辽代墨题、铭文外，相关早期碑铭史料较多，历史价值较高，通过解读觉山寺塔所蕴含的历史、文化信息，可以丰富现有辽史史料，有助于辽代历史、社会文化的研究。

觉山寺塔为典型的八角形十三层密檐式砖塔，保存较为完好，具有明显的辽代建筑特点，是山西省辽代密檐塔的典型代表，是研究密檐塔发展的重要实例。

塔心室内壁画是我国现存辽代佛寺壁画的罕有实物，画面经营得体，绘制生动传神，达到极高的艺术成就。基座束腰砖雕伎乐、胁侍、力士、兽面等形象，造型生动，刀法洗练，是辽代砖雕中的精品，为中国古代雕塑史、美术史、服饰史、乐舞文化研究提供了珍贵实物资料。

觉山寺塔由辽道宗敕建，建筑技术与艺术均高超成熟。塔体整体为空筒结构，并在砖砌体内构建木骨构架，具有一定的抗震性，明天启六年（1626年）灵丘发生七级地震，未对该塔造成严重毁坏。

觉山寺塔作为一座佛塔，按照佛教义理进行设计，将辽代显密圆通的华严思想以密檐塔的形式展现出来，达到佛教艺术与建筑艺术的统一融合，表现出壮观的佛教建筑艺术，对研究辽代佛教思想及佛教发展史有重要价值。

"塔井山齐觉山寺"是灵丘县古代九景之一，也是能够较完整遗留至今的九景中的少数几个之一，"塔井山齐"即：寺院内八角密檐大塔高度、古井井深、寺外西南凤凰台密檐小塔高度三者大致相同。这一古代人文与自然融合的奇景，具有较高的景观价值。

3. 保护历程

辽代：

天庆七年至八年（1117~1118年），对塔体整体进行保养性修整。

金代：

约大定五年（1165年）后，可能对塔体略有补修。

元代：

约至元二年（1265年），对塔体整体进行补修。

明代：

约崇祯元年（1628年），一层塔身外壁修补，塔心室壁画全部重描，可能补砌基座须弥座束腰以下表砖。

清代：

康熙十四年（1675年），塔心室心柱北面壁画、门洞壁画重描。

康熙三十七年（1698年）以后，一层塔身外壁修补，01层塔檐北面椽飞、角梁补修。

约嘉庆十六年（1811年），重描塔心室心柱正南面壁画。

咸丰九年（1859年），塔心室心柱正南面壁画略有补画。

同治四年（1865年）后，补砌塔心室内心柱窟窿。

约光绪时期，塔心室内增塑木雕卧佛和千手观音。

新中国成立后（1949~2012年）：

1965年5月24日，山西省人民委员会公布觉山寺为山西省文物保护单位。

1985年，灵丘县成立文物管理所，动员清退出觉山寺内的居民。

1990年，县文物管理所专门组建了觉山寺文物保管所。同年，觉山寺古建筑维修工程列入了山西省文物局古建维修的"八五"计划，按照"先难后易、抢救第一"的原则，对寺院建筑全部大修。觉山寺塔补配了一层塔身南北板门，补墁心室地面，补塑心室内泥塑塑像，整修塔台等。并于1994年，由山西省古建筑保护研究所对觉山寺塔采用近景摄影测量技术进行全面的勘测。

1997年，县旅游公司接管觉山寺，以企业集资为主，维修了少量寺院建筑，并对寺周环境进行整治。

2001年6月25日，觉山寺塔被国务院公布为第五批全国重点文物保护单位。

2012年10月，对觉山寺塔及寺院建筑进行详细的勘察测绘，准备进行全面的修缮和环境整治。

（二）项目背景

觉山寺塔在经历明天启六年（1626年）灵丘县发生的七级地震后，损伤较大，后世未有较大规模全面的整修，残毁状态在继续发展，至今，松散的砖瓦构件仍有掉落塔下，自身存在不稳定因素，同时影响塔下行人安全。

现觉山寺塔的最上部和最下部为残损最严重的部分，包括最上部塔刹、塔顶、密檐11、12层塔檐，最下部基座须弥座及以下部位。塔刹下部塌毁，众多构件散落塔顶；塔顶瓦面残毁殆尽，生长灌木、杂草，檐口局部下栽；密檐11、12层瓦面松散下滑，檐头瓦件全部不存，檐口砖砌体局部被上部坠物砸毁，塔体局部裂缝最宽处35毫米；基座须弥座表砖残断较多，束腰以下至塔台部分表砖全部残缺，内部填馅砖略有残缺；小塔台基本完全残缺，大塔台台面铺墁杂乱。另01层塔檐由于为最宽的塔檐，一层塔身为结构薄弱部位，残损也较严重。01层塔檐檐口被上部坠物砸毁严重，挑檐木构件残短；一层塔身砖砌体局部崩裂破碎，细小裂纹较多。需进行全面的保护修缮。

（三）工程目标

工程性质：修缮工程。
实施对象：觉山寺塔。
修缮工程的范围：大塔台台面铺墁方砖、新砌小塔台；基座补砌、剔补、抿缝；一层塔身剔补外壁面、勾抿裂缝，塔心室补砌心柱并补抹壁面、地面剔补；密檐部分整修檐飞、角梁等木构件，砖砌体剔残补损，勾抹裂缝，修补瓦面；塔刹修补铁件、补砌刹座，补配风铎、铜镜。
工程目标：工程秉承"研究性保护"的理念，遵循"不改变文物原状""最小干预"的原则，对觉山寺塔及寺院进行整体规划保护，提高寺院整体的安全性，防止寺院文物丢失、盗掘事件的再次发生。解决觉山寺塔存在的具体病害，进行真实、完整的保护，工程中需注重对塔体历史信息、修缮技术措施等内容的勘察与记录，为工程报告的编写做好准备。最终展现觉山寺塔及寺院的良好风貌，较好地恢复古代灵丘九景之一"塔井山齐觉山寺"的景观价值，使觉山寺及塔成为本县发展旅游产业重要的历史文化资源，并为当地信众提供一处完善的宗教场所，延续其原有的宗教功能。

（四）实施过程

保护工程确立了研究性保护、重点修复的基本策略。实施环节主要包括：勘察测绘、修缮方案设计、施工组织实施，工程实施后，进行研究性修缮工程报告的编写与出版工作。

1．勘察测绘

通过对觉山寺塔进行全面而翔实的勘察、测绘，以及相关数据的采集和整理，进而对塔体各部分构造、形制进行分析，记录残损情况。在深入研究、全面分析的基础上，基本摸清了塔体各部分病害，得出修缮结论：重点修复。

2. 修缮方案设计

方案坚持"不改变文物原状""最小干预"的原则，针对砖构件残断、塔体裂缝、塔檐木构件残短、瓦面残损、塔刹残毁等问题，制定相应的良好技术措施。添配的构件要求按照原样式制作，修缮材料使用原材料和传统材料。并对寺院周围环境进行保护规划和整治，预防灾害对寺院造成损伤。

3. 施工组织实施

觉山寺塔文物价值很高，各级文物部门对该工程高度重视，为了加强对工程的管理工作，山西省文物局委托山西省古建筑维修质量监督站对工程进行检查、监督，大同市文物局成立了觉山寺塔修缮工程领导小组，与参建四方一同实现六方管理。

工程实施期间，监理方常驻现场，进行全程旁站，对发现的问题及时提出，立即整改。设计方定期到现场进行设计复查。对有待商榷的问题，甲方多次组织参建四方召开现场会议，研究、讨论、解决问题。经过各方的共同努力，使工程质量得到有力保证。工程开工后，施工方提出对该项目尝试进行研究性保护修缮。在修缮脚手架搭设完成后，对塔体进行深入的二次勘察与研究，对照设计方案勘察各部位残损程度、工程做法、材料等，尤需注意塔体隐蔽部位，制定具有针对性的修缮技术方案。重点对塔顶散落的塔刹构件采用考古学的方法科学清理，并通过比较研究的方法，弄清了塔刹原貌。修缮施工总体按照从上到下、由内向外的顺序进行，首先对风铎、题记砖等附属文物摘取入库保护，塔顶进行清理和部分瓦面等局部解体；然后整修塔刹、塔檐木构件、砖砌体；最后修补瓦面，补配风铎、铜镜等，拆除脚手架后，铺墁塔台台面方砖。

另外对塔体工程做法的勘察和对文物本体历史信息的收集与研究贯穿工程始终，有较多的新发现，为研究性修缮工程报告的编写做好了准备。

2014年9月，修缮工程正式开工。2015年12月，工程基本完工，进行初验。2017年11月，寺院其他建筑全部修缮完毕后，和觉山寺塔一同通过最终验收。

（五）实施效果

1. 不改变文物原状

修缮后的觉山寺塔及周边环境风貌保持良好。塔体补修部位按照原形制、原工艺施作，如：整宿的塔檐按照原叠涩结构；补配构件在对原有构件形式规律、样式特征充分分析后，按照原样式，如：贴面兽、套兽、风铎等。对于塔刹下部塌毁严重，构件散落、堆积于塔顶，这种状态不属于文物原状，在经过科学考证、具有充足依据的情况下，对塔刹塌毁的局部进行修复，恢复原状。而对于基座须弥座束腰残缺的砖雕，实物依据不足，未进行雕补，仅补砌陡板砖封护内部填馅砖，外观相对规整。周边环境整治时，拆除村民在寺院前私搭的临建小房和寺内近年新建的伙房，伐除寺内近年栽种的现代园林手法的绿化等，使整体景观环境保持较好。

2. 最低限度干预

同类构件根据不同的残损程度，采用不同的修缮方法，减小构件替换量，修缮部位尽量不

图7-2 密檐部分修缮前后对比

图7-3 一层塔身修缮前后对比

图7-4 基座修缮前后对比

扩大拆解范围,例:塔檐木构件采用5种技术措施,残短多少接补多少;塔檐瓦面采取局部揭瓦和整体揭瓦的方法,后部仍坚固的瓦面保留较多;砖砌体剔补,对残损部位略修整成利于补砖的形状,通过恰当的技术措施使补砖稳定。

3. 观感

觉山寺塔整修部分基本皆为塔体表面构件，补配构件按照原形式规律、原样式，局部恢复的部分经过充分研究分析，依据充足，最大化接近原状，并进行适当的做旧处理，使整座塔恢复了良好的风貌，具有古朴、雄浑、精美、泰然的观感。

图7-5 觉山寺塔整体修缮前后对比

4. 社会效益

首先，对觉山寺塔及寺院的整体规划保护，能够提高寺院整体的安全性，较好地防止寺院文物丢失、盗掘事件的发生。

保护好这一珍贵的历史文化遗产，延续其良好的真实性、完整性，为研究其历史文化、建筑艺术等提供了真实的实物资料。其良好的抗震性、仿木构的外观等对于今天的高层建筑和中国风建筑设计均具有借鉴意义。

觉山寺塔是当地发展旅游业不可或缺的资源，对觉山寺及塔进行全面的保护性修缮，有利于对寺院进行有效的开放和管理展示，能够带动当地旅游业的发展。觉山寺周围有开发的城头会古村、桃花洞景区、唐河大峡谷等多个旅游景点，还有北魏灵丘道栈道遗址、御射台等古迹，能够形成旅游片区。

觉山寺作为佛教寺院，在当地具有广泛的知名度和社会影响力，修缮后的觉山寺及塔为信众提供了完善的宗教服务场所，能够发挥其应有的宗教功能，对弘扬宗教文化有重要意义。

二、案例亮点

（一）亮点一：拆解归安工程的技术经验——完善的构件编号系统

工程实施前，建立完善的构件编号系统，达到每一个构件均有有效编号的程度，是工程实施的技术准备之一。文物建筑修缮工程（以木结构房屋建筑为例）对构件的编号，重点在于清楚标明构件的名称和位置，多用文字写明，整体一般按照顺时针方向进行，符合传统文化和习惯。而现代人的习惯有所改变，例：靠右行走，书写从左向右进行。由于觉山寺塔构件繁多，本次工程中采用符合现代习惯的编号方法，即整体按逆时针方向编号，局部从左向右编号，并用数字和字母替代文字，对工程高效、有序、精确的实施较为有利。

1. 构件编号方法

基本思路：构件名称用其对应拼音首字母简写，构件位置用数字表示。

首先，根据塔体特点，建立基本的八面体坐标体系。塔体八个面，以正南面为01，向东旋转，依次为东南面02……至西南面08。十三层塔檐从下向上依次为01层、02层……至13层。

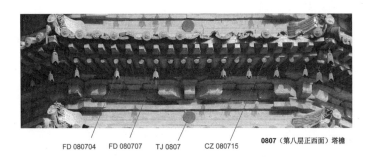

图7-6 构件编号方法说明

确定"层""面"后，再确定需编号构件在该层面的具体位置，一般为从左向右数的第几个（从实用角度出发，对密檐部分构件编号，先定"层"，再定"面"）。以密檐部分的檐面风铎编号为例，编号构成"层数+面数+风铎所在该檐面左数起第几根椽数"，举例："FD020103"，"FD"为"风铎"拼音首字母缩写，表示第2层檐正南面，左起数第3根檐椽上的风铎（对应檐椽的数字位置编号相同）。

构件编号根据能够说明构件位置的需要，数字长度可以不同。例："TMS0907"，即可表明第9层塔檐正西面瓦面的贴面兽，"TW03080502"表示第3层西南面左数第5垄前数第2个筒瓦。

对于除密檐外的其他部位构件，因无"层"，编号数字较短。例："YCTS·YZ06"表示一层塔身西北面的倚柱；"PZGL·JY 0203"表示平座钩阑束腰东南面左数第3个伎乐菩萨。

在文字材料描述中，构件名称用文字表述更加方便，如"风铎020103"。而在实际施工中，编号标签直接固定在构件上，只写明表示位置的数字即可，因是什么构件，一般构件本身就可说明。

以上构件编号系统具有实用性、精确性、系统性、全面性的特点。

下面以对风铎的编号、摘取与归安为例，来说明编号系统在工程实施中的应用。

风铎为该塔数量众多的一类附属文物，在工程实施前，脚手架搭设完成后，为了保护其文物安全（防止偷盗和施工中造成磕碰损坏），统计其残损情况和历史信息，并在工程实施中保证原位归安。首先，需对风铎进行编号和摘取入库保护，是工程实施前即面临的问题。

风铎主要根据其吊挂位置，可分为塔檐木质椽飞头吊挂的檐面风铎、角梁头吊挂的檐角风铎，塔刹吊挂的塔链风铎。其编号需注意区分：檐面风铎编号，仅用"FD"+位置数字；檐角风铎，在"FD"后+"J"+位置数字；塔链风铎，"FD"+"TL"+位置数字。

2．操作流程

（1）首先针对风铎的具体情况制作一个勘察统计表，既能统计塔檐吊挂的风铎和掉落下层塔檐瓦面的风铎，又能根据现存风铎信息得出残缺风铎及配件信息。其他残损情况和带有铭文、梵文等历史信息需另外注明。

（2）摘取、入库

首先，对风铎现状进行拍照（例：塔檐风铎），分别清点仍挂在椽头、角梁头的和掉落下层塔檐瓦面的风铎及其配件，记录到勘察统计表。

然后各檐面从左向右摘取挂在椽头下的风铎，再摘取角梁下的风铎，并收集下层塔檐瓦面掉落的风铎及配件（掉落下层塔檐瓦面的风铎，其原位置按照对应上层塔檐处理，个别风铎向下掉落多层塔檐）。

每摘取一个风铎，贴一张编号标签。选择风铎其中一个锈少干净的面用毛刷清扫干净（注意不能使用钢丝刷），贴编号标签（标签用医用胶带制作，上写编号）。一个檐面摘取的风铎全部贴好编号标签，整理好后，再拍一张整体照片记录，然后集中用皮桶吊送地面。

图7-7 塔檐下风铎现状

图7-8 风铎现状勘察记录

最后入库，入库时亦需注意按摘取时的顺序摆放，码放整齐。

在摘取过程中，已对风铎有了一定的认识了解，风铎入库后，再详细进行各风铎样式的划分及各样式数量等信息的统计，进而确定补配样式及数量。

（3）修配、归安

风铎修配归安时，根据每日能完成的工作量，定量出库。通常半天能够修配一层塔檐的风

风铎勘察统计表

第 4 层　编号：04　单位：个　　　檐面风铎每面19个，本层共152个　　　　　　　　　表格编号：A-FD-01-04

	现存檐面风铎编号统计	现存檐面风铎残缺		其他残缺			本面总计残缺数量				
		撞针	风摆	吊环	挂钩	整套风铎	吊环	挂钩	撞针	风摆	整套风铎
正南面 01	共 7 个　02、05、08、16、17、18、19	5	6	12	12	12	12	12	5	6	12
	下层掉落：	檐角风铎残缺		大角梁01：撞针1、风摆1			子角梁02：撞针1、风摆1				
东南面 02	共 9 个　03、04、06、08、09、11、14、18、19	5	6	10	11	10	7	8	7	8	7
	下层掉落：整套1、风铎2、挂钩1、吊环3	檐角风铎残缺		大角梁01：撞针1			子角梁02：整套1、挂钩1				
正东面 03	共 5 个　04、06、07、15、18	5	5	14	14	14	10	7	8	7	7
	下层掉落：整套4、风铎3、吊环4、挂钩7	檐角风铎残缺		大角梁01：撞针1、风摆1			子角梁02：撞针1、风摆1				
东北面 04	共 5 个　03、08、10、16、18	4	5	14	14	14	14	14	2	5	14
	下层掉落：撞针2	檐角风铎残缺		大角梁01：撞针1、风摆1			子角梁02：撞针1、风摆1				
正北面 05	共 5 个　07、08、10、11、12	4	5	7	13	14	11	10	5	8	11
	下层掉落：风铎4（残1）、吊环4、挂钩3、撞针2	檐角风铎残缺		大角梁01：撞针1、风摆1			子角梁02：撞针1、风摆1				
西北面 06	共 5 个　01（残）、03、05、11、17	3	4	13	14	15	7	6	2	6	7
	下层掉落：整套5、风铎3、吊环6、挂钩8、撞针3、风摆1	檐角风铎残缺		大角梁01：撞针1、风摆1			子角梁02：撞针1、风摆1				
正西面 07	共 3 个　04、11、15	0	1	14	16	16	12	16	0	1	16
	下层掉落：吊环2	檐角风铎残缺		大角梁01：撞针1、风摆1			子角梁02：撞针1、风摆1				
西南面 08	共 7 个　01、03、04、05、07、13、15	6	7	12	12	12	10	10	6	7	10
	下层掉落：整套2、吊环2、挂钩2、风摆1	檐角风铎残缺		大角梁01：撞针1、风摆1			子角梁02：撞针1、风摆1				

本层残缺数量总计：檐面：吊环 83　挂钩 83　撞针 35　风摆 48　整套风铎 84
　　　　　　　　　檐角：大角梁01：吊环 0　挂钩 0　撞针 8　风摆 0　整套风铎 0 / 子角梁02：吊环 0　挂钩 1　撞针 7　风摆 7　整套风铎 1

图7-9　风铎现状勘察统计表

图7-10　风铎摘取，贴编号标签

图7-11　风铎入库存放

铎，并进行归安。出库时仍需按照摘取时的顺序，从01层至13层。

出库后，先在地面对现存风铎进行修配，补配挂钩、撞针、风摆等，然后补充塔檐每层每面残缺的对应样式的风铎。

每一层风铎在地面整理好后，吊送至对应塔檐。先按原编号挂好旧有风铎，再在空缺处挂新制补配风铎。

风铎全部挂完后，经检查所挂位置与原编号位置相同，最后将编号标签撕掉。

古建筑的构件标号无论是在仿古工程还是修缮工程中皆是不可缺少的技术环节，而标号方法主要由工程的直接实施者——工匠所掌握，往往隐藏在工程中，不易引起人们注意，且少有这方面的公布资料，可供借鉴学习。

觉山寺塔采用的编号体系，几乎使每一块砖瓦都可编号，将工程中解体后需归安的构件定

图7-12 修配现存风铎

图7-13 现存风铎修配后

图7-14 先归安旧有风铎

图7-15 补配新制风铎整体完成后

位明确，提高了精确性。这套编号体系不同于常见的木结构房屋的构件编号方法，对于构件繁多的塔类建筑工程构件编号具有良好的借鉴意义，而其中建立标号规则、运用数字和字母简化文字标号的基本思路，或可在木结构房屋（尤其构件繁多的）工程中使用。

（二）亮点二：不改变文物原状——塔刹的研究与修复

1. 塔刹现状

塔刹上部、下部残损严重，中部铁刹件保存较完好，仰月宝珠以上的刹件完全残缺；下部刹座塌毁严重，砖构件多散落塔顶（其间夹杂少量金属构件），覆钵向下掉落，三个相轮向下滑落，大宝盖脱落于塔顶，其他部分小铁件也掉落塔顶。塔刹现状从下向上各部分依次为：刹座、覆钵、相轮、火焰宝珠、钩挂塔链的小圆盘、小宝盖、仰月宝珠，中心贯穿铁刹杆。

2. 塔顶清理

塔顶散落的砖构件、金属构件为塔刹毁坏部位的部分实物遗存，若要恢复塔刹原貌，应首先弄清塔顶散落的这些构件是何构件。

塔顶清理采用考古学的方法科学进行，清理出的塔刹砖构件和金属构件等进行辨识、编号、测量、拍照和记录，主要包括：围脊砖、斜面砖（方砖一个侧面为斜面）、莲瓣砖、条砖、方砖等砖构件；大宝盖、铜镜、塔链风铎、编结铁艺、铁片等金属构件。

图7-16　塔刹残损现状

图7-17　塔顶现状

图7-18　塔顶砖构件测量、记录

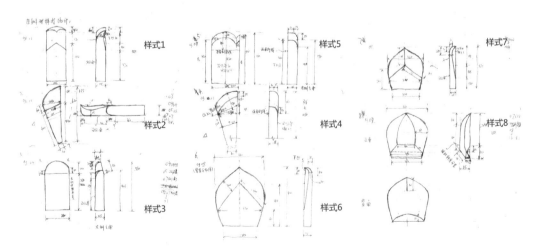

图7-19　塔顶清理出的莲瓣砖手绘草图

3. 塔刹局部复原

塔刹中部铁件保存较完好，重点需对塔刹上部和下部残损严重的部分进行复原，需解决的问题主要有：刹座的形制、大宝盖的位置、相轮的数量、上部残缺刹件的规格和样式。因塔刹铁件保存较多，按照从上到下的顺序先进行铁刹件的复原，最后是刹座部分。复原过程中，二者亦有相互联系、推断。

1) 金属刹件

（1）刹尖宝珠

现塔刹最上端刹杆尖顶面呈圆弧状，中心有一凹孔，周围残存有铜皮和铁条制作的铁件，参考同时代铁质塔刹可知，该位置原应有铜皮制宝珠。在清理塔顶时，未发现铜皮残片，自身已知条件无法得知原刹尖宝珠形制，从同类实例看，觉山寺塔刹尖宝珠形制应与应县木塔刹尖宝珠最接近。

（2）最上端套筒至刹尖宝珠之间

塔刹最上端套筒至刹尖宝珠之间的刹杆存在数个凹印，具有标记刹件位置的作用，但无刹件磨损刹杆的痕迹，根据现已知的情况不能确定原在最上一个套筒与刹尖宝珠之间是否存在

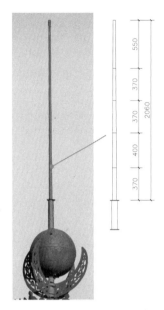

图7-20 塔刹最上一段刹杆及其凹印标记位置

刹件及其形制、规格。谨参考与觉山寺塔地域邻近的山西应县木塔、河北蔚县南安寺塔塔刹，觉山寺塔塔刹上部原很可能存在宝珠或小宝盖。

（3）相轮

相轮现存7个，上数第5、6、7个向下滑落，将滑落的三个相轮暂时向上归位后，相轮整体从上向下直径逐渐增大，以100毫米为差值递增，整体呈锥形。这7个相轮之间间隔的套筒皆长230毫米，而滑落覆钵内的二个套筒长度分别为320毫米、80毫米，所以这二个套筒不位于相轮之间；另外，刹杆上无残缺相轮的残片，塔顶清理时，也未发现任何类似相轮残片的铁件。现存辽代金属制塔刹，相轮的数量多为5个或7个，并且整体向上等差值内收，例：山西应县木塔（5个相轮）、河北蔚县南安寺塔（7个相轮）、内蒙古巴林右旗庆州白塔（7个相轮）（砖砌塔刹相轮有13个的）。综上，基本能够确定觉山寺塔塔刹相轮原有的数量是7个。

如果相轮原有9个，则第9个相轮直径为1.82米，比覆钵直径1.76米还要大，不符合辽塔塔刹覆钵直径大于相轮直径的一般规律，所以，相轮数量不可能是9个或更多。

（4）大宝盖

大宝盖是塔刹铁件中损坏最为严重的，但通过残存部分基本能够得知其整体原貌。

大宝盖整体从刹杆上脱落，那么它原来应在什么位置？覆钵象征着释迦牟尼的坟冢，上部通常有宝盖来遮挡风雨、尘埃，所以宝盖应位于覆钵之上。辽塔金属制塔刹宝盖有的位于覆钵之上，例：河北蔚县南安寺塔、内蒙古巴林右旗庆州白塔；有的位于相轮之上，例：山西应县木塔；有的位于上部宝珠之间，例：辽宁辽阳白塔，都不位于覆钵之下。

觉山寺塔塔刹相轮至仰月宝珠部分刹件较完整，大宝盖不可能位于相轮以上，而应位于覆钵与相轮之间，下部滑落的长320毫米套筒应间隔于大宝盖与相轮之间，长80毫米套筒应在大宝盖之下。

（5）覆钵

覆钵自身残损严重，残损部分皆能以现存部分为依据，知其原状。

上部的大宝盖位置明确后，覆钵位于大宝盖之下，其上口可承托宝盖。塔顶清理时发现了应位于刹座最上部的小仰莲瓣砖，大多数具有覆钵和小仰莲瓣的辽塔塔刹，不论砖质或铁质，皆是小仰莲瓣紧贴覆钵，例：山西应县木塔、河北易县圣塔院塔、双塔庵北塔、北京戒台寺双塔、玉皇塔、辽宁朝阳北塔、双塔寺西塔等。所以，覆钵下面直接放置于刹座上，周围环绕仰莲瓣砖。

图7-21 大宝盖现状　　　　　　　　图7-22 刹座现状

2）刹座

上部相轮、覆钵暂时确定位置后，覆钵底部至刹座正西面残存的两层莲台叠涩砖垂直距离约为2.1米，存在较高的空间，所以刹座部分应该较为高大。塔顶散落的砖全部为刹座用砖，种类包括：围脊砖、1/4圆混砖、条砖（表砖、填馅砖）、方砖（荒砖，推测为填馅用）、莲台叠涩砖、莲瓣砖。

（1）围脊砖、1/4圆混砖的砌筑

根据现刹座正西面的残存部分，可知塔顶散落的围脊砖、1/4圆混砖的使用位置、砌筑方式。围脊砖顺砖垒砌8层，其上、下各用一层1/4圆混砖，整体仿围脊的形式，之上为条砖砌筑的束腰。

（2）莲台叠涩砖、莲瓣砖的组砌

莲台叠涩砖侧面斜度大小不同，从该砖散落在塔顶的局部堆叠关系看，侧面斜度逐层增大，结合其他辽塔刹座实例可知，莲台叠涩砖的砌筑形式应是层层垒叠、叠涩悬挑，侧面斜度不断增加，砌筑后形成优美的弧线。

清理出的莲瓣砖有8种样式，把具有相同特征（可组合在同一层）的莲瓣砖归为一类，大致可分为4类，第一类包含：样式01、02、03。第二类包含：样式04、05。第三类包含：样式06、07。第四类包含：样式08。

①第一类莲瓣砖

塔顶清理出的第一类莲瓣砖，为数量最多的莲瓣砖。经过多次拼对尝试，确定二块样式2中间应夹一块样式1，形成一个大莲瓣，位于八角形角部。

莲瓣砖样式03与样式02造型端特征相同，应位于角部大莲瓣之间，现推测在样式01、02拼合的大莲瓣之间用一块样式03莲瓣砖。通过作图，拼合形成一圈八角形莲瓣，莲瓣砖上刻画线形成的八角形对边径2.39米。

② 第二类莲瓣砖

通过拼对尝试，确定应将莲瓣砖样式4拼到样式5右侧，恰与样式5凸起的小角顺接自然。样式04莲瓣砖外边缘弧度较大，对称的两块即可拼成一个大莲瓣，平面上的画线形成135°角（中间不可能再夹一类似样式01的莲瓣砖），所以第二类莲瓣转角处用二块样式4莲瓣砖。其间对称用二块样式5莲瓣砖做2个小莲瓣，拼合一圈，形成24个莲瓣。由作图知，莲瓣砖上刻画线形成的八角形对边径2.77米。

第二类莲瓣砖拼合成的一圈莲瓣，基本正确无误，参考其他辽塔有上下二层大莲瓣（莲台）的刹座实例知，上下二层大莲瓣的莲瓣数量应是相同的，即第一类莲瓣砖拼成的一圈莲瓣中间亦应有2个小莲瓣（即二块样式03莲瓣砖），由此，拼合一圈八角形莲瓣，其上画线形成的八角形对边径为3.14米。

（a）第一类莲瓣砖　　　　（b）第二类莲瓣砖　　　　（c）第四类莲瓣砖（小仰莲瓣砖）

图7-23　刹座莲瓣砖现场拼对尝试

第一类莲瓣砖刻画线形成的八角形对边径比第二类莲瓣砖大370毫米，在刹座的二层莲台中应位于下层。参考山西应县木塔、北京天宁寺塔等辽塔刹座，觉山寺塔的上下二层八角形莲台应相互错开。

以上两类莲瓣砖砌置时粗绳纹面都不应处于看面，所以粗绳纹面应朝上。第一类莲瓣砖前端下面为斜面或弧面，与上下边长差120毫米的莲台叠涩砖侧面斜度接近，可顺接起来，说明大莲瓣砖放置在层层出挑的莲台叠涩砖上面。第二类大莲瓣砖下面为平面，其下应顺接上下边长差140毫米的莲台叠涩砖较合宜。

第一类莲瓣砖下的莲台叠涩砖底部对边径2.084米（据现刹座残存部分），最上部画

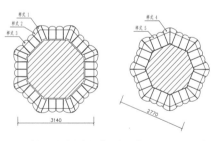

图7-24　第一类莲瓣砖（左）、第二类莲瓣砖（右）作图拼合

图7-25　莲瓣砖与莲台叠涩砖顺接

线对边径3.14米，之间从下向上垒砌多层斜度逐渐增大的莲台叠涩砖。第二类莲瓣砖砌筑同第一类莲瓣砖。根据刹座束腰至（暂归位后）覆钵之间的距离，并主要参考应县木塔刹座，通过作图得出：第一类莲瓣砖下莲台叠涩砖共12层，最上层莲台叠涩砖上下面边长差120毫米。第二类莲瓣砖下莲台叠涩砖共用8层，最上层莲台叠涩砖上下面边长差140毫米。

③第三类莲瓣砖

第三类莲瓣砖样式06、样式07规格差别较大，应各成一层。样式06根据其形状通过作图法，拼合一圈恰为12块，其十二边形对边径为1.744米（小莲瓣砖外缘）；样式07垒砌方式同样式06，经作图拼合一圈亦用12块，其十二边形对边径1.623米。

④第四类莲瓣砖

第四类莲瓣砖为仰莲造型，粗绳纹面朝上，经作图拼合，一圈为12块，十二边形对边径为1.48米。

样式06、07、08三种莲瓣砖位于刹座最上部，皆各成一层，拼合一圈皆为12块，其十二边形对边径逐层减小，样式08仰莲瓣应位于最上层，样式06、07应位于其下。

至此，塔刹刹座整体形制基本清晰，自下向上包括：围脊、束腰、莲台（二层）、受花（小莲瓣）四个部分。

刹座的复原以塔顶清理出的刹座砖构件为根本依据，先探究其自身组合规律，再通过与同类型辽塔刹座对照（觉山寺塔刹座复原的主要参考依据是应县木塔的刹座），反复推敲，尽量复原到最接近原刹座的状态。值得庆幸的是，刹座虽塌毁严重，但各类砖构件在塔顶均有保留，使刹座复原依据充足。

小结：

复原后的塔刹自下向上各部分依次是：刹座、覆钵、大宝盖、相轮、火焰宝珠、挂链圆盘、小宝盖、仰月宝珠、刹尖宝珠，铁刹件用套筒间隔，中心贯穿刹杆。

塔刹的复原先进行了上部铁刹件原貌的探究，铁刹件原状较清晰之后，下部剩余部分就是刹座的空间。整个复原过程是从塔刹自身残存的构件实物和残缺构件的痕迹出发，在塔顶散落的塔刹构件清理完成后进行，过程中参考了众多现存辽塔的塔刹，尤其是山西应县木塔（辽清宁二年，1056年）和河北蔚县南安寺塔（辽天庆元年，1111

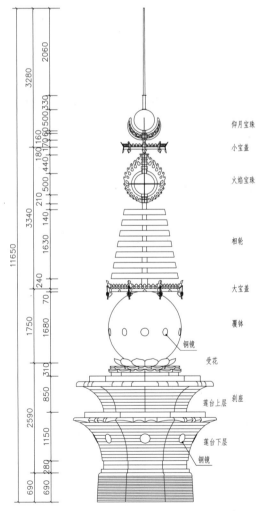

图7-26 复原后的塔刹

年）塔刹与觉山寺塔塔刹类似之处较多，参考价值很高，最终能够最优化地复原塔刹。

2015年3月，以上形成的塔刹修复方案作为补充设计方案，召开专家论证会，最终审定合理可行。

4. 施工修复

塔刹的施工修复主要针对下部残损的铁刹件和刹座，这些部分修复依据充足，并且对塔刹整体结构影响较大。上部仰月宝珠以上刹件由于修复依据不足，不能确定其原有构件的形制、规格，暂不修复，也为了不破坏上部现有原构件痕迹。中部保存较好的刹件对略残损的局部稍作修补。

（1）铁刹件

塔刹铁件维修的基本顺序是：从上到下、由内向外。

①刹尖宝珠

塔刹尖能够确定原有铜皮制宝珠，但具体形制、规格不能确定，为了不破坏刹杆尖现存的铜皮和铁件，保存现状，暂不修复。

②最上端套筒至刹尖宝珠之间

现存最上端套筒至刹尖宝珠之间，仅推测原可能存在宝珠、小宝盖之类构件，具体构件数量、形制、规格皆不清楚，暂不修复。

③仰月内宝珠

仰月内宝珠，下部沤损锈蚀，承接的套筒上面较小，因而宝珠略有歪闪，将其下部增加三角形支架，即可平稳。

④相轮

相轮比较明确原有七个，滑落的相轮向上归位，增加固定措施，使自身稳固，不再向下滑落，相轮局部断开的轮辐需接补，相轮之间的套筒亦随之向上归位。

⑤大宝盖

大宝盖残损严重，自身结构已不能修复如初，不能像原状那样放置在覆钵上面。所以宝盖下需增加支撑骨架，使其自身能够稳定安放。

⑥覆钵

覆钵重点修补下部撞凹、沤损的部分和上部残缺的錾镂图案铁片。自身修补完成后安放在原位置时，需增加使自身能保持稳定的措施。若按原状态放置在刹座上，必定受刹座的影响较大，刹座若有问题，覆钵亦不稳定。

⑦塔链（撩风索）

撩风索修整归位，下端钩到塔顶铁桩。最后，补配归安撩风索上的小风铎。

（2）刹座

刹座的修复依据充足，并且因其对塔刹整体造型、结构及稳定影响较大，很有必要恢复。刹座按照前面的复原，整体形制及各部分用砖、砌筑关系皆比较明确。但原砌体砌筑不注意错缝、内外层砖拉结不良、内部填馅砖较混乱等砌体结构上的缺点需改进。

施作工艺：

①处理好刹座最下部基底。

首先对刹座现存部分的浮砖和散砖进行清理，最下部残断的砖进行更换，松散的砖进行重

图7-27 覆钵修复后

图7-28 垒砌刹座

砌，把基底处理好。

②垒砌围脊砖、束腰。

围脊砖部分多为顺砌，内部设暗丁与填馅砖拉结，转角处用一块135°角整砖，逐层相错咬拉。内侧空隙用碎砖块填实，灌桃花浆。整体收分约25毫米。

③垒砌第一层莲台。

第一层莲台共有12层斜面砖，各层斜度不同，向上逐渐加大。第4层以上各层，增设丁头砖，增强与填馅砖的拉结，提高整体结构强度。每层表砖垒砌时即垒砌对应里侧填馅砖，灌桃花浆。砌大莲瓣砖时，先进行试摆，有浅浮雕造型的一面朝下，先对准转角一块整砖，再安放中间几块莲瓣砖，大小不合适的稍作修整。最后垒砌两层反叠涩砖压住大莲瓣。

图7-29 塔刹修复后

④垒砌第二层莲台。

第二层莲台与第一层莲台是错开的，砌筑方法基本同第一层莲台。

⑤垒砌最上部三层小莲瓣砖。

最上部三层小莲瓣砖每层均为12块，第一层小莲瓣砖与莲台上层错开，三层小莲瓣相互错开。第三层莲瓣砖已与覆钵底部同高，宜遮挡住覆钵最底素面铁片，约30°角向上翘起，外侧支垫砖块并抹月白麻刀灰使其保持稳定。

⑥清扫、打点。

刹座全部垒砌完成后，整体清扫一遍，打点，并刷浆做旧。

⑦安装铜镜。

刹座下层莲台每面皆悬挂一枚铜镜，为防止安装的铜镜丢失，至拆架前才安装。

小结：

文物古迹保护不改变文物原状的原则，可以包括保存现状和恢复原状两方面内容。对于有实物遗存、足以证明原状的少量缺失部分可以恢复原状。觉山寺塔塔刹下部虽塌毁严重，但塌毁部分的实物有遗存于塔顶，并且又有同时代、同类型、同地域的实例可参考，自身根本性实物依据和可参考的实例皆充足，足以证明原状，能够进行局部恢复原状，且恢复的局部占全塔比例也非常小。而对于仰月宝珠以上残缺的部分，实物依据较少，选择保存现状，保护现有残缺构件的痕迹，不追求恢复完整。复原后的塔刹最大化接近原状，展现真实的历史信息，仍可作为辽代铁质塔刹的珍贵实例，参考价值亦较高。同时，也消除了塔顶散砖掉落塔下的风险，使塔刹结构稳固，觉山寺塔的整体风貌较为完整，真实性、完整性得到良好展现。

塔刹的修复是不改变文物原状的文物保护原则的良好践行，修复过程具有文物建筑修缮项目恢复残缺不存部分思路、方法的共性特点。

文物保护所有程序都要以研究成果为依据，没有研究的维修是盲目的。整个塔刹修复过程基于研究性保护，认真、细致地勘察现存实物，分析这些实物反映出的组砌关系、结构方式等信息，并采用作图法、类比法等方法科学研究，最终使复原达到良好效果。

（三）亮点三：采用恰当技术——塔檐木构件椽飞、角梁补修技术措施

在二次勘察中，基本弄清了木构件椽飞在塔檐前部的结构情况。实施修缮后，残短木构件周围的瓦面、砖砌体进行必要的局部解体，更加明确木构件的残损情况。针对塔檐木构件椽飞、角梁不同的残损情况，采用多种技术措施进行修缮，主要包括：直搭掌榫榫接、榫卯对接、剔补椽头、环氧树脂和锯末补抹、整根抽换5种技术措施。这些技术措施根据残损程度缺多少接补多少，可以最低限度干预，最大程度保留原有构件。并且具有较多时代特点，体现出现代材料、工艺的合理运用，与古代的修缮措施或原构件存在较高的可识别性。修缮部位主要为密檐部分01层、13层塔檐木构件，修缮材料选取与原木构件相同的材质柏木，构件造型按照原木构件的形状制作。

1. 直搭掌榫榫接

主要适用对象：01层塔檐残短的飞子。

前期准备：

01层塔檐飞子挑出椽上望砖的尺寸是230毫米，接补的飞身长度至少是出挑部分的2倍，本次修缮飞身长度采用2.5倍飞头长度，所以，整根接补飞子的长度是800毫米。

图7-30 飞子糟朽残短

图7-31 后世斜搭掌榫补修的飞子现状

施工工序：
①将需要修缮的残损飞头锯割剔凿出直搭掌榫。
②制作新的接补飞头。
③接补安装飞头。

　a. 将剔凿好的原柏木飞身与新制作的飞头榫接处抹环氧树脂粘接（E-44型环氧树脂：低分子聚酰胺树脂=1∶1，体积比）。

　b. 用5×100六角大华司钻尾螺丝（彩锌）在榫接处连接固定，每根飞子榫接处用3颗螺丝，间距约200毫米。

　c. 在接好的飞子上压镀锌扁铁（宽40毫米、厚3.5毫米）一道，用5×40六角大华司钻尾螺丝固定在每根飞子上，长随该面塔檐飞子修缮横向长度，端头尽量在角梁处搭接，使形成整体，受力更好。

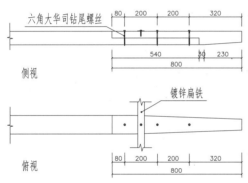

图7-32　直搭掌榫榫接飞子

图7-33　直搭掌榫榫接飞子实际情况

④新接补的飞头刷桐油，用碎砖灰泥填堵飞子间空当，铺钉望板后顺色做旧。

修缮时在直搭掌榫接处使用钻尾螺丝固定，避免后世斜搭掌榫补接飞子时在榫接处钉锞头钉或卷头钉，而将木材钉劈，固定不牢固，也避免钉铁钉对周围砖砌体带来震动等不良影响。

2．榫卯对接

主要适用对象：一层塔檐椽子010508～010512、飞子010508～010512、大角梁010501、子角梁010502。

前期准备：
一层塔檐正北面中部5根椽和5根飞后世修缮过，沿塔檐最内侧截断（包括反叠涩砖），对接松木椽飞，质量拙劣，现已糟朽，不能满足结构需要。拆除这些修缮过的椽飞，不能再向里侧凿挖，只能就现状接补椽飞。角梁0105情况类似，拆除原来修缮补接的角梁。

施工工序：
椽飞：
①在原截断的椽飞断面凿90毫米×30毫米、深50毫米的卯口。
②椽飞各自对应的上层砖砌体剔凿深100毫米的浅槽。

图7-34 一层塔檐北面中部椽飞现状

图7-35 角梁0105现状

③根据残缺长度制作新的榫接椽飞。榫接椽长1.1米，飞长1.33米，后尾榫头长50毫米。

④榫接安装椽飞。

a．榫接处抹环氧树脂（E-44型环氧树脂∶低分子聚酰胺树脂=1∶1，体积比），对接好榫卯。

b．在椽飞各自对应的上层砖砌体浅槽内塞砌整砖，压在榫卯连接处，增强其抗剪能力。

⑤新接补的椽飞刷桐油，待望板铺钉好后，顺色做旧。

角梁：

①在残损的大角梁010501、子角梁010502断面分别凿100毫米×50毫米、深50毫米的卯口。

②该大角梁对应的上层砖砌体剔凿深100毫米的浅槽。

③根据残缺长度制作接补的大角梁、子角梁。

④榫接安装角梁。

a．榫卯连接处抹环氧树脂（E-44型环氧树脂∶低分子聚酰胺树脂=1∶1，体积比），对接好榫卯。

b．榫卯连接处压∠50×50×5角钢，用5×40六角大华司钻尾螺丝（彩锌）锚固。

c．在子角梁对应的上层砖砌体浅槽内塞砌整砖，压在榫卯连接处，增强其抗剪能力。

图7-36 榫卯对接补修椽飞

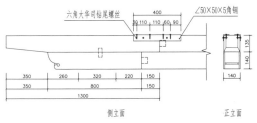

图7-37 榫卯对接角梁

⑤新接补的角梁刷桐油，最后顺色做旧。

这些椽飞、角梁被火烧损后，后世进行了不恰当的修缮，干预较大，而效果不理想。本次修缮在拆除后世补修的部分后，只能就现状接补，新接补的木构件可通过榫卯与原有残短的椽飞、角梁进行连接、固定，椽飞、角梁主要受压而不受拉，这种措施可以解决木构件的功能问题，榫接处需注意加固，增强其抗剪能力。

3．剔补椽头

主要适用对象：一层塔檐椽子010506、010507、010513～010516（共6根）。

前期准备：

拆除原椽头后世修补的铁钉、铁条、灰泥等，露出火烧碳化面。

施工工序：

①根据椽头烧损的形状，稍作修整成适合修补的断面。

②根据各椽头的残缺形状及长度制作修补的椽头。

③安装固定椽头。

a. 首先在新旧椽头断面处分别抹环氧树脂（E-44型环氧树脂：低分子聚酰胺树脂=1∶1，体积比）。

b. 用5×100六角大华司钻尾螺丝（彩锌）连接锚固。

④修补好的椽头刷桐油，最后顺色做旧。

这部分椽头被火烧损轻微，后世主要采用抹灰的方法抹塑出椽头形状，而灰泥、纸筋灰等材料与木椽粘结不良，现今二者已脱离开。因椽头现状仍可满足结构需要，本次采用剔补的方法，就椽头残损形状进行修补，使其外观完整即可。

图7-38 烧损轻微的椽头

图7-39 剔补椽头

4．环氧树脂和锯末补抹

主要适用对象：01层塔檐轻微糟朽干裂的飞头、子角梁头。

前期准备：

01层塔檐约1/2的飞头和3/4的子角梁头轻微残损，存在轻微干裂和残缺，仍能满足使用需求，需解决其外观问题，所以采用环氧树脂和锯末补抹的方法（E-44型环氧树脂：低分子聚酰胺树脂：锯末=1∶1∶2，体积比），干预很小。将需要补抹的飞头、子角梁头清扫干净。

图7-40 干裂略残短的飞头

图7-41 补抹、打磨飞头

施工工序：
①用腻铲将和好的锯末刮抹在干裂的飞头。
②待上一遍刮抹的锯末干硬后再刮抹下一遍锯末，一般在10遍左右（每次刮抹太多、太厚，易向下流，所以刮抹遍数较多），残缺较多的，可先用小木板固定在飞头上，大致达到飞头完整的形状再刮抹。
③刮抹完成的锯末应稍微超出完整的飞头形状，然后用角磨机磨出规整的飞头。
④待望板铺钉好后，顺色做旧。

这种方法需注意和锯末时应偏干硬一些，太软刮抹到飞头容易向下流，即锯末应稍多，以锯末均能粘到环氧树脂即可。补抹后对飞头、角梁头具有保护作用。

5．整根抽换

主要适用对象：13层塔檐糟朽严重的角梁和椽子。

前期准备：

对13层塔檐角梁、椽子逐根进行检查，由于糟朽严重的椽子和角梁的糟朽部位在砖砌体压实的后部，前部外露的部分较完好，所以可将糟朽严重的椽子、角梁整根抽出。糟朽严重又难以抽出的应先对上部反叠涩砖进行少量解体，再将其抽出更换。

图7-42 塔顶檐口局部下栽

图7-43 糟朽严重的椽子、角梁

施工工序：

①首先将需要更换的椽子对应上部的椽上望砖、砖飞、飞上望砖进行编号解体，然后将糟朽的椽子抽出，糟朽角梁和部分不能抽出的椽子对上部反叠涩砖进行少量解体，再将其抽出。

②清理角梁窝、椽窝内糟朽的木屑、碎渣，用特制的长柄小铲掏出。

③安装新制椽子，据椽子出挑尺寸440毫米，拴椽头线，一头拴在未更换的椽子上，一头拴在竹竿上。

④将新制的椽子据原椽窝孔洞确定的椽子分位，逐根安放，椽子后尾插不进原椽窝的，稍砍细调整。

⑤把大角梁安放到原角梁窝位置，梁头出挑520毫米。

⑥用碎砖块及灰泥堵椽窝空隙及椽间空当，前部用白灰，后部用灰泥。

⑦先砌椽上望砖对应层的内侧背里砖砌体，然后砌椽上望砖，上皮与大角梁上皮平。

⑧安装子角梁，与大角梁之间用暗销连接，梁头出挑300毫米。

⑨垒砌砖飞、飞上望砖及对应内部填馅砖。

⑩逐层垒砌上部反叠涩砖。

图7-44 抽换椽子、角梁

图7-45 重砌上部砖飞、反叠涩砖

⑪堵抹椽窝，打点，刷浆做旧；木构件刷桐油两道并做旧。

13层塔檐现状能够直观看到的问题是檐口局部下栽，通过勘察发现是挑檐木构件后部糟朽所致，外露的出挑部分较为完好（木构件后部糟朽应因塔顶瓦面损坏，加之灌木根系的深入，长期渗入雨水，使木材朽烂）。需逐根检查椽子、角梁的残损情况，后部糟朽的椽子、角梁能够整根抽出，根据这一特点采取整根抽换的方法。

小结：

塔檐木构件椽飞、角梁的残损情况是多样的，首先基于科学的研究，勘察清楚木构件在塔檐部位的结构方式、残损程度与特点，进而"对症下药"，采取不同的技术措施，具有针对性地解决其在功能与外观两方面的问题。

当传统的修缮方法不能够满足保护要求或带有一定问题时，采用多种现代材料和工艺，妥善解决问题。修缮过程中发现，01层塔檐部分木构件曾被火烧损，后世清代的补修措施欠妥，如：斜搭掌榫榫接飞子，榫接处钉铁钉将木材钉劈；部分新补的椽飞与原椽飞直接相对（无榫卯），仅钉一铁钉压住等。在认识到清代修缮措施的问题后，本次修缮时采用钻尾螺丝、榫卯等方法固定连接，较清代的补修为优。并且根据残损特点，残缺多少接补多少，达到最低限度干预、尽量多地保留原构件的效果。所以，塔檐木构件的补修措施是恰当的。

（四）经验总结

本项目尝试进行研究性保护，注重对文物本体历史信息的收集、整理与研究（基础性研究）。因而工程中有大量的新发现，如：包含辽代墨书在内的218条题记、证实密檐塔体内部为空筒结构（过去一直认为是实心）、建塔时的瓦件为青掍瓦、唐风瓦件——翘头、塔体各部位工程做法等，丰富了觉山寺塔的文物价值。

所有的保护程序都要以研究成果为依据，研究首先应服务于保护工作的需要，如：保护对象的残损程度与原因，原有材料与工艺、构件形式规律等，进而制定出合理恰当的技术措施，才能做到不改变文物原状、最低限度干预，从而最大限度保留历史信息和全部价值，传递给后人真实的实物资料。

应使用科学的仪器设备与手段检测原材料的具体成分与性能，不能一概认为传统材料就是原材料。觉山寺塔塔刹铁件历经900多年风雨，仅表面生锈，大量厚不足1毫米的铁片保存至今；砖材料密实度较高，且经长期细磨产生釉面效果，如：塔心室地面方砖；砌筑灰泥至今仍非常坚固等。这些材料能够保存至今并仍发挥良好的性能，必定与其成分和工艺密切相关。在现代科学能够达到的检测水平，弄清材料的具体成分，进而认识当时的技术水平，是保证修缮时按原材料、原工艺施作的基础工作，亦可提高修缮后文物建筑的真实性。

保护工作中，对文物本体历史信息、工程做法等的记录应坚持分析性记录，即对记录内容略作基础分析。工程实施中，现场技术人员长期与文物本体接触，除了会发现大量的历史信息，也更容易对这些信息有所感悟和理解，发现其中反映的某些特征、规律等，而这是进行深入研究的第一步工作。例：在对觉山寺塔密檐檐面风铎全部勘察后，发现其规格自02层至13层逐渐增大的规律，如果只单单记录风铎规格，未加分析，基础分析放到后期研究时才做，以上规律的发现则会增加难度。

文物建筑上遗存的不同历史时期的维修痕迹应尽量保留，历史维修痕迹通常受当时社会背景、经济状况、技术水平等条件的影响，能够反映出文物本体的历史变迁，是其真实性、完整性的重要组成部分。首先，保护工程中应善于甄别是否存在后世修缮痕迹，通常后世维修部位的材料、工艺、做法等会与原有未维修的部位存在差异。基于研究性保护，在发现后世维修痕迹后，应分析维修的具体时间，当时这座建筑产生了什么问题，为什么要这样修，这种维修措施是否恰当等，进而对其价值进行评估，确定在本次保护工程中如何对待。当某种历史维修痕迹十分重要时，或填补当时的一段建筑变迁历史，或反映当时的气候和地质灾害，或工艺具有特殊性，或反映建筑的残毁规律等，哪怕维修部分现状已不能满足建筑的功能需求，也要通过今天能够达到的合理的技术手段解决问题，予以做出最大限度地保留，也就保留了文物本体丰富的、有价值的历史信息。而这一点也是保护工作参与各方需达成的共识，通常保护工程中，施工方是后世维修痕迹的第一发现者，而施工方不一定能够对其价值做出良好的判断，这时应上报监理、甲方，会同其他各方一同研究、判断，甚至可以邀请相关领域专家参与，确定对其保留程度。总之，历史维修痕迹也是不可再生的，应慎重对待。

文物保护项目的实施通常是由多方参与和管理的，各方的专业水平都将影响保护工作效果的优劣，各方在保护工作中的作用、角度是不同的，所以应提高各方的专业水平，才能够整体提高保护工作的效果。施工单位作为保护工程的直接实施者，提高其对文物本体工程做法、核心价值等方面的认识，是提高保护工作质量的一种有效措施。

图7-46　觉山寺塔及寺院整体修缮完成后实景

专家点评

该工程受到了政府和管理部门的高度重视，建立了六方参与的管理体系进行严格管理。工程始终坚持文物保护原则，工作方向、重点、目标明确。研究工作贯穿于文物保护工作全过程是其最大亮点，前期的研究工作深入到了相关细节，工程过程中根据现场发现及时对原设计方案进行完善与调整，为保护与修复提供了坚实的基础。文物的结构部分得到了良好的加固与修缮，质量良好。工程的不足是修复性干预内容较多，文物的沧桑风貌受到一定影响；翼角风铎的恢复不但要防范其特殊气象环境下的摆动对塔体构造稳定性的影响，还要注意采取对感应雷的预防措施。但是瑕不掩瑜，这仍然是一个较好的文物保护工程。

（注：文中图片皆由山西省古建筑集团有限公司提供。）

业主单位：山西省灵丘县文物局
设计单位：山西省古建筑保护研究所
施工单位：山西省古建筑集团有限公司
监理单位：山西省古建筑工程监理有限公司
案例编写人员：张宝虎

8

福建东山关帝庙维修项目

一、案例概况

（一）保护对象基本情况概要

1. 简介

东山关帝庙，位于福建省漳州市铜陵镇。原名关王庙，又称武庙，始建于明洪武二十二年（1389年），至今已有600余年历史。关帝庙依山而建，主要建筑布置在中轴线上，依次有太子亭、中殿、正殿等，轴线长40米，庙宽17米，面积680多平方米。关帝庙坐西北向东南，正殿为歇山顶，属抬梁式木构架建筑，面阔七间，进深四间，主祀关帝圣君。庙内木雕、石刻工艺精致，布局严谨。正殿下的水磨青石上，雕刻有一条盘龙，腾云吐水，峥嵘露角，为石雕精品。1996年东山关帝庙被国务院公布为第四批全国重点文物保护单位。

图8-1 东山关帝庙太子亭，2019年10月摄（来源：东山关帝庙管理处提供）　　图8-2 东山关帝庙正殿正立面（来源：东山关帝庙管理处提供）

2. 核心价值

（1）历史价值

福建东山关帝庙重修于明洪武年间，是闽台关帝庙的典型代表。明万历年间，关公受敕封为帝，作为一种民间文化现象的关帝崇拜得到更全面的传播与极盛发展，福建东山关帝庙是这一文化发展鼎盛时期的历史写照。

东山关帝庙坐落于东山岛，倚山临水，隔海直望台湾，是海峡两岸关帝信仰文化传播的发祥地和前沿地。台湾最早建祀的关帝宫庙，即由东山关帝庙分灵渡海而兴，而后关帝文化不断延播全台各地。

作为一种民间文化现象，福建东山关帝庙是关帝信仰随明清时期大陆渡台移民高潮，沿着中国古代经济文化传播轨迹，由中原腹地逐渐向东南沿海放射的实物印证。

（2）科学价值

东山关帝庙坐落于东山岛铜陵镇岵嵝东麓，倚山临海，每年都会受到台风的侵袭，同时历史上也有过多次比较大的地震。太子亭充分运用了几何学和力学的建筑原理，经历600多年仍然完好无损，具有很高的建筑结构科学价值。

（3）艺术价值

东山关帝庙剪瓷雕、木雕、石雕丰富，是闽南民间艺术精湛技艺的代表。其主要建筑构成屋脊上创作了大量精美的剪瓷雕，大殿和前殿屋脊都塑有作为闽南剪瓷雕主流内容的"双龙抢珠"及"凤凰飞舞"，华表楼亭式建筑太子亭上雕有"八仙过海"和"瑞兽图"等各种闽南地方特色图案，造型生动，多姿多彩，气势雄伟，是闽南地区建筑文化的标志体现。关帝庙殿内中央神龛上悬"万世人极"匾，传为清咸丰帝亲笔御赐，金柱悬东山乡贤、明末著名思想家、儒学大师、书法家、民族英雄黄道周撰书的对联。庙内木构件则饰以大量的"金木雕"和"黄金漆画"，均为民间传统手工技艺、非物质文化遗产保护项目。正殿前的青石镂雕"龙陛"及石柱上的石雕盘龙，鬼斧神工、栩栩如生。太子亭六根石柱撑起层层叠叠的繁复斗栱，历经数百年岁月沧桑而岿然不动，世人叹为建筑奇观。其古建筑形式对中国历史的承载和现代社会具有重要意义。

（4）社会价值

东山与台湾地区往来密切，东山关帝庙的香火不断分灵过海，每年往来东山晋香谒祖者不计其数。至今，东山关帝庙已连续举办28届海峡两岸关帝文化旅游节等文化交流活动，是联络海峡两岸的一条纽带，是两岸文化同根同源的重要见证。

3. 保护历程

1983年修补中殿和正殿的剪瓷雕。

1984年东山县政府公布为第一批县级文物保护单位。

1985年重修关帝庙太子亭。

1985年被公布为福建省级第二批文物保护单位。

1996年被国务院公布为第四批全国重点文物保护单位。

2012年国家文物局在关于《东山关帝庙维修设计方案》《东山关帝庙维修设计方案修改补充说明》中同意方案。

2013年启动东山关帝庙修缮工程。

图8-3　1985年维修太子亭前的东山关帝庙
（来源：东山关帝庙管理处提供）

（二）项目背景

经2009年勘察发现，长期自然和人为因素使各建筑单体出现了不同程度的损坏。由于存在部分建筑木构件糟朽严重，部分屋顶、屋脊剪瓷雕彩瓷片、瓦片缺失，木雕石刻、牌匾等受香火烟熏的烟油包裹严重等残损，日常保养维护已经无法排除病害的侵扰，如不及时采取措施，病害将进一步加剧，甚至威胁参观游客和庙内工作人员的人身安全。加上对台意义的重要性，东山关帝庙急需整体修缮。

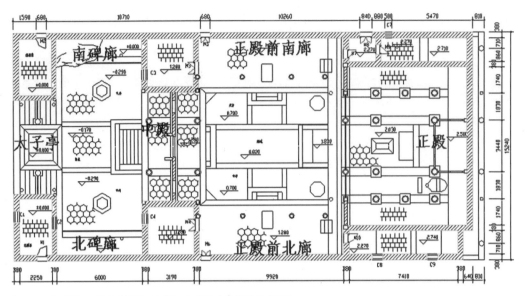

图8-4 东山关帝庙平面实测（来源：东山关帝庙设计组提供）

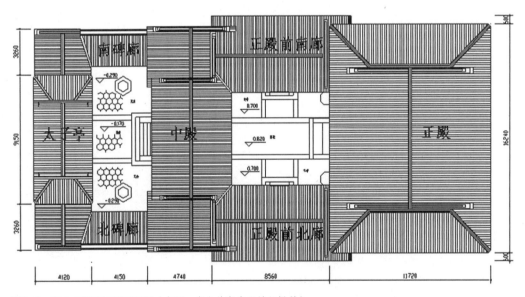

图8-5 东山关帝庙屋顶平面图（来源：东山关帝庙设计组提供）

在前期勘探、设计、方案讨论和环境治理的基础上，东山关帝庙修缮于2013年正式开工，预期通过修缮和修复以保护现存事物原貌和历史信息为标准，不允许为追求完整、华丽而改变原貌。

图8-6 糟朽的正殿椽望（来源：东山关帝庙设计组提供）

图8-7 正殿内被烟油包裹的构件1（来源：东山关帝庙设计组提供）

图8-8 正殿内被烟油包裹的构件2（来源：东山关帝庙设计组提供）

图8-9 中殿糟朽漏雨的椽望（来源：东山关帝庙设计组提供）

图8-10 中殿厢房糟朽漏雨的椽望及屋面木基层（来源：东山关帝管理处提供）

图8-11 被改装成办公用房的中殿厢房（来源：东山关帝管理处提供）

图8-12 关帝庙糟朽虫蛀的屋面木构件（来源：东山关帝庙管理处提供）

（三）工程目标

工程性质：修缮工程。

实施对象：东山关帝庙。

修缮工程的范围：包括太子亭、碑廊、中殿及南北厢房、正殿前南北廊、正殿5个单体建筑的维修，共计建筑面积约530平方米。涉及的分部工程包括剪瓷雕修复、屋面瓦拆铺、屋面木基层制作安装、大木构架维修、地面修复、烟熏构件清洗、油饰彩绘工程等。

工程目标：采用科学合理的技术手段对东山关帝庙建筑存在的腐朽、损毁等病害进行治理，使建筑的病害得到遏制，恢复原建筑主体结构稳定性能，消除建筑安全隐患，让建筑以一个健康的状态继续承载原有功能，延续大陆与台湾地区紧密的文化交流，并结合修缮工程对传统工艺予以研究和传承。修复应当以现存的实物作为依据，一切技术措施应不妨碍对原物再次实施保护，经过处理的部分要与原物或前一次处理的部分既相协调又可识别，所有修复的部分应有详细的记录档案。

（四）实施过程

保护工程的实施环节主要包括：修缮设计方案编制、施工组织实施。

1．勘察设计阶段（2009年6～8月）

勘察设计单位于2009年对东山关帝庙进行了实地考察和调研，在管理处的大力支持下，全面详细地勘察收集了关于东山关帝庙古建筑各单体建筑及其构件的残损程度并进行了详细的登记汇总，根据构件残损现状制定了具体的维修方案；维修方案确定对本工程进行揭顶维修，更换修补糟朽木构架及残损石构件，对烟熏油污构件进行清洗，并对本工程所采用的工艺、材质以及维修做法等做出了详细的要求。

2．施工组织实施（2013年5月～2014年4月）

东山关帝庙是一座工艺精美的闽南建筑风格庙宇，在东山人民心中的地位极为崇高。建设单位要求施工单位派遣的关键岗位技术工人均需有十年以上闽南庙宇内文物古建筑维修经验，确保工程顺利进行。施工单位进驻现场后，先对个别失稳构件进行临时支撑加固，随后对各种木石构件进行施工前保护。在拆卸施工的同时，对构件及做法等进行影像及文字记录。

因揭顶维修时间较长，屋面施工工期安排不可避免地将要与台风季节重叠。在揭顶维修时，针对如何对屋脊进行保护编制了专项施工方案，并经设计单位、监理单位审查后进行施工。

本修缮工程于2013年5月开工，2014年4月完工，2014年5月开放，2016年12月通过福建省文物局组织的最终验收。

3．工程实施过程中各方的配合

每年农历五月十三是东山关帝文化旅游节，关帝庙管理处都会举行相关的开幕式、祭拜仪式、活动等。为尊重该地区传统信仰，工程参与各方配合管理处的关帝文化节活动，暂停此阶段施工作业并对太子亭出入口的围挡临时拆除，以满足活动要求。

因庙宇文化原因，对旧脊檩拆除及新脊檩的吊装都有相关特定的日期。工程参与各方为尊重传统文化，将各关键节点工作合理安排，制定节点工期表，在特定的日期内完成了脊檩的安装。

（五）实施效果

1．不改变文物原状

施工过程中遵循"使用原材料"的要求，大到木材的种类，小到钉子的材质，严格按照原构件的材质种类进行补配；从外立面到隐蔽工程的施工工艺也严格参照原状做法进行。

图8-13 中殿屋面修缮前（来源：东山关帝庙修缮施工组提供）

图8-14 中殿屋面修缮后（来源：东山关帝庙修缮施工组提供）

2．文物本体施工

本工程对糟朽影响结构安全的瓦椽、望板、檩条、木柱等进行了更换；对屋面进行重新盖瓦；对屋脊进行吊装归安或重砌；对结构松动的石构件用铁箍进行加固；对烟熏构件进行清洗；对彩瓷雕进行修补或拆安；对木构件进行整体防虫防腐处理；解决了东山关帝庙结构安全隐患，并进一步完善了东山关帝庙的使用功能。

3．社会效益

保护工程实施后的东山关帝庙承接了"关帝巡台"、关帝文化踩街、祭祀等两岸民众信仰交流活动，恢复原貌的独特闽南建筑风格也得到各界人士的赞许，为两岸的文化、宗教、经济等方面的交流提供了良好和谐的互动平台，极好地发挥了文化遗产在两岸关系中的积极作用，具有重要的社会价值。

图8-15 2016年关帝巡台（来源：东山关帝庙管理处提供）

图8-16 2017年金门朝拜团（来源：东山关帝庙管理处提供）

图8-17 2017年，央视报道台湾信众来东山关帝庙朝圣

二、案例亮点

（一）亮点一：最低限度干预保护及不改变文物原状原则

东山关帝庙是一座小而精的古建筑，建筑面积仅530平方米，却能在海内外闽南人心中占据极为重要的地位。除了信仰因素以外，从建筑本身角度而言主要是因为以下两方面的原因：

一是屋脊精美的彩瓷剪贴堆塑，原有堆塑"文化大革命"期间被破坏后，现有堆塑于1980年重塑，其中太子亭于1984年重修；

二是殿内高超工艺的木雕石刻。

在施工过程中，如何在保证结构安全强度的前提下最大限度地保留精美的屋脊构件，成为工程参与各方尤其是施工单位需要克服的难点。

因为本工程为揭顶维修，在施工过程中，如何防止施工中对精美的文物构件造成二次破坏也是必须谨慎小心的。

同时，由于香火极为旺盛，东山关帝庙殿内精美的室内构件被蒙上一层厚厚的油污烟垢，使得极其精美的艺术构件观感效果大打折扣。如何在清洗过程中不损坏原构件又将污垢清除干净，也同为工程中的要点。

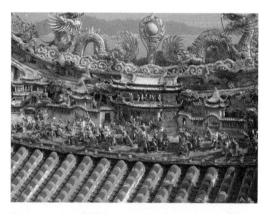

图8-18 太子亭屋脊上精美的彩瓷雕（来源：东山关帝庙管理处提供）

1. 室内原构件保护

兵马未动，粮草先行。在文物古建筑的施工中，第一步就是要对拆安过程中可能伤及的原构件进行有效的保护，才能确保在施工中不会造成文物的二次伤害。

在本工程中，施工单位先将可移动的室内物件搬离施工现场妥善保管；对室内不可移动物件，如大型塑像、案台、壁柜等采用厚胶合板进行封闭保护；对拆卸时容易碰伤的大木构件及装饰木构件采用胶合板或柔性

图8-19 屋面瓦拆卸之前，先对原构件进行保护（来源：东山关帝庙修缮施工组提供）

缓冲材料进行封闭包裹，以防揭瓦或更换大木构件时对其产生破坏。由于采取了较好的保护措施，故在本次工程整个施工过程中，未出现因拆卸或安装而造成的文物本体破坏的情况。

2. 剪瓷雕装饰构件的保护

屋脊上的剪瓷雕的拆卸工作对后期屋脊施工有巨大的影响，若拆除方法不当，将使后期的

恢复工作缺乏依据，对建筑原貌造成无法弥补的损失。在剪瓷雕拆除前，对剪瓷雕进行多角度拍照，并用1∶1的比例将原剪瓷雕复刻在胶纸上，为后续施工留取原状资料。拆除下来的每块彩瓷片按原位置放置在已经复刻好的胶合板上，并根据彩瓷雕装饰件的位置对胶合板编号。同时，确定补配类型和数量，并按规格数量提交材料员以提前备料。

图8-20　屋脊拆除前，将剪瓷雕轮廓复制在胶纸上

图8-21　将剪瓷雕剥离，原位放置在胶合板上

图8-22　将不同颜色的瓷碗打碎，用于制作彩瓷雕上缺失的彩瓷片

图8-23　根据胶纸轮廓，原位粘贴原彩瓷雕

图8-24　重贴完毕的剪瓷雕

图8-25　正殿前南廊屋脊上剪瓷雕拆卸、重贴前后对比

由于垂戗脊或因脊身较矮，不利于起吊，或因起吊落位安装后由于屋面坡度较大，也不牢固，屋脊有整体下滑的风险，故在本次施工中拆除垂戗脊脊身瓷雕，再将垂戗脊头座整体拆除，最后重砌垂戗脊，归安头座及脊身剪瓷雕。垂脊头座安装时需要留置榫口，在脊身内预埋生铁榫头，以防安装好后的垂脊头座滑落。

图8-26 垂脊头座切割前拍照记录

图8-27 切割垂脊头座

图8-28 安装后的垂脊头座1

图8-29 安装后的垂脊头座2

整个施工过程中，所有的彩瓷剪贴塑由于采用了较好的措施，均原位安装，遵循了最小干预的保护原则。

图8-30 安装后的戗脊头座之一

图8-31 完工后的戗脊头座之一，颜色较深处为拆安的戗脊头座

（二）亮点二：采用恰当的施工技术

1. 瓦屋面施工

关帝庙屋面采用琉璃筒瓦捉节夹垄屋面，大部分屋面的捉节夹垄灰都有特定的制式，在满足实用功能的基础上也提高屋面的美感。在勘察设计时，由于不能对屋面揭除勘察，故对板瓦之下背里层具体材料无法知晓。待施工揭除屋面板瓦后，发现板瓦之下，有一层牡蛎壳灰背里层而非原石灰黄泥浆苫背，且苫背层内根据建筑物的主次重要程度不同，铺设有2~3层不等的背里瓦，故整个屋面非常牢固。

图8-32　原苫背层内的背里瓦

1939年农历一月二十八，日本侵略者派出飞机轰炸东山，一枚炸弹于关帝庙正殿屋檐上爆炸，藏身庙内的百姓百余人受伤，但屋面并未坍塌，只做局部维修。本次维修经设计单位同意后，按文物原做法原材质采用牡蛎壳灰及背里瓦的工艺进行施工，对传统工艺有了更切实的传承。

关帝庙屋面修缮施工过程中，由于瓦件破裂，屋面渗水，瓦椽望板糟朽虫蛀非常严重，无法采用局部屋面瓦重铺维修的方式。所以除1984年重修的太子亭外，其余单体建筑均为全揭顶维修的方法。在施工中，对每一片瓦片的拆卸都极为小心。拆卸后的瓦件采用吊篮运送到地面后，经清洗后尽量继续使用。琉璃筒瓦内的灰浆剥离难度较大，施工方特意安排有丰富古建筑修缮经验的老技工对筒瓦内灰浆进行凿除清理，最大限度地减少原瓦件的破损。缺失的瓦件搜集了当地一部分同规格的旧瓦件后，不足部分由砖瓦厂采用传统土窑进行定制，不采用市面上现售的其他新瓦件，尽最大努力还原原构件的样式、材质及工艺。

更换完檩条、椽望后，再依次铺设屋面背里层、滴水勾头瓦、底瓦、筒瓦等，最后完成筒瓦的捉节夹垄灰施工。除正殿前坡屋面背里层内有三层背里瓦外，包括正殿其他屋面在内的其余各建筑屋面均为两层背里瓦。

图8-33　糟朽的屋面木基层

图8-34　凿除筒瓦内灰浆，对旧构件再次利用

图8-35 铺设中的正殿苫背层

图8-36 铺设完苫背层的屋面（背里瓦三层+牡蛎壳灰）

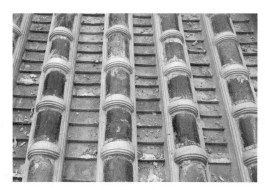
图8-37 施工中的捉节夹垄灰

图3-38 屋面施工完毕

（a）维修前

（b）维修后

图8-39 正殿前坡屋面维修前后对比（图8-20～图8-39来源：东山关帝庙修缮施工组提供）

瓦屋面修缮情况一览表　　　　　　　　　　　　表8-1

部位	维修方式	苫背层情况
太子亭	局部维修	未揭顶维修，屋面虽有苫背层，但不涉及苫背层施工
南北碑廊	全揭顶维修	牡蛎壳灰及两层背里瓦组成的苫背层
中殿	全揭顶维修	牡蛎壳灰及两层背里瓦组成的苫背层
正殿前南北廊	全揭顶维修	牡蛎壳灰及两层背里瓦组成的苫背层
正殿	全揭顶维修	前坡屋面：牡蛎壳灰及三层背里瓦组成的苫背层；其他屋面：牡蛎壳灰及两层背里瓦组成的苫背层

2．屋脊的整体保护

关帝庙的屋脊十分精美，在施工中对屋脊采取的措施如下：

关帝庙屋脊采取措施一览表　　　　　　　　　　　表8-2

	正脊	垂脊	戗脊	采取此种施工方法的原因
太子亭	原状保持	原状保持	—	屋面不需要揭顶维修，屋脊仅修补脱落瓷片等即可
南北碑廊	原状保持	拆除后重砌	—	屋面结构为单坡屋面，正脊砌筑于墙体上，屋面揭顶维修可以不拆除正脊；垂脊因脊身高度较小，且屋面坡度较大，起吊后安装不牢固，有下滑隐患
中殿	起吊后安装	拆除后重砌	—	正脊脊身高度较大，有利于起吊施工，且上部彩瓷雕精美，起吊施工能更好地保存彩瓷构件；垂脊因屋面坡度较大，起吊后安装不牢固，有下滑隐患
正殿前南北廊	拆除后重砌	拆除后重砌	—	正脊和垂脊脊身高度较小，无法采用起吊工艺
正殿	起吊后安装	拆除后重砌	拆除后重砌	正脊脊身高度较大，有利于起吊施工，且上部彩瓷雕精美，起吊施工能更好地保存彩瓷构件；垂脊因屋面坡度较大，起吊后安装不牢固，有下滑隐患；戗脊脊身高度较小，无法采用起吊工艺

（1）屋脊抬升施工

为了在揭顶施工中尽可能多地保留剪瓷雕这一屋脊上的艺术瑰宝，施工单位对中殿、正殿的正脊采用先起吊、后落位的施工工艺。

搭设的起吊架需经过加固后方可使用，以免受台风等的影响和屋脊自身的重量导致发生安全事故。同时，起吊后需定期监控钢架的变形及屋脊的沉降，如有情况立即汇报采取紧急预案。

①在底层搭设抬升屋脊用脚手架，搭设的脚手架的管径、间距等参数均需进行受力验算后方可进行施工。脚手架下部采用厚度为1厘米以上钢板作为垫块，以免起吊后过大的压力造成殿内石材地板开裂。

②在屋面木基层上凿孔以便屋脊抬升架能穿过屋面。

③屋脊抬升架搭设完成，采用六道缆风绳对其加固。起吊位置节点部位采用三角铁板进行再次加固。

④在加固后的起吊点之间焊接工字钢，确保起吊点之间其牢固不产生移动。

⑤将屋脊底部两侧各切割一道水平割口，割口内塞入钢板。钢板与起吊葫芦之间采用$\varPhi 20$

的钢筋焊接，钢筋之间的间距要一致，以确保起吊时受力均匀。

⑥开始掏挖钢板下部，掏挖到一定程度后，两个葫芦以相同的力度及速度开始起吊屋脊，将屋脊调离屋面。

⑦起吊完成后，在屋脊底部搭设横向钢管，以便使其重量能传递到起吊架杆上，使整个起吊系统成为一个整体，共同承受屋脊的压力。

图8-40　将屋脊底部左右两侧各切凿出一道切口后，在两侧各塞入一条通长钢板，再用钢筋将两边的钢板焊接在一起

图8-41　搭设中的屋脊抬升架

图8-42　屋脊抬升架起吊部分加固完毕

图8-43　搭设完毕的屋脊抬升架

图8-44　铺设防水布

图8-45　起吊后的大殿正脊

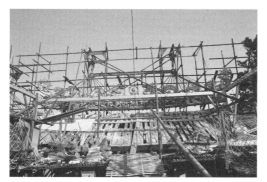

图8-46 起吊后的中殿正脊

图8-47 屋面施工完毕，归安后的正殿正脊

图8-48 屋面施工完毕，归安后的中殿正脊

（2）烟熏构件的清洗

关帝庙游客众多、香火旺盛，长期的烟熏火燎使得庙内精美的构件上蒙上厚厚一层烟油，不仅使得关帝庙原本金碧辉煌的木雕构件黯然失色，同时也危害构件健康，影响构件的耐久性。

施工单位在正式施工之前，先在隐蔽部位进行小面积清洗试验，试验清洗效果符合要求且后续跟踪没有发现对原构件有损伤后才进行继续施工。

烟熏构件清洗时，不得直接采用抹布擦拭被污染的构件，而需要用脱脂棉包裹构件后让其自然吸附油质污垢。对于角落里面的不便于吸附的油质污垢，采用脱脂棉蘸取药剂后轻轻擦拭。

图8-49 污垢清洗前的构件

图8-50 清洗施工中的构件（图8-40～图8-50来源：东山关帝庙修缮施工组提供）

图8-51 烟熏构件清洗前（来源：东山关帝庙修缮施工组提供）

图8-52 烟熏构件清洗后（来源：东山关帝庙修缮施工组提供）

（三）亮点三：防灾减灾保护原则

本次施工过程中，起吊架在2019年7~9月期间经历了"苏力""西马仑""天兔"数次台风。尤其是2013年9月22日左右的超强台风"天兔"，东山岛风力达12级。此时正殿屋脊已经完全起吊，中殿已经基本起吊。由于采用了合适的起吊工艺，起吊架架体及屋脊本体均完好无损。

关于起吊屋脊工具的选择，手工葫芦相对于千斤顶作为抬升屋脊的工具的优势如下：

①葫芦起吊后可升降行程相对于千斤顶而言更大，起吊后可以根据后续不同施工工序的需要将屋脊抬升到任意高度。

图8-53 央视新闻：强台风天兔登陆东山岛

②若采用千斤顶抬升，由于千斤顶的操作平台在屋脊下部，在后续施工中触碰千斤顶导致工程事故的概率远大于操作平台在屋脊上部的手工葫芦。

图8-54 "天兔"台风来临前，将正殿保护棚防雨布全部拆除，用木板钉于瓦椽上，并对钢架加设8道缆风绳

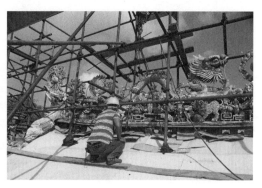
图8-55 "天兔"台风来临前，将铁皮板钉于中殿瓦椽上（图8-54、图8-55来源：东山关帝庙修缮施工组提供）

③因为屋脊需要起吊的时间较长，待后续工序完成后才能落位安装，关帝庙位处海边，在施工过程中将会经历强烈台风的侵袭。手工葫芦相对于千斤顶而言结构简单、可靠、故障概率更小。

（四）经验总结

1．在施工过程中进一步深化设计方案

由于东山关帝庙在施工单位进场前一直属于开放状态，考虑到使用功能，不允许在勘察设计阶段有更深次的破坏性勘察。在工程正式开工后，工程参与各方在施工过程中对施工现场仔细勘察，发现若干现场与原图纸不符之处。如除了发现构件残损情况与图纸不符之外，还发现本体结构中并未使用铁钉或竹钉，而是全部采用铜钉，以提高抗海风腐蚀性；屋面苫背层因为厚度较厚，其中铺设了2～3层的背里瓦；本体所用的胶凝材料并非为之前预计的普通石灰，而是牡蛎壳灰。设计单位针对性地做出设计变更后再交由施工单位进行施工。

2．新施工方法的运用

为了保护精美的原屋脊，施工单位提议采用先将屋脊起吊，待更换脊檩和屋面其他工序完成后再将屋脊落位安装的工艺。参与各方对此能保留原屋脊的方案均极为赞同，但由于此类工艺极少被运用到实际施工当中，数吨的屋脊稍有不慎跌落将会造成不可恢复的破坏，且由于屋脊起吊后到落位安装前地处海边的关帝庙将会经历强台风的考验，故该施工方案极具挑战性。

工程参与各方在仔细研究后，采用故障率最低的手工葫芦代替千斤顶进行屋脊起吊；此外，采用钢筋代替钢丝绳作为拉绳，以使得起吊时受力均匀。

起吊后，屋脊经历了台风的侵袭而毫发无损。且起吊到落位安装，期间置于半空的屋脊由于加固措施得当，并未出现任何裂缝，完美地保存了屋脊这一珍贵的构件。

3．施工参与各方的配合

建设单位组建相应的专业管理团队对本工程严格管理，在材质方面多次委托专业检测单位进行检测，在工艺方面咨询请教文物管理部门专家及东山岛本地老技工。

设计单位在施工期间委派专人定期到现场进行监测，并及时对相应的设计方案进行变更，以确保工程的顺利进行。

监理单位委派专业监理工程师驻扎现场，对工程进行全程监督与指导。

施工单位派驻现场的技术工人均为15年以上文物古建筑维修经验的老技工，并对重要分部工程制定相关的专项施工方案，在施工技术力量方面最大限度给予相关保障。

修缮工程参与四方互相配合，共同协作，对工程中遇到的重点难点结合各自的经验提出相应的意见；同时，在工程监管与实施质量方面，彼此严格要求，为维修项目贡献自己的力量。

专家点评

该项目的最大亮点是对核心价值所在载体部位严格坚持了"最小干预"的文物保护原则，

保证了文物本体的真实性。项目的所有参与者怀着对文化遗产的敬重精神，认真学习文物保护法规，在保护技术方面做了充分准备。屋顶灰塑与剪瓷雕是该文物建筑的艺术价值重要所在，施工前对该建筑成千上万片剪瓷雕一个一个地编号定位、形态描摹，并对华美的屋脊进行了整体起吊和归安，保证了各脊饰构件分毫不差到位、安然无恙安装。屋面揭开之后，发现里面是牡蛎类材料加工的灰背构造，立刻对原设计进行了调整，保留了原有的科学做法。每块筒瓦之间的捉节灰历史上是隆起来的，这是一个很有闽南当地特色的做法，工程中坚持保留了这一奇特的地方传统做法。对彩绘尤其是表面贴金的污迹吸附工作做得非常深入细致，尽量不使用化学药剂。工程中针对工作内容仔细挑选对工作内容有研究、有技术、敬畏文化遗产的工匠，他们认真细致的工作作风保证了项目实施的技术质量。

业主单位：福建省东山县风动石景区服务中心

设计单位：广西文物保护研究设计中心

施工单位：泉州市刺桐古建筑工程有限公司

监理单位：河北木石古代建筑设计有限公司

案例编写人员：吴秀清　阳周

9

贵州海龙屯海潮寺修缮项目

一、案例概况

(一)保护对象基本情况概要

1. 简介

海潮寺位于贵州省遵义县高坪镇玉龙办事处白沙村龙岩山上,是一座面阔七间(为面阔五间之两次间加一榀屋架成七间)18.2米、进深六椽6.42米的四阿顶建筑,始建于1601至1603年,是时任遵义兵备道傅光宅为超度平播战役中死亡的12700余明军和苗军将士的亡灵所建,建于当时已成废墟的"海龙屯"核心区"新王宫"遗址上。据寺旁"崇祯重修庙碑",海潮寺始建时茅苫盖顶,四十年后糟朽不堪,约明崇祯十五年(1642年)动议重修。清乾隆三十八年(1773年)"□忆千秋"碑记载了海潮寺在乾隆年间的格局变迁。据现存梁上题记知民国时葛成邦、葛成德等人曾重修寺庙。海潮寺前檐东侧竹夹泥壁上有"民国三十四年"的题记,可以确定现存海潮寺遗构不晚于此时,而据《海龙屯烟云录》所述,现存海潮寺为民国18年(1929年)重建,与泥壁上的时间不矛盾,应是现存海潮寺遗构的重建时间。

海潮寺所属"海龙屯"于2001年公布为全国重点文物保护单位、2015年作为"土司遗址"之一的"贵州播州海龙屯遗址"列入《世界遗产名录》,海潮寺是"海龙屯"的文物构成、"贵州播州海龙屯遗址"的遗产构成。

2. 核心价值

海潮寺是17世纪初,遵义兵备道傅光宅为超度平播战役中死亡的12700余明军和苗军将士的亡灵所建,是海龙屯兴衰的历史印证和延续,这是其核心价值。

海潮寺选址于新王宫基址核心地带之上,有着自己独特的建造特点。海潮寺利用新王宫焚毁后残留的建筑材料,采取民间建筑的形制、结构和建造风格,具有鲜明的当地民间建筑特点。其屡次重建、旧料新用的建造历史,是海潮寺"纪念碑"特性延续至今的集中体现。所以,"具有特殊价值的普通建筑"是海潮寺的突出特点。

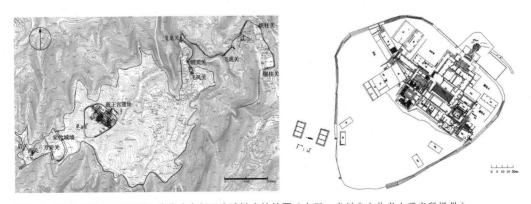

图9-1 海龙屯遗迹分布总图及海潮寺在新王宫遗址中的位置(来源:贵州省文物考古研究所提供)

图9-2 新王宫遗址与海潮寺鸟瞰图（来源：2018年7月央视纪录片《土司遗城海龙屯》截图）

图9-3 修缮后的海潮寺（来源：海潮寺修缮项目组提供）

3. 保护历程

2012年之前，虽然没有明确资料显示近数十年来海潮寺的修缮工作，但作为在当地香火一直延续的寺庙，海潮寺历年来一直受到当地群众的日常修补和维护。

2012年11月，海龙屯土司遗址与湖南永顺老司城遗址、湖北唐崖土司城址捆绑一并列为中国世界文化遗产预备名单。次年列入中国2015年向世界文化遗产委员会申报项目，包含海潮寺在内的海龙屯相关文物遗存保护修缮工作被提上日程。

2013~2014年，海潮寺的立项、勘察设计、施工工作顺次展开，勘察设计工作由中国文化遗产研究院承担，施工由贵州祥和古建工程有限公司承担。

2014年9月，海潮寺修缮项目竣工，当月接受并通过了"土司遗址"申报世界文化遗产国际专家团的现场考察，确保了"土司遗址"申遗成功。

2015年7月4日，第39届世界遗产大会将"贵州播州海龙屯遗址"与"湖南永顺老司城遗址""湖北唐崖土司城遗址"共同作为"土司遗址"列入《世界遗产名录》。

2016年1月，在海潮寺修缮工程竣工一年三个月后，修缮工程以解决海潮寺梁架的歪闪等一系列结构问题，并以最小干预的修缮原则，最大化保存了历史，满足了文物修缮真实性、与周围遗址环境和谐共处的要求，顺利通过由贵州省文物局组织的竣工验收。

（二）项目背景

1. 文物本体保存状况

海潮寺独特的创建意义和建造特点，确定了海潮寺"具有特殊价值的普通建筑"的价值定位。因此，它是一个建筑形制民间化、建筑材料"旧料新用"的建筑。

其平面是当地传统建筑典型的"凹"字形格局，梁架是具有鲜明地方特色的穿斗式做法，门、窗、竹夹泥壁，以至彩绘、雕刻等均富有地方特点。

2014年修缮之前，虽存在严重的结构问题，细部也多有破损，但建筑平面格局、结构体系基本保存完整，整体风貌古朴，与海龙屯遗址环境和谐共存。

2. 尚待解决的问题

海潮寺建筑西南角檩条断裂，造成西山面整体屋架向南歪闪，修缮前靠墙垛支撑。

台明因先天的建造粗糙、地面逐年积土而导致台明变形破坏了排防水功能，导致其上部的柱础、柱脚、地栿等建筑木构件的受潮破损、糟朽，直接影响了建筑结构安全。周边考古发掘后形成的台明侧面呈积土瓦砾断面，雨水直接浸入，也是近年来台明受潮变形的原因之一。

屋面瓦件松散破损，导致漏雨严重等问题。

梁架的变形导致竹夹泥壁的局部残坏；柱脚、地栿的糟朽导致其上的木壁板、槛窗等木装修的损坏和缺失。

这些局部结构失稳及其他不同程度的病害，以及倒计时的申遗时间表，都促使海潮寺的保护修缮工作迫在眉睫。

图9-4 修缮前西南角檩条断裂导致西山整体屋架向南歪闪（来源：海潮寺修缮项目组提供）

图9-5 修缮前台明情况（来源：海潮寺修缮项目组提供）

图9-6 修缮前屋顶情况（来源：海潮寺修缮项目组提供）

3. 立项目的

海潮寺是列入当时申报世界遗产的"土司遗址"的遗产构成之一，且处于海龙屯核心地带，是彰显海龙屯遗产真实性、完整性的重要载体。项目致力于保存与延续海潮寺的文物价值、消除海潮寺的各类病害与安全隐患、塑造"新王宫"的古遗址场所精神，并赋予其良好的展示利用效果。

（三）工程目标

以消除海潮寺的安全隐患为首要目的，兼顾展示与彰显历史信息需要，达到"最小干预现状，最大化保存历史信息"的保护效果，使海潮寺作为海龙屯遗存价值构成的真实的历史信息得以保护、保存与延续。

修缮工程包括屋架不落架打牮拨正，归安加固台明，消除木构架局部变形状态，修补、替换、补配残损及缺失木构件，修补装修，揭瓦屋面等。在达到结构安全、隐患消除的同时，保存延续建筑屡经修缮的历史特征，展现其久经变迁的历史面貌。

（四）实施过程

保护工程实施环节包括：勘察设计阶段、工程施工阶段、竣工验收等几个部分。海潮寺修缮项目采取设计方"一竿子插到底"的工作模式，尤其是在工程施工阶段，设计方与项目实施相关各方随时、直接、顺畅地交流沟通，为工程实施的顺利进行以及最大限度地坚持文物保护原则提供了保障。

1. 勘察研究阶段

前期勘察由设计单位中国文化遗产研究院所完成了建筑历史信息的收集、研究与病害调查工作。勘察设计方充分利用海潮寺修缮项目与海龙屯遗址考古工作同时进行的优势条件，通过对文献、碑碣、历史沿革等已有研究成果，了解海潮寺在特殊历史背景下的价值定位；结合现场勘测，获得海潮寺建造在"新王宫"于明末焚毁之后的建筑废墟之上、屡次重建、旧料新用、部分木材为当地不晚于乾隆时期才有使用的桑木等建造特点等重要信息；在对建筑形制、材料、结构等方面的勘察、检测和分析的基础上，明确了残损情况及病害原因等。

2. 修缮设计阶段

2014年2~5月，中国文化遗产研究院完成了海潮寺修缮设计方案编制。设计单位以现场病害调查为依据，确定现状建筑的病害类型、程度、成因；结合历史文献记录与现场勘察成果，确定了现状建筑参差各异的材料、做法等成因及其特殊价值意义；按最小干预及最大限度保存历史信息的原则，编制了修缮设计方案，确定了原址保护、保持木构件"旧料新用"的历史状态、维修加固台明、消除木结构局部变形的安全隐患、修补残损或缺失木构件、修补装修、屋面揭瓦等修缮要点。2014年6月，方案顺利通过国家文物局的批复。

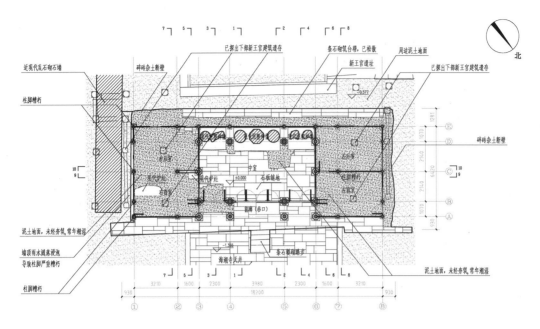

图9-7 海潮寺修缮设计阶段残损状况平面图

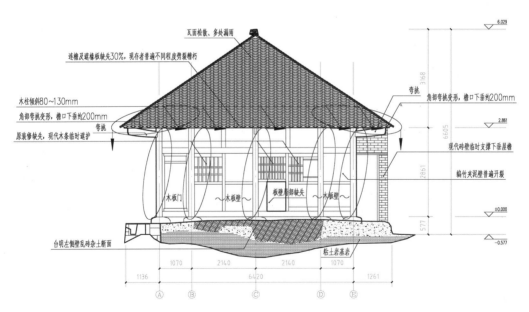

图9-8 海潮寺修缮设计阶段残损状况立面图

3. 修缮施工阶段

海潮寺作为当时准备申报世界遗产的"土司遗址"的遗产构成之一,2014年9月中旬将接受世界遗产国际专家现场考察。而在2014年7月10日,国家文物局组织相关领导、学者、机构对贵州海龙屯遗点进行国际专家现场考察前的检查时发现,由于不敢保证在国际专家现场考察前完成施工,以及担心在施工过程中对这个位于核心遗址区域唯一凸显的地面建筑修缮的

"度"难以把握，修过了或没修到位都无法交代，因此仅仅将屋顶原来用石棉瓦临时遮盖的部分换成与其他部分一致的小青瓦，整理了一下室内外杂物，便准备接受检查了。当时在场的国家文物局领导和专家们都很焦急，因为这样的处理方式没有解决海潮寺西南角檩条断裂的结构稳定性问题，是无法通过国际遗产专家的现场考察的，当即决定：海潮寺一定要按已获批准的修缮方案进行修缮，同时设计要全程跟随施工过程，以保证海潮寺修缮项目在国际遗产专家现场考察前按时保质地完成。

以上海潮寺项目在施工阶段采取设计方全程参与施工、所谓"一竿子插到底"的工作模式的背景情况。

海潮寺修缮工程由贵州祥和古建工程有限公司负责修缮施工，由河南东方文物建筑监理有限公司负责监理。总工期73天，于2014年7月1日开工，2014年9月11日竣工。除了后期扫尾工程外，设计人员全程参与了海潮寺修缮项目的施工过程。

施工在充分遵照设计要求的前提下，结合现场局部清理、拆解发现的新状况、新病害，在驻场设计人员的指导下进行了必要优化，贯彻真实性、可逆性、最小干预原则，确保了完整保存和延续文物价值特征、彻底消除文物病害和安全隐患的目的。

修缮项目分项实施表　　　　表9-1

项目	设计方案	实施方案
施工棚	搭建临时施工棚罩，清除室内杂物	较方案增加竹夹泥墙保护
台明及地面	由于时间紧迫及现场条件，台明不再进行考古清理，主要对边壁维修，室内地面保持现状	仍然对左侧室进行了考古清理，并在外檐下做了局部模拟展示。室内地面也进行了维修，正堂补配了缺失的石板，侧室地面三合土夯实。另外，清除杂土详勘后，将外檐台明宽度从方案的930毫米调整至1100毫米
柱础	无更换	根据清理杂土后的具体情况更换6个柱础
立柱	5根立柱柱脚糟朽需墩接	经现场杂土清理后，有13根立柱柱脚均糟朽需墩接
地脚	无更换	更换4根，剔补4根
弯挑	铅丝缠绕	施工前详勘发现其构件并未糟朽，下垂原因是后尾木楔遗失造成，因此在其后尾按弯挑超平的结果插入木楔即可
角梁	无措施	东北角梁两端糟朽，两侧加固，上端下部衬托，下端局部拼接

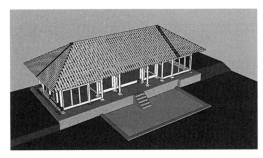

图9-9　海潮寺电子模型（蓝色是设计修缮部位，红色为实施修缮部位）

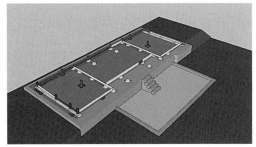

图9-10　实施方案立柱墩接数量的变化（蓝色是勘察设计阶段的方案中确定的5根需墩接的立柱，红色为实施方案中补充的8根需墩接的立柱）

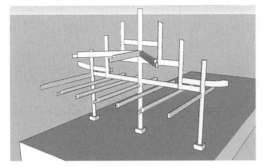

图9-11 施工前详细勘察梁架分解图

图9-12 施工前详细勘察弯挑分解图

图9-13 揭瓦亮椽

图9-14 补配椽皮、檩条并抄平调整对位安装

（a）千斤顶顶起屋架

（b）撬棍调正屋架

图9-15 打牮拨正由于檩条断裂而向南歪闪的西山屋架

图9-16 剔除墩接檐柱外侧糟朽部分

图9-17 随形墩接

图9-18 封檐板搭接

图9-19 修补地脚

图9-20 修补竹夹泥壁

图9-21 夯打室内三合土地面

2016年1月，海潮寺修缮项目按规定在竣工一年三个月后，顺利通过了由贵州省文物局组织的竣工验收。

（五）实施效果

1．价值信息保存与延续效果

海潮寺修缮项目严格遵守文物保护原则，在"最小干预现状、最大化保存历史信息"方面表现突出。

图9-22 2016年1月3日现场验收时合影

施工过程中，设计人员随时对施工资料整理采集、竣工图纸绘制提出相应要求，并通过电子模型对海潮寺施工进行了构件化管理以及固定位置的图像采集等工作，使海潮寺修缮工程留下了施工前后系列图像，及包括施工棚图纸在内的一套完整的竣工资料，成为其历史信息保存的重要构成部分。

2. 安全隐患消除与文物风貌彰显效果

修缮前的海潮寺,不但存在结构隐患和各类病害,且原有的历史风貌也有一定的破坏,多处用塑料布遮风、石棉瓦挡雨,影响了整体风貌。修缮后的海潮寺建筑,不但恢复了结构稳定、消除了病害及其导致因素,还恢复了文物应有的历史风貌。编竹夹泥壁、弯挑等具有特色的传统构件通过施工中的保护基本未干预地保存下来,缺失的槅扇门窗、木板壁等采取最小干预和可识别的方式进行了补配,题记、彩画等展现历史沧桑的痕迹也得以保留、保护,建筑整体呈现着历经岁月沧桑与历代修补延续的历史感,置于"新王宫"遗址台基参差的"废墟"场景中央,呈现出独具特色的空间场所精神。

图9-23　更换西南侧断裂檩条前后

图9-24　海潮寺东侧通脊立柱墩接前后对比(经与考古专业人员协商同意,该柱础更换为海潮寺东围墙出土的原"新王宫"的柱础,体现了海潮寺历代"旧料新用"的建造特点)

图9-25　海潮寺台明修缮前后对比

图9-26　海潮寺西山面修缮前后对比

图9-27　海潮寺东山面修缮前后对比

图9-28　海潮寺正面修缮前后对比

图9-29 海潮寺背面修缮前后对比

3. 助力申遗成功效果

2013年国家文物局确定"土司遗址"作为中国2015年向世界文化遗产委员会申报项目,"贵州播州海龙屯遗址"是"土司遗址"三个并列项目之一,包括海潮寺修缮在内的申遗前准备工作,在2014年9月接受世界遗产委员会国际古迹遗址理事会专家的现场考察前完成。2015年7月4日,第39届世界遗产大会将"贵州播州海龙屯遗址"与"湖南永顺老司城遗址""湖北唐崖土司城遗址"共同作为"土司遗址"列入《世界遗产名录》,海潮寺作为"贵州播州海龙屯遗址"的遗产构成之一,也名列其中。

图9-30 2014年9月17日,联合国教科文组织世界遗产委员会专家现场考察

二、案例亮点

(一)亮点一:最小干预现状、最大化保存历史信息

在项目从立项、前期研究、勘察、方案设计、施工前详勘、施工直至竣工的全过程的各个环节,严格遵循《文物法》的文物保护原则,项目相关各方通力合作、统一思想,严格把控各个环节"最小干预""最大保存历史信息"的"度"。

勘察研究阶段,充分利用海潮寺修缮项目与海龙屯遗址考古工作同时进行的优势条件,通过对文献、碑碣、历史沿革等已有研究成果,了解海潮寺在特殊历史背景下的价值定位,结合现场勘测，获得海潮寺建造在"新王宫"于明末焚毁之后的建筑废墟之上、屡次重建、旧料新用、部分木材为当地不晚于乾隆时期才有使用的桑木等建造特点；在对建筑形制、材料、结构等方面的勘察、检测和分析的基础上，明确了残损情况及病害原因。

修缮设计阶段，以文物保护的"最小干预""尽可能多地保存历史信息""原形制、原结构、原材料、原工艺"的基本原则，确定了维修方案要点为：原址保护、保持木构件"旧料新用"的历史状态、维修加固台明、消除木构架局部变形状态、修补残损或缺失木构件、修补装修、屋面揭瓦等。

修缮施工阶段，施工前详细勘察并在坚持保护原则的前提下调整实施方案：海潮寺在施工前由设计方和施工方一起进行了施工前的详细勘察，深入调查了由于前期勘察条件限制而无法了解，以及隐蔽部位的残损情况。在此基础上，对方案进行了调整：比如前期勘察时地面杂土堆积，柱根和地栿情况无法调查，施工前详细勘察清除堆积的杂土后，发现除了方案中确定木柱柱根墩接的5根柱子外，还有8根柱子的柱根也已经糟朽，必须墩接；再如，海潮寺为四阿顶，四根通长的角梁直接从脊檩伸向屋面四角，施工前搭建脚手架后近距离详细勘察时发现因角梁断面过小，即使维修前瓦面残缺的情况下，已经出现了弯曲现象，因此，在方案中增加角梁补强的内容。在施工前详细勘察前，建立建筑电子模型，为详细勘察提供分类、编号、构件调查基础。在海潮寺位于相对高度约300米、建筑材料均需要人力肩挑背扛的情况下，搭建了在小环境变化无常的山区必备的施工棚，创造了海潮寺施工过程中良好的文物保护环境，尤其对室内84块竹夹泥墙在屋面揭顶后的保护至关重要，为坚持"最小干预"和"尽可能多地保存历史信息"提供保障。施工前对室内竹夹泥壁及佛像采取严格的保护措施，避免了这些部位在施工中的碰损、掉落的危险，也是在海潮寺施工中极为重要、尤为细致的保护工作。

1. 保留台明折角

由海潮寺的平面图可见，台明部分有一个折角，没有人知道到底是什么原因形成的。一般情况下，台明边界与柱网轴线应该是平行或垂直的关系，但因为这个折角的存在，既不是一个方方正正的台明，还造成了台明边界与柱网轴线的夹角。这种情况在施工过程中，如果不注意，很容易犯的错误就是将台明拉直，形成方方正正的"理想台明"，但从另一方面却违背了"最小干预"的原则。如果面对的修缮对象没有结构安全隐患，在没有充分依据的前提下，保持现状就是对"最小干预"原则的切实贯彻。

2. 佛像原状保存

海潮寺内现存佛像是民国时期重建后重塑的，雕塑的技法和形象都很难让人接受。在编制方案以及施工过程中，曾多次讨论是否重塑，但确实不知形象依据。另外，雕塑本身没有安全问题，而且雕像的存在也并不影响建筑结构安全以及其他保护措施的实施，因此决定保存现状。

看照片更能体会到坚持不重塑、不扰动、最小干预是一件很难的事情，但最终还是决定在施工前对其采取保护措施，坚决不扰动。

3. 竹夹泥壁的修补

竹夹泥壁在此次修缮项目中的定位是对有缺失和破损者进行补配和局部修补，保存良好的

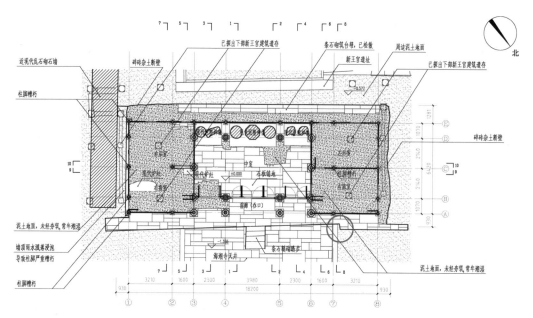

图9-31 现状平面图

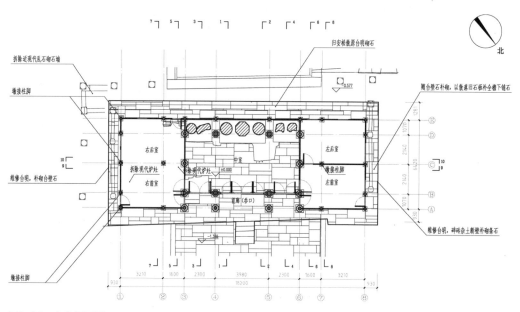

图9-32 方案平面图

则现状保护。从现场所见竹夹泥壁的保存状态来看，大部分保存良好。83块竹夹泥壁，维修前正立面21块：3块有字，分别写"海潮寺"；5块残损，其中2块有题字。背立面18块：4块有字，3块破损。东立面10块，其中3块破损大半。西立面8块，其中3块微损。内部有两榀屋架的隔墙上各有12块竹夹泥壁。共计81块。维修后正、背立面和东立面竹夹泥壁数量未变，修补残损；西立面增补2块，共计83块。

图9-33 施工中对佛像的保护

图9-34 室内竹夹泥壁施工前后（仅做除尘）

图9-35 有题记的竹夹泥壁修补前后

4. 角梁补强

海潮寺为四阿顶、直坡屋面，只有4根通长的角梁（长度约6.3米），从屋脊直通四角檐口，因此角梁的两端是最容易糟朽的部分。在搭建脚手架后、施工前详勘时，也确实发现4根角梁均存在梁头糟朽的现象，而且截面都过小（角梁断面尺寸100毫米×40毫米）。为了坚持"最小干预"原则，我们

图9-36 角梁上端补强

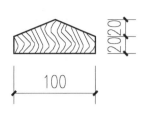

图9-37 角梁断面

图9-38 角梁下端补配

的处理方式是：原有角梁不动，在其上端、连接屋脊部分的底部增加补强构件；角梁下端屋檐部分，因糟朽较严重，在最大化保存原有角梁的前提下，进行了局部补配。

5．油饰的决策

油饰是中国古建筑修缮中最常见的修缮措施，但也是最容易"见新"的措施。油饰常常被认为是保护外檐木构件的措施，因此，一般情况下只要修缮就会油饰。这是个值得讨论的问题，有些省份为了回避木构件

图9-39 2014年9月17日世界遗产国际专家现场考察时的海潮寺

油饰见新的问题，会采取工程验收之后再进行油饰的方式，因为一旦油饰整个建筑就会"像新的一样"。

海潮寺没有油饰，除了对已损坏部分进行了墩接、剔补、修配等，没有对外檐进行油饰，也没有遍刷桐油，保持了最原始的状态。由于墩接、剔补和修配的材料与原材料的差别，使海潮寺刚竣工时新旧材料可识别性极强。这个效果给现场考察的国际专家留下了深刻印象。

6．考古模拟展示

由于考古方同在施工现场，海潮寺施工的同时，考古队进行室内外考古清理，施工队与考古方互相配合，实现了真实的遗址现场展示。红线内的遗址原来就在地面，与海潮寺台明阶条咬合存在，本次修缮中保持现

图9-40 地下遗址的地面展示

状。考古发掘显示,海潮寺台明范围内地下50厘米左右相应位置有地下铺装,项目按地下铺装规制在地面进行了模拟展示,红圈内的遗址使参观者同时得窥建筑地下难为人知的一面。

7. 其他局部修缮前后对比

图9-41 施工中对竹夹泥壁的保护　　　　　　图9-42 南立面东梢间修补前后

图9-43 抱框修补前后

图9-44 台阶修补前后

（二）亮点二：设计方全程参与施工过程的工作模式

勘察研究、施工前详勘，以及设计方参与整个施工过程中，与项目实施相关各方随时、直接、顺畅交流沟通的工作模式，使得工程相关各方在施工现场及时沟通协调，在严格遵照文物保护原则、贯彻保护理念方面达到高度统一，并通过施工前详勘、施工中隐蔽部位打开后对设计方案的及时准确的调整，为工程实施的顺利进行以及最大限度地坚持文物保护原则提供了保障，使得海潮寺修缮工程在短时间内优质、高效、顺利的完成，在海龙屯申报世界文化遗产关键时间节点与关键空间节点上提供了重要支持。其优势体现在：

首先，使工程相关各方可以实现实时现场洽商，不存在拖延时间和窝工现象，不仅保证了工期，而且节约了成本。更重要的是使海潮寺修缮工程在实现"最小干预现状、最大化保存历史信息"方面沟通及时、衔接顺畅、配合到位，效果突出。

其次，因设计方直接参与施工过程，故对隐蔽部位的病害判断准确、方案更具针对性。在完成脚手架搭建，隐蔽部位打开后，设计方在现场对海潮寺建筑有了进一步的了解，并建立电子模型，对海潮寺进行了全面的、详细的施工前详勘工作，对在设计方案阶段没有条件勘察的部位进行了补充勘察评估，及时准确地调整了设计方案。

再次，在工程档案的保留方面，设计方在施工过程中，一边施工一边及时对已完成的隐蔽部位的子项进行验收，并按要求绘制相应竣工图，使海潮寺维修项目获得了一份从勘察设计方案、施工过程记录到工程竣工的完整的工程档案，为海潮寺维修工程报告的编写提供了

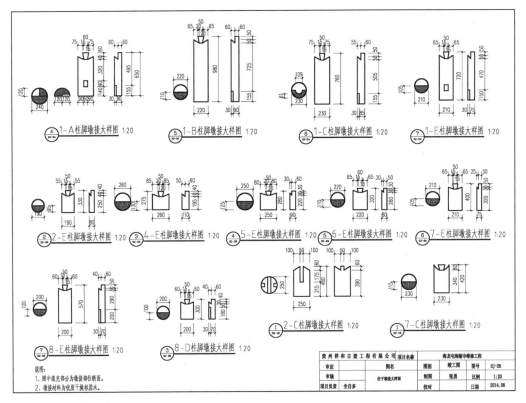

图9-45 立柱墩接竣工图

图9-46 立柱墩接及壁板补配

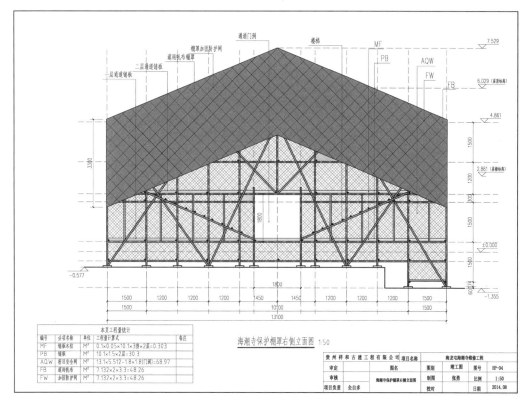

图9-47 施工棚设计图

基础资料。

最后,留取影像资料方面,在设计方的指导下,海潮寺项目采取了在固定位置、固定角度,甚至固定时间留取施工影像资料的方法,记录了海潮寺在施工前、中、后的系列图像,形成了一套真实、完整的施工过程影像资料。

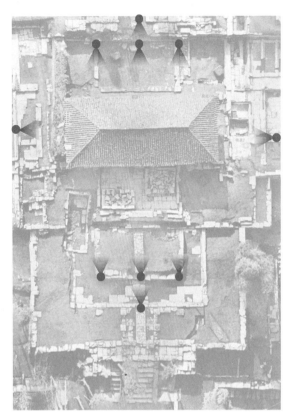

图9-48 定点拍摄布位图1(远距离、外部)

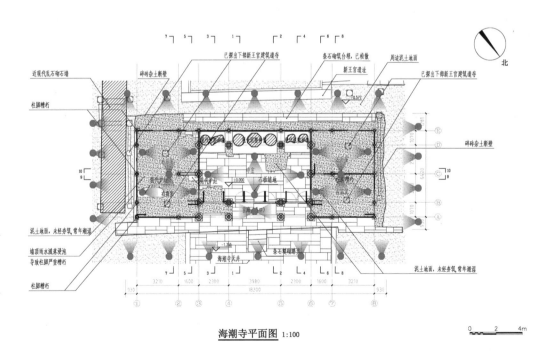

海潮寺平面图 1:100

图9-49 定点拍摄布位图2(近距离、内部)

图9-50 海潮寺西立面施工过程中每天定点拍摄的照片集成（7月21日至8月20日，前9张为7月21日至8月1日搭建施工棚时的逐天拍摄；后3张为8月18至20日拆除施工棚后上瓦的逐天拍摄。图中除第一行右图、第二行左、中图为施工单位拍摄外，其他均为设计驻场人员拍摄。可见不同人员拍摄的角度不同，不同时间段拍摄的效果不同）

图纸会审和技术交底由业主、设计、施工、监理单位四方进行。为配合申遗工作，贵州省组织各个相关部门组成"海龙屯世界文化遗产申遗领导办公室"，对海龙屯申遗项目进行管理和监督。海龙屯遗址考古、遗址保护与展示、环境整治、监测系统、基础设施等项目互相配合、同时进行，在实施过程中，不仅有本项目涉及的业主、设计、施工、监理等四方单位，还有其他项目之间的配合，以及"海龙屯世界文化遗产申遗领导办公室"的有效领导和管理。

（三）亮点三：促成显著的积极社会效应

海潮寺修缮工程在实施过程中，在正确的保护原则和思路指导下，形成一套具有地方特色的古建筑保护方法，成为贵州文物建筑保护示范项目，而且有条件扩大推广范围。

海潮寺修缮项目代表了我国大部分古建筑修缮项目的现状方法，是一个非常平实的文物保护项目。它没有采用高精尖端的技术手段，也没有运用特殊的保护技术和新型材料，海潮寺修

图9-51 2017年贵州省文物保护技术培训班

缮项目能够获得优秀工程的核心是：项目实施相关各方齐心协力、目标一致、共同坚持每个环节都严格遵守最小干预、真实性的文物保护原则，最终完成了一个文物建筑修缮应该有的保护效果，以及留取了一套可靠完整的修缮资料。施工前后外观保持原貌、通过项目实施排除建筑安全隐患的优质项目。

海潮寺修缮项目除了项目地点位于相对高度为300米、没有机动车道可达的山腰之上而增加了施工难度外，既没有非常复杂的技术难度，也没有运用高精尖段的先进手段，它就是在整个过程中老老实实按最小干预、真实性等的文物保护原则把控好每一关，最终完成了一个文物建筑修缮应该有的保护效果，以及留取了一套可靠完整的修缮资料，是施工前后外观保持原貌，通过项目实施排除了建筑安全隐患的一个较为成功的项目。

海潮寺修缮项目因为特殊原因，采取了设计人员的全程介入施工过程的"一竿子插到底"的工作模式，使得在施工过程中建立电子模型对建筑进行构件化管理、固定地点拍摄施工过程图像、搭建一个揭顶之后能有效保护室内文物的全覆盖施工棚等工作，在施工过程中得以实现，同时，项目相关各方互相提醒和监督，自始至终坚持非结构问题绝不更多扰动的"最小干预"和保持真实性的文物保护基本原则，这些都对海潮寺修缮项目在实施过程中对价值信息的保护、彰显，以及维修资料的留取的真实性和完整性起到了关键作用。

海潮寺修缮项目本身并不特殊，但由于在实施过程中，相关各方尤其是设计方和施工方的密切配合，不仅获得了较好实施效果，而且还留下一份提供进一步研究、可靠完整的修缮资料。

海潮寺修缮项目所呈现的保护效果，以及在过程中稍加留意而留取的可靠完整的修缮资料，正是当下文物保护工作最重视但又是最缺乏的。海潮寺修缮项目经验提供了一些可以借鉴、便于实现的思路和方法。

专家点评

这个项目的入围并不是因为其身份是世界文化遗产。这个项目看起来非常简陋，进深仅六步架，没有斗栱、彩绘，小青瓦覆顶，像一座民间到处可见的简陋棚子。但是这个项目最大的亮点是设计者全程跟踪服务。设计者在工程过程中深入工地，对揭露的现象进行认真研究，调整、完善自己的设计。设计者与施工者之间建立起了紧密、协调的工作关系，工程中发现问题立刻共同研究解决，保证了项目质量。设计者主动承担起了指导施工队伍科学编制施工档案的义务，使这一项目的工程档案做得非常具体、精细。工程的竣工图是据实测量的，与工程设计图之间的诸多细小误差真实地说明了文物建筑保护工程的特征，记载了这一工程的技术信息。海潮寺的竣工资料是比较完善的，这和设计者全程的介入和指导密不可分。

业主单位：遵义海龙屯文化遗产管理局

设计单位：中国文化遗产研究院

施工单位：贵州祥和古建工程有限公司

监理单位：河南东方文物建筑监理有限公司

案例编写人员：查群

10

上海武康路100弄1-4号文物建筑修缮项目

一、案例概况

（一）保护对象基本情况概要

1. 简介

武康路100弄1-4号文物建筑修缮工程项目位于上海市徐汇区，地处衡山路—复兴路历史文化风貌区内。项目占地2450平方米，总建筑面积2114平方米，共两幢三层毗连式砖木结构的花园洋房。2017年，建筑被列为徐汇区文物保护点。

武康路100弄文物建筑建于1918年，地处上海市衡山路—复兴路历史文化风貌区的西段核心区域，毗邻上海图书馆、上海话剧艺术中心、上海音乐学院、上海戏剧学院，东西方文化交融的人文艺术气息浓厚。文物建筑原为美商德士古石油公司高级职员公寓，解放后由上海市委机关统一安排使用。本次修缮前，该处住宅由于"七十二家房客"（上海里弄住宅内居住人数严重超负荷，建筑内搭建严重，拥挤杂乱的使用状态）的使用，搭建严重，拥挤杂乱，年久失修。

2. 核心价值

武康路100弄文物建筑至今已逾百年，是近代上海典型的英式风格花园洋房。建筑的比例适宜、装饰精美，尤其材料的选用极其考究，具有较高的艺术审美价值。卵石墙面与清水混凝土结合、水刷石装饰细部搭配雕花木质敞廊、灰色菱形瓦上点缀精巧的烟囱。建筑的艺术价值是其核心保护价值。

3. 保护历程

2016年，上海衡复投资发展有限公司完成了武康路100弄文物建筑的征收，并开展了文物建筑保护、修缮及利用的工作。

2016年5月，同济大学建设工程抗震鉴定委员会对武康路100弄1-4号楼进行了房屋安全及抗震性能的检测，并出具了文物勘察报告及抗震鉴定报告。

至2016年8月，上海明悦建筑设计事务所完成了文物建筑的修缮设计工作，并在2016年9月获得文物部门的批复。

武康路100弄文物建筑修缮工程由上海徐房建筑实业公司负责修缮施工，由上海思费科工程管理有限公司负责监理。本项目总工期414天，于2016年11月23日开工，2018年1月11日竣工。

工程经施工单位、设计单位、监理单位与建设单位共同验收，修缮施工恢复了建筑外立面及室内重点保护部位的历史风貌，满足文物修缮真实性、完整性的要求，还原

图10-1　武康路100弄修缮前照片1
（来源：陈柏熔 摄）

场所的历史感，顺利通过了文物部门的竣工验收。

（二）项目背景

1．文物本体的保存状况

武康路100弄文物本体外立面后期经过粉刷整修，但风貌保存较好；平面布局基本保存完整，局部有改扩建；门、窗、装饰细部等有多处留存，多数陈旧破损。

文物本体保留原有主楼梯间空间，主楼梯形式独特，装饰精美，空间完整，整体保存较好；花园入口形式美观，清水红砖门拱，木搁栅顶面，入口木门，极具特色且保存较完整；南侧敞廊形式优美，木柱、木栏杆，清水红砖门拱，入口木门，特色鲜明。

图10-2　武康路100弄修缮前照片2　图10-3　武康路100弄修缮前照片3
（来源：陈柏熔 摄）　　　　　　（来源：陈柏熔 摄）

2．尚待解决的问题

本次修缮前，建筑由"七十二家房客"使用，搭建严重，拥挤杂乱，年久失修；门、窗、装饰细节等有多处留存，多数陈旧破损，建筑风貌缺失。建筑现有南北两个花园，花园现状景观、绿化、流线、功能都缺乏组织。

根据同济大学建设工程抗震鉴定委员会编制的《武康路100弄1-4号房屋抗震鉴定报告》，武康路100弄1-4号两幢房屋损伤主要为：墙体渗水、发霉，木楼梯与墙体脱开，墙体风化，外墙粉刷脱落，隔墙开裂，女儿墙开裂，屋檐处墙体开裂，局部门窗洞口墙体开裂。

3．立项目的

武康路100弄蕴藏丰富的文化内涵和厚重的历史传承，是弥足珍贵的文化资源与精神财富。本项目立志于恢复建筑历史艺术价值，提升城市文化品质，塑造城市场所精神，并获得良好的经济、社会效益。

（三）工程目标

本项目主要内容为建筑历史风貌的恢复、文物价值的提升，主要包含建筑外立面和室内重点保护部位的修缮及历史环境的还原。保留建筑现存历史原物，恢复外立面和室内重点保护部位的历史特征，展现其历史的沉淀、建筑的艺术；整理南、北庭院空间，还原建筑原有的花园环境，营造舒适的空间体验。

（四）实施过程

1. 前期勘察阶段

前期勘察阶段，由设计单位上海明悦建筑设计事务所完成了建筑历史资料的收集、研究工作，包括历史信息收集、历史照片收集等；设计单位配合同济大学，采用各种现代技术完成了建筑现状的各项检测工作，包括清水砖墙含水率检测、砖墙表面粉化程度检测、清水砖墙含盐量检测、卵石墙面材料分析、石灰砂浆组分检测等；由设计单位完成了建筑立面、室内的完整三维扫描等基础工作；由同济大学建设工程抗震鉴定委员会对武康路100弄完成了房屋安全及抗震性能的检测。

图10-4　武康路100弄历史照片1
（来源：上海市测绘院提供）

图10-5　武康路100弄历史照片2（来源：virtualshanghai网站）

2. 修缮设计阶段

2016年8月，上海明悦建筑设计事务所完成了文物建筑的修缮设计工作，设计单位以细致的现场分析调查为依据，确定现状建筑的历史材质；以翔实的历史调查资料为基础，确定总体建筑的历史规模；以全面的建筑特征调查为前提，修复损毁部分的历史原貌；以严谨的年代特征分析为佐证，恢复建筑的历史原状原貌。设计采用BIM的绘图方式，结合点云模型，大幅度减少施工阶段的现场问题，并使得修缮效果在设计阶段真实可见。2016年9月，本项目获得了文物部门的批复。

10 上海武康路100弄1-4号文物建筑修缮项目

图10-6 武康路100弄立面设计草图（来源：上海明悦建筑设计事务所提供）

3. 修缮施工阶段

武康路100弄文物建筑修缮工程由上海徐房建筑实业公司负责修缮施工，由上海思费科工程管理有限公司负责监理。本项目总工期414天，于2016年11月23日开工，2018年1月11日竣工。

施工严格按照设计要求施工，贯彻了真实性、可逆性、最小干预的修缮原则，并采取了原物尽量保留、小样严格控制、专家过程参与的方式确保了最终的修缮效果。2018年4月，工程经

图10-7 武康路100弄施工过程照片1（来源：陈柏熔 摄）

图10-8 武康路100弄施工过程照片2（来源：陈柏熔 摄）

施工单位、设计单位、监理单位与建设单位的初验,顺利通过了文物部门的竣工验收。

(五)实施效果

1. 文物风貌保护效果

修缮前的武康路100弄文物建筑,原有历史风貌缺失,破损严重。修缮后的武康路100弄建筑恢复了原有的历史风貌。建筑墙面黄褐色的卵石饰面、砌筑精美的清水砖墙门窗套装饰、水刷石勒脚、铁质通风口、木质敞廊及其装饰线条、木柱、石质柱础、木梁柱上的固定铁件、木质屋架、山花处的露木结构、条石台阶、尖拱形老虎窗、扁券大窗、圆券窄窗、青石窗台、菱形平瓦屋面、高耸的壁炉烟囱等室外特色的传统工艺、历史材质、沧桑痕迹得以全面修复或恢复。建筑恢复历史风貌的同时,保留了岁月洗礼的历史感,具有独特的艺术审美,是文物建筑修缮工程的良好范例。

2. 合理利用效果

合理的活化利用与公众开放能够提升文物建筑的价值。修缮后的武康路100弄文物建筑,作为一处城市精品民宿酒店和独具魅力的城市公共空间向社会开放。文物建筑的历史风貌、艺术审美与最时尚、最前沿、最具活力的城市生活相结合,形成了上海地区独有的历史文化特色酒店空间。武康路100弄文物建筑的利用复兴了区域的城市功能,展现城市文物建筑的景观价值和建筑历史艺术价值,是文物建筑活化利用的良好范例。

图10-9 武康路100弄修缮后照片
(来源:王红彬 摄)

二、案例亮点

(一)亮点一:文物修缮的真实性

1. 文物修缮的真实性问题

真实性,是指文物古迹本身的材料、工艺、设计及其环境和它所反映的历史、文化、社会等相关信息的真实性。对文物古迹的保护就是保护这些信息及其来源的真实性。

在文物建筑保护修缮工程中,真实性的修缮原则始终是最重要也是最复杂的问题。对于缺失细部的恢复、破旧损坏材料的处理及新加内容的形式等问题上,都会遇到真实性与修缮效果兼顾的问题,往往破坏历史材料的真实质感与历史痕迹、新加构件与真实的历史原物相互混淆,又或者过分强调新加干预的可识别性而影响修缮的整体性与美感。

武康路100弄修缮工程的修缮过程中，遇到了相同的问题。在建筑百年的使用过程中，建筑的原有风貌在历年的使用过程中慢慢改变，逐渐消失；原有的历史材料风化、破损；原有的环境搭建严重。如何真实地恢复建筑历史原貌，是需要面对的问题。

2. 认真研究历史照片，确保修复依据的可靠、准确

为确保恢复文物建筑的历史原貌，对建筑的历史照片进行了细致的研究，并对建筑现状进行比对，明确了建筑的历史原状。从历史照片中，确认了原有菱形瓦屋面、原有鹅卵石外墙、原有木构外敞廊的形式，原有烟囱的样式等现状缺失或改变的原有细部，并以此作为修缮的依据。

图10-10　武康路100弄历史照片3
（来源：virtualshanghai网站）

图10-11　武康路100弄历史照片4
（来源：virtualshanghai网站）

3. 保留历史原有构件、材料的真实质感，新加构件整体协调并可以识别

文物建筑保留的历史原物，是建筑价值最重要的物质载体。在武康路100弄文物建筑保护修缮中，尽可能地保留所有的历史原物，并保留了历史原物真实的状态。

根据历史照片及现状照片，武康路100弄建筑原有东立面、西立面、北立面及南立面局部为鹅卵石墙面设计。在历年的使用过程中，大量鹅卵石剥落，仅西立面保留较好。在历次的修缮中，出于经费及技术的限制，采用拉毛粉刷的材质替换了鹅卵石墙面，西立面成了仅存的鹅卵石墙面，但西立面墙面也才用了涂料覆盖的修缮方式。

本次修缮设计中，我们尽可能地保留了原有鹅卵石墙面，采用反复冲洗、清洁的方式，去除了表面的涂料覆盖，恢复了鹅卵石墙面的原有风貌及原有质感。其他立面的鹅卵石墙面已经被改为拉毛粉刷墙面，本次修缮采用新做鹅卵石墙面的方式，其级配、颜色及大小参考保留墙

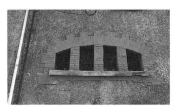
图10-12　卵石墙修缮前
（来源：陈柏熔 摄）

图10-13　卵石墙修缮后
（来源：王红彬 摄）

图10-14　新做卵石墙
（来源：王红彬 摄）

面，质地更为细腻，石材密度也比保留墙面较大，显得更为饱满。为保证修缮效果，鹅卵石多次制作小样，最终实现了原有鹅卵石墙面与新做鹅卵石墙面远看整体协调，近看可以识别的修缮效果。

建筑细部装饰及南立面主要墙面为清水砖墙。修缮前，清水砖墙风化、破损较为严重，强度也下降很多，并有多处涂料覆盖。在本次修缮中，我们保留所有的原有清水砖墙。为了保留砖墙的真实质感，我们尽可能保留了砖墙风化、破损的痕迹，并施涂增强剂，提升砖墙的强度，防止砖墙的进一步破损。对于风化特别严重，甚至影响墙体安全的红砖，我们采用新砖替换的方式修缮。对于替换的新砖，我们特别在砖表面采用凿毛的手法，经凿毛处理的新砖与原有砖墙可以

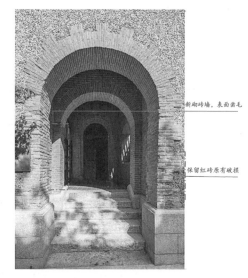

图10-15 清水砖砌修缮后（来源：王红彬 摄）

更好地协调，凿毛的肌理与原有砖墙自然风化的肌理也有适当的差距，替换的新砖也清晰可辨。

根据历史照片，南立面原设计为外敞廊，曾经建筑被"七十二家房客"使用的过程中，外敞廊被逐渐封堵，构件缺损严重。

本次修缮设计仔细研究了建筑的历史照片，并和现状保留的木构件进行了细致的比较、测绘，恢复了外敞廊的历史原状。为了保留木构件的原有质感，形成建筑的历史感，本次修缮去除了原有木构件的表面漆，露出木构件原有的纹理，甚至保留木材的部分钉眼、细微破损与表面斑驳。为避免木材的进一步破坏，我们在木材表面施涂透明的防紫外线保护剂。按此方式修缮的木构件保留了岁月洗礼的斑驳痕迹，也显露木材原有的纹理，提升了建筑整体的历史感。对于新恢复的雕花木构件，本次修缮在木材质感上精心调整，整体协调的同时，在颜色、纹理上与原有构件形成差异。

建筑窗台、台阶等细部采用石材材质。建筑保留的石材早已风化、破损。本次修缮却没有对风化的石材构件进行替换，而是保留了石材的历史质感，保持石材岁月洗礼的痕迹，仅对石材进行强度的增强。修缮后的石材构件充分保留其真实的材质与年代感，充满了"古

图10-16 木构件修缮后1
（来源：王红彬 摄）

图10-17 木构件修缮后2
（来源：王红彬 摄）

锈"般的美感。

室内保留的历史原物主要为原有木楼梯，木楼梯构件经历近百年的使用，破损较为严重，在岁月的洗礼中，许多装饰物也被拆除、替换。1号楼内木楼梯装饰保留较好，其他建筑内楼梯栏杆等装饰都遗失不见。

本次修缮设计中，我们保留了木楼梯的历史原有构件，对于木构件的材质，也采用了去除原有表面漆的方式，显露木构件原有的木纹及肌理，并保留细微的开

图10-18　保留石材窗台
（来源：王红彬　摄）

图10-19　保留石材台阶
（来源：王红彬　摄）

裂、破损的痕迹。对于破损严重的构件，出于安全考虑，采用了替换的方式，对于缺失的装饰构件，本次修缮也依照保留的装饰构件进行恢复，从而恢复了木楼梯的整体风貌。恢复或替换的木构件，在表面处理时，采用更深的半透明表层，从而使得新加构件在颜色上与历史构件有所区别，确保整体协调的同时，新加干预的可识别。

图10-20　木楼梯修缮前
（来源：陈柏熔　摄）

图10-21　木楼梯修缮过程1（来源：陈柏熔　摄）

图10-22　木楼梯修缮过程2（来源：王红彬　摄）

图10-23　木楼梯修缮后
（来源：王红彬　摄）

4. 新设计内容采用可识别的设计，同时与历史建筑协调

建筑的原有设计功能为住宅，本次修缮设计功能为精品酒店。出于使用的需求，本次修缮设计需要部分新加的设计内容。为体现修缮设计的真实性，我们尽量减少新加的设计内容，并且新加设计采用可识别的设计，同时与历史建筑协调。

建筑的外敞廊是其特色的风貌特征，但出于功能使用的需求，部分外廊需要封堵。外廊的封堵我们采用钢落地窗的设计。钢窗是上海近代的传统材料，因此采用拱券钢窗的设计能够与

历史建筑风貌协调，但其形式在文物建筑中是可识别的，为进一步与历史原有设计形成差异，我们特别采用纤细的构件尺寸体现时代性。武康路100弄文物建筑共有两幢，建筑相邻的部门设计为出入口，为此需要新加入口台阶。入口台阶我们采用水磨石的设计，水磨石同样是上海近代的传统材料，与历史风貌协调。形式上，我们采用现代的方式，与历史风貌形成差异。入口处有一株现存的乔

图10-24 外敞廊新加封堵
（来源：王红彬 摄）

图10-25 入口新加台阶
（来源：王红彬 摄）

木，故新加台阶与现场乔木相互协调，保留了原有环境的年代感。

（二）亮点二：采用现代材料检测技术

1. 现代材料检测技术相关问题

文物建筑修缮工程的难点来源于其现状问题的复杂性。建筑材料破损、强度等各项指标的掌握对修缮工程具有重要的意义。为准确掌握建筑现状，我们联合同济大学，采用了许多现代的材料检测技术，包括墙面砖强度、内部缺陷检测、墙表面粉化程度检测、砌体含水率检测、砌体表面盐分含量检测、卵石饰面材料检测、墙面灰缝材料检测等。

2. 微波法测定墙体砖湿度

（1）概述

利用德国HF SENSOR手持式微波湿度检测系统对武康路100弄建筑进行无损检测诊断，测定墙体不同高度、深度的含水率。

（2）测试步骤

①选取样板段墙面，进行含水率检测。

②测试点选取：要求表面平整，无明显凹凸不平。

③测试点清洁：对刷子等工具对测试点进行简单清洁。

④测量及记录：墙体测量高度依据实际墙体高度而定，测量深度为3厘米、7厘米。

（3）结论

墙体3厘米左右深度的湿度分布没有完全的规则性，以点状分布；总的湿度值从低到高逐渐变大；7厘米的湿度值随着高度的变高，逐渐变小。

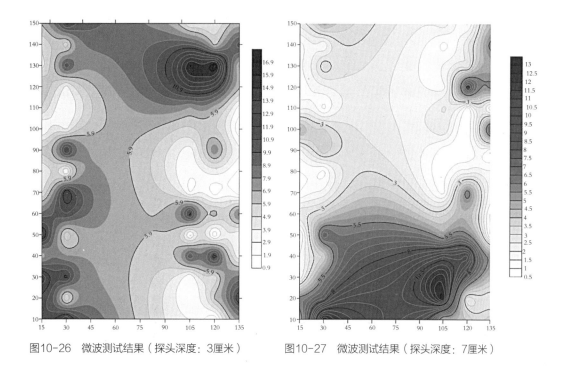

图10-26 微波测试结果（探头深度：3厘米）　　图10-27 微波测试结果（探头深度：7厘米）

3. 毛细吸水实验

（1）概述

为了判断墙体面层的吸水情况，我们在现场选取了三个实验点进行粉化度及毛细吸水的测试。检测方式为在现场采用卡斯特瓶法对墙体进行毛细吸水检测，确定墙体吸水性能，判断墙体强度。

（2）测试步骤

①选取具有代表性的墙面。

②清洁所选取测试位置。

③测试所选取测试位置的毛细吸水量。

④计算毛细吸水率系数。

（3）结论

武康路100弄建筑墙体砖表面1号和2号测试点，毛细吸水系数较大，防水能力差。

图10-28 现场实验照片

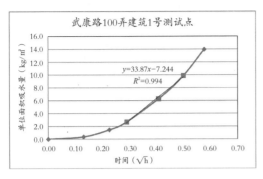
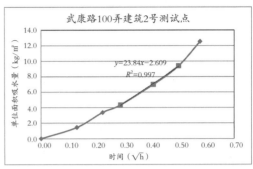

图10-29 毛细吸水实验结果

4．砖墙表面超声波测试

（1）概述

本次现场根据砖墙的风化程度取样，在砖面上取一个超声波发射端、一个超声波接收端，用来检测砖表面6毫米深度的受损情况。砖的超声波速可以作为反映砖表面受损程度的一个参考标准，波速相对低的砖被侵蚀的较为严重。

（a）1类为表面有白色涂料，且完好

（b）2类为表面完好

（c）3类为表面轻微粉化

（d）4类为破损严重

（e）5类为表面已用砖粉修补

图10-30 测试取样图

（2）测试结果

武康路100弄墙体砖超声波速测试结果　　　　　　表10-1

类型	距离（mm）	超声波速（m/s）		距离（mm）	超声波速（m/s）		衰减比例
1类	200	1019	1023	200	1432	1431	0%
2类	200	1070	1069	200	1252	1229	12%
3类	200	999	1016	200	1034	1034	30%
4类	140	754	714	140	476	475	67%
5类	200	1052	1052	200	823	818	43%

（3）结论

每一类别2块砖，测量数据并记录。根据上表可以看出，从1类到4类砖中，随着风化程度的加重，其超声波速是有逐步降低趋势的。5类砖已采用粉修复，但是测出的数据却不显著，说明砖粉与原来的砖粘结不紧密，或是砖内部仍存在裂隙。

5．溶盐含量检测

（1）概述

本次水溶盐检测利用瑞士万通（Swiss Metrohm）883离子色谱仪根据离子交换原理，借物质在离子交换柱上迁移的差异而分离物质，以电化学或光学检测器检测。本次现场共取水溶盐样品2个，取样方式为在砖体上刮出粉末取样，测定墙体含盐量。

（2）检测步骤

①取样取墙面表层约5毫米的粉末样品。

②制备超存水。

③研磨将取好的样品在研钵中研磨至粉末。

④烘干将研磨好的样品放入表面皿中，放入105℃烘箱中烘干。

⑤制样称量一定量的已烘干样品，倒入带盖小瓶中，并称量一定量的已制备好的超纯水，然后倒入瓶中。

⑥样品振荡将已经称量好的样品，放入振荡器上振荡8小时。

⑦过滤将已经振荡好的样品过滤，取滤液待用。

⑧检测使用瑞士万通（Swiss Metrohm）883离子色谱仪检测待测样品中离子含量。

⑨数据处理。

水溶性盐测试结果　　　　　　表10-2

样品编号	K^+	Ca^{2+}	Mg^{2+}	Cl^-	NO_3^-	SO_4^{2-}
IC-01	0.0278	0.0219	0.0191	0.0376	0.0334	0.0361
IC-02	0.0239	0.0180	0.0241	0.0326	0.0143	0.1526

（a）样品研磨

（b）样品烘干

（c）配样　　　　　（d）样品震荡　　　　　　　　（e）样品检测

图10-31　实验步骤

（3）结论

武康路100弄建筑的水溶盐含量不是很高，以氯盐为主，其中Cl^-以及IC-02的SO_4^{2-}的含量对比历史建筑材料中水溶盐危害程度的评价指标，处于中等污染程度，NO_3^-以及IC-01的SO_4^{2-}的含量处于轻微污染。阳离子含量虽没有评价指标，但是其含量也是不低的。氯盐、硫酸盐的来源主要是雨水，特别是大气污染物与雨水进入墙体导致，其次是后期修复有可能带入。硝酸盐可能与保护或使用过程不当有关。

6．卵石饰面材料分析

（1）概述

现场选取鹅卵石装饰面层样品，将样品分段统计不同颜色、不同粒径的数量、比例，测定鹅卵石级配，作为修缮施工的配比依据。

（2）测试结果

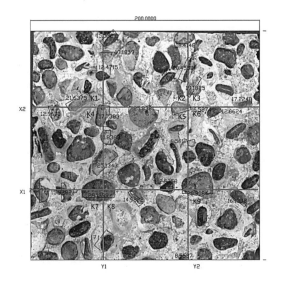

图10-32　鹅卵石卵石分布测量图

鹅卵石装饰面层WS-02卵石分布测量结果　　　　表10-3

	黑色卵石		灰白色卵石		黄色卵石		棕色卵石	
	个数	粒径（mm）	个数	粒径（mm）	个数	粒径（mm）	个数	粒径（mm）
Y1	4	17；28；12；15	2	25；13	2	18；12	—	—
Y2	2	11；27	4	20；19；6；9	2	18；16	—	—
X1	3	28；27；12	2	20；15	2	21；16	—	—
X2	2	12；17	3	13；21；18	1	16	1	26

（3）结论

从上述分析，得出石子色彩主要为40%黑色卵石+30%灰白色卵石+25%黄石卵石+5%棕色卵石（均为体积比）。黑色石子粒径25毫米以上占27%，15～25毫米占27%，余下为10～15毫米粒径黑色石子。灰白色石子粒径20毫米以上占36%，10～20毫米以上占45%，余下为小于10毫米粒径的灰白色石子。黄色石子均为10～20毫米粒径。棕色石子为20毫米以上粒径。

7. 鹅卵石底层灰浆组成分析

（1）概述

砂浆分析主要目的是应用定量的方法推测石灰砂浆中水硬性组分、石灰组分及骨料的比例，为修复材料选择提供科学依据。本次共取样不同部位的两个样品。

（2）检测步骤

①取样。

②选取待分析样品：选取具有代表性的样品。

③烘干：放入105℃烘箱中烘干。

④称重：称取一定量的烘干待测样品。

⑤酸化：用1:3的盐酸溶解称量的待测样品。

⑥抽滤：用真空泵将已溶解好的样品抽滤，抽完后，先用1:20的稀盐酸洗三遍，然后再用清水洗三遍。

⑦烘干：将抽滤好的样品放到105℃烘箱中烘干。

⑧碱化：将烘干后的样品，在烘箱中冷却至室温，然后加入一定量的饱和Na_2CO_3溶液，煮沸约一分钟，抽滤。

⑨烘干：将抽滤好的样品放到105℃烘箱中烘干。

⑩筛分：将烘干的样品冷却至室温，然后用不同规格的筛子，筛分骨料的粒径，然后称重。

（3）测试结果

砖墙水溶性盐测试结果　　表10-4

样品	M0	M1	M2	G	U	B1	B0	S1	S0
SF-01	16.70	7.82	6.78	59.41	51.99	0.68	0.92	6.23	10.48
SF-02	28.18	10.99	9.38	66.72	59.74	0.50	0.67	5.73	8.59

注：M0：所取样品烘干后的质量，g；M1：样品经酸化处理后烘干的质量，g；M2：样品经碱化处理烘干后的质量，g；G：现有胶粘剂含量，wt%；U：原始胶粘剂含量，wt%；B1：测定的灰砂比，1（灰）：B1（骨料）；B0：原始灰砂比，1（灰）：B0（骨料）；S1：胶粘剂中现有水硬性组分，wt%；S0：胶粘剂中原始水硬性组分，wt%。

（4）结论

从上述分析，卵石WS-01的底层砂浆SF-01为水硬性石灰砂浆，掺有少量纸筋灰和稻草，原始灰砂比约为1:1，骨料为粒径集中在0.25～1.0毫米的细砂，原始水硬性组分含量在10%左右；卵石WS-02的底层砂浆SF-02为水硬性石灰砂浆，原始灰砂比为3:2，纸筋灰含量较高，含少量细砂，原始水硬性组分约8%；两种砂浆为不同类型，用于不同的时期，后期样板修复

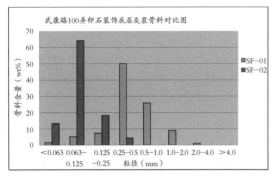

图10-33 卵石装饰底层灰浆骨料对比图

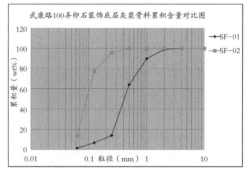

图10-34 卵石装饰底层灰浆骨料累积含量对比图

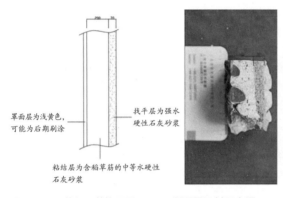

图10-35 鹅卵石装饰面层WS-01断面图及其示意图（结合组分分析结果）

图10-36 水刷石配方模拟样板（图10-26～图10-36来源：同济大学《武康路100弄建筑传统材料勘察检测报告》）

按照SF-01的配比，即40%纸筋灰+40%细砂+10%灰水泥+1%稻草。

8．根据卵石及砂浆分析制作样板

根据上述配方进行样板加工，在样板制作过程中调整配方，最终提供一块25厘米×40厘米的样板，复配样板达到了预期的效果。

（三）亮点三：多种方式的效果管控

1．采用三维扫描，全面了解建筑现状

为应对历史建筑现状的复杂性及准确控制修缮设计效果，设计采用FARO Focus3D三维激光扫描仪对建筑外立面及室内重点保护部位进行了三维激光扫描，并形成立面点云图。三维激光扫描图真实记录了建筑的现存状态，记录包含倾斜、变形、破损等重要信息，为修缮设计的准确及完整提供重要的帮助。

图10-37　武康路100弄三维扫描真彩图1

图10-38　武康路100弄三维扫描真彩图2

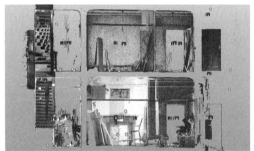

图10-39　武康路100弄三维扫描真彩图3

2. BIM体系施工图设计

为应对历史建筑沉降、倾斜、破损等问题的复杂性及全面把控设计效果，设计利用BIM体系，采用三维建模的手法进行施工图设计，真实再现了建筑的墙体、屋面、门窗等构件，绘制了屋面、地坪、墙面的构造做法。设计采用BIM的绘图方式，结合点云模型，大幅度减少施工阶段的现场问题，并使得修缮效果在设计阶段真实可见。

3. "样本制作要求"手册控制施工效果

为加强对施工效果的控制，设计要求所有的修缮做法均需要提供小样制作。为此，设计拟定了小样制作的计划，并编制了"样本制作要求"手册。手册中列举设计要求提供样板的清单、试样制作要求，施工应补充现场取样记录、现场取样材料分析、制作样板材料、制作样板对比及确定样板等信息。"样本制作要求"手册确保了修缮效

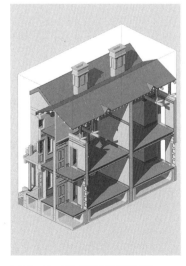

图10-40　BIM模型轴测剖切图

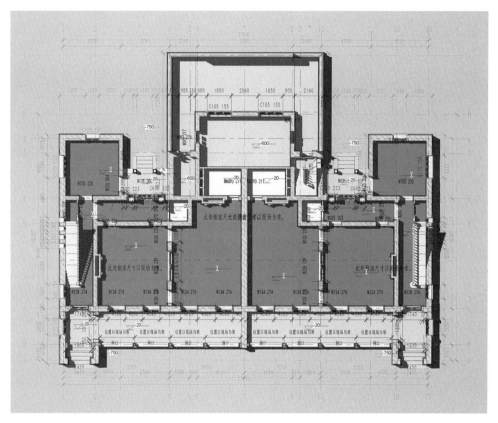

图10-41 BIM施工图平面图模型视图

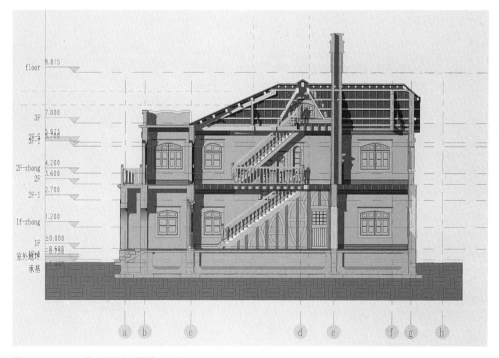

图10-42 BIM施工图剖面图模型视图

果的全面可控。需做小样的材质名单：

外立面材质：卵石墙面、清水红砖墙面、青石、水刷石、水泥面层、木构件、铁艺栏杆。

室内材质：纸筋灰、石膏线脚涂料、木楼梯、木门套、木天花线脚、木护墙群、木踢脚、水磨石地面、瓷砖、缸砖。

工作步骤	工作要求	工作照片	
1.样本确定	选取保存状况较好的水磨石地面，留样编号，并写明样本位置	样本照片	样本位置平面指示图
		样本位置照片	
2.材料分析	样本送实验室分析，分析内容包括骨料材料配比、颜色配比、规格大小等	电子显微镜照片	材料分析表格

工作步骤	工作要求	工作照片
3.试样制作设计要求	试样颜色、骨料颗粒大小宜与样本一致，试样倒角圆弧曲率宜与样本一致，试样表面呈亚光效果	
4.材料准备	A.准备若干直径约20cm，深约30cm的白色塑料桶盛放骨料 B.样桶上附标签，记录项目名称、时间、骨料名称、尺寸、颜色等（标签由设计出统一样式）	材料准备照片

工作步骤	工作要求	工作照片	
5.试样对比	A.参照步骤2中材料分析表，制作3个或以上试样，请业主和设计现场确认，若无满意效果的试样，择取其中最佳者，再做3个或以上与之细微差别的试样，直至出现效果符合样品 B.试样附录标签，记录试样制作时间、编号、材料配比、记录人等信息（标签由设计出统一样式）	样本照片	试样1照片
		试样2照片	试样3照片
6.对比结果	明确设计选定试样并记录	确定试样照片	
7.备注			

图10-43 小样控制要求表格（图10-37~图10-43来源：上海明悦建筑设计事务所提供）

专家点评

花园洋房是20世纪近现代建筑的代表，被徐汇区登记为不可移动文物。建筑的主要维修项目包括建筑外立面及室内重点部位的修缮，目的是要尽可能保留历史原物及外立面特征，及室内需要保护的重点部位的历史特征，整理南北庭院的空间，恢复建筑原有的景观环境等。

该设计施工的主要特征是借助了新的科学技术，包括三维扫描和BIM的信息系统，使得对建筑原状的记录和维修设计的科学性大大增强。另外，为了减少施工中可能出现的失误，在测绘阶段的点云现状能够真实再现修缮以后的效果。项目编制了样本制作要求的手册，要求所有修缮方法均要提供小样制作。

完成后的工程比较符合真实性、完整性、可识别的文物保护原则。另外，该建筑位于历史文化名城的历史风貌区，修缮效果充分考虑了该街区的历史风貌，对历史街区的塑造做出了贡献。

业主单位：上海衡复投资发展有限公司
设计单位：上海明悦建筑设计事务所有限公司
施工单位：上海徐房建筑实业公司
监理单位：上海思费科工程管理有限公司
案例编写人员：胡中杰

11

南京长江大桥公路桥维修文物保护项目

一、案例概况

（一）保护对象基本情况概要

1. 简介

南京长江大桥位于南京市鼓楼区下关和浦口区桥北之间，是长江上第一座由中国自行设计和建造的双层双向铁路、公路两用桥梁。大桥上层为双向四车道公路，下层为双向两车道铁路。南京长江大桥在中国桥梁史上具有极其重要的地位，它是20世纪60年代中国经济建设的最伟大成就，也是中国桥梁建设的最重要里程碑。

南京长江大桥于1960年正式开始建设，1968年9月，全长6772米的下层铁路桥通车运营；1968年12月，全长4589米的上层公路桥正式投入使用。南京长江大桥是新中国在极其困难的历史时期完成的一项伟大创举，在地质工程学、桥梁工程学、结构工程学、材料工程学、建筑学和艺术学等领域，都代表着中国当时的最高水平，具有极其重要的历史价值、科学价值、艺术价值和社会价值。2014年7月，南京长江大桥被原南京市文化广电新闻出版局公布为不可移动文物；2016年9月，南京长江大桥桥头堡入选首批中国20世纪建筑遗产；2018年1月，南京长江大桥入选第一批中国工业遗产保护名录。

（a）维修前的桥头堡　　　　　　　　（b）维修前的正桥

图11-1　维修前的南京长江大桥（来源：作者自摄）

南京长江大桥公路桥桥体由长1576米的公路正桥、长1766米的公路南引桥和长1247米的公路北引桥组成。南引桥中段岔设回龙桥，长约500米。公路正桥为钢桁梁桥结构，共有9墩10孔（1×128米+9×160米），由1孔128米简支钢桁梁和9孔跨度160米连续钢桁梁组成，北岸第一孔是128米外，其余9孔均为160米。南北公路引桥为钢筋混凝土T梁桥结构和双曲拱桥结构，回龙桥为双曲拱桥结构。南京长江大桥公路桥共有33孔双曲拱桥，其中北岸4孔，南岸18孔以及回龙桥11孔，每孔双曲拱的主拱圈由预制的钢筋混凝土构件和工地现浇的钢筋混凝土结合而成，即下层由预制的16根拱肋和15跨拱波拼成，拱波上表面浇筑6厘米的现浇钢筋混凝土面层。共有69孔T梁，其中北岸34孔，南岸35孔。南北大桥头堡为钢筋混凝土框架结构，各由两座塔楼和大厅组成。塔楼外立面饰面材料为米黄色水刷石和青灰色斩假石，塔楼总高超过70米，顶端是高约5米、长约8米、呈飞跃前进状的钢结构"三面红旗"。小桥头堡建筑位于大堡向引桥方向68.7米处。小堡凸出公路桥面的部分是约5米高的混凝土人像群雕，结构为钢筋混凝土空腹薄壁结构，每组混凝土群雕的重量为48～65吨。每座大堡塔楼共布置截面尺寸为50厘米×50厘米的立柱22根。大堡塔楼7层及以下的平面纵向分为6排钢架，间距均为3.4米；横向分为4排钢架，间距分别为3.0米、5.5米及3.0米。第8层及以上的平面纵向分为4排钢架，间距均为3.4米；横向分为2排钢架，间距为5.5米。顶层红旗层为钢桁架结构，红旗旗面为3毫米厚的钢板。

图11-2　维修前的南京长江大桥全景（来源：作者自摄）

2．核心价值

历史价值：南京长江大桥于1968年建成，是长江上第一座由新中国自主设计建造的双层双向公路、铁路两用桥。它的建成开创了中国"自力更生"建设大型桥梁的新纪元，被看作是"自力更生的典范"和"社会主义建设的伟大成就"，是中国人民的"骨气桥"和"争气桥"。在相当长的时间内，它都是新中国国家形象的代表，体现了20世纪五六十年代中国所倡导的社会群体价值取向和公共精神。其蕴藏了丰富的历史信息和生动的时代记忆，为世人提供了一段当时的社会剪影和历史实证。

科学价值：南京长江大桥是当时中国最大、最复杂的一座桥，代表着当时中国桥梁工程技术的最高水平。它的设计和建造，凝聚着中国桥梁建设者的智慧与哲思，其建设过程中所积累的工程技术经验对中国后来的桥梁设计和建设产生了深远的影响。它的建造成功，对研究深水急流中的桥梁基础设计与施工技术、大跨度钢梁的设计制造与架设技术、预应力钢筋混凝土T梁桥和双曲拱桥的设计与施工，以及桥梁施工机械的发展与制造，乃至类似特大型工程的科学组织与管理等，都具有重要意义。

艺术价值：南京长江大桥设计建造于特殊的历史时期，至今仍保留着明显的"红色符号"，如桥头雕塑、桥栏浮雕、桥身标语和工字堡等，从建造工艺、建筑形式到雕刻艺术都深深地打上了时代的烙印。南京长江大桥较多地传承了中国传统文化和传统造桥工艺，大部分的公路引桥采用的是极具中国特色的双曲拱桥形式，人行道两旁的白玉兰花形路灯也具有传统中国造型艺术风格。

社会价值：南京长江大桥是时代的象征，特定时期的重要精神堡垒，是南京乃至全国人民的集体记忆。它在无数从20世纪六七十年代走过来的社会民众心里留下了深深的烙印，是国家民族自信、人民奋发图强的实物表达。它见证了中国近现代铁路运输及铁路工业的发展历程和桥梁建设历程，在其数十年的使用过程中给南京市民乃至全国人民带来了诸多便利，在群众心目中占有重要地位，是勾起南京市民乃至全国人民"乡愁"的情感纽带。此外，南京长江大桥作为铁路、公路两用桥，是连接南京主城与江北的重要通道，也是华东地区铁路交通的命脉。

3. 保护历程

1960年，南京长江大桥正式开始建设。

1968年9月，全长6772米的下层铁路桥通车运营。

1968年12月，全长4589米的上层公路桥正式投入使用。

2014年7月，南京长江大桥被原南京市文化广电新闻出版局公布为不可移动文物。

2015年6月15日至2015年12月31日，南京市交通运输局委托中铁大桥（南京）桥隧诊治有限公司对南京长江大桥公路桥进行了全面的现状检测和状态评估。

2016年4月，南京长江大桥公路桥维修项目建议书获得国家发改委批复。同年7月，南京长江大桥公路桥维修项目可行性研究报告获得江苏省发改委批复。南京市公共工程建设中心组织设计单位正式启动方案编制工作。

2016年9月30日，《南京长江大桥公路桥维修文物保护设计方案》获得原南京市文化广电新闻出版局批复。随后，设计单位按照原南京市文化广电新闻出版局的意见对方案进行了修改和完善，并按照修改后的方案进行深化设计和修缮施工图设计。

2016年10月28日开工，建设单位为南京市公共工程建设中心，勘察设计单位为东南大学建筑学院/东南大学建筑设计研究院有限公司（文物保护工程勘察设计甲级资质），施工单位为江苏鸿基节能新技术股份有限公司（文物保护工程施工二级资质），监理单位为南京风景园林工程监理有限公司（文物保护工程监理乙级资质）。原计划工期为2016年10月至2018年12月共27个月，实际按计划工期完成。

2018年12月，南京长江大桥公路桥维修文物保护项目通过原南京市文化广电新闻出版局组织的竣工验收，获得验收专家的高度好评，一致认为南京长江大桥公路桥维修文物保护工程最大限度地保证了文物的真实性和完整性。

（二）项目背景

南京长江大桥是长江上第一座由中国自行设计和建造的双层双向铁路、公路两用桥梁，具有极其重要的历史价值、艺术价值、科学价值和社会价值。在长期的超载服役以及受其他环境、人为因素影响，使南京长江大桥公路桥桥体结构和大、小桥头堡都出现了明显的结构损伤和耐久性问题。为此，南京市交通运输局委托中铁大桥（南京）桥隧诊治有限公司对南京长江大桥公路桥进行了全面的现状检测和状态评估，检测时间从2015年6月15日至2015年12月31日，历时200天。结果显示，公路桥的整体保护状态和结构性能较差，迫切需要进行整体维修，以确保其使用安全和文物本体的安全。

2016年10月28日22时，在建成通车近50周年之际，南京长江大桥公路桥正式进入封闭维修

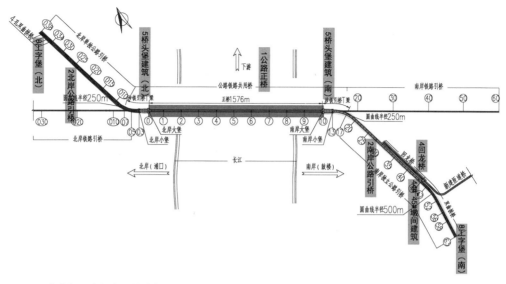

图11-3 南京长江大桥全桥总体布置图（来源：项目文物保护设计组制作）

期，总工期27个月。维修干预对象包括公路桥的所有组成部分：公路正桥、南北公路引桥、回龙桥、南北桥头堡建筑，以及路灯、栏杆、工字堡等。

（三）工程目标

工程性质：修缮工程。

实施对象：南京长江大桥公路桥。

修缮工程的范围：南京长江大桥公路桥的所有组成部分，具体包括：公路正桥、南北公路引桥、回龙桥、南北桥头堡建筑，以及路灯、栏杆、工字堡等。

工程目标：由于南京长江大桥的文物身份，本次维修不仅要实现公路桥作为桥梁的结构安全和耐久性加固的目标，同时还要遵守《中华人民共和国文物保护法》的要求和文物保护相关原则。应解决好桥梁加固与文物保护之间的矛盾，避免桥梁加固所产生的过度干预对文物风貌和文物价值造成的重大影响。修缮方案以"维持原设计荷载等级、保持原桥历史风貌、提高结构安全耐久性"为基本方针确立了严谨严格、具有高度可行性的修缮设计原则。

（四）实施过程

修缮保护工程的实施过程主要包括：基础理论研究、勘察检测评估、修缮方案设计、施工组织实施四个部分。翔实的基础理论研究与科学定量化的勘察检测评估结果为修缮保护工程提供了重要的理论依据。

1. 基础理论研究（2015年6月15日～2016年3月30日）

为了科学合理地对南京长江大桥公路桥进行结构加固和文物保护，文物保护设计项目组进行了大量翔实的基础工作。这些工作包括：研究原始设计图纸和竣工资料，分析大量历史图片，查阅大桥相关档案材料及其他历史文献和档案，采访咨询参与大桥设计和建造的建筑师、工程师和施工技术人员。根据上述基础研究成果，确定了本次文物保护设计工作的核心要求，即在严格遵循《中华人民共和国文物保护法》等相关法律法规的前提下，以提高大桥结构安全性和使用耐久性为主导进行修缮设计的同时，尽最大可能保留公路桥各组成部分的原始风貌。

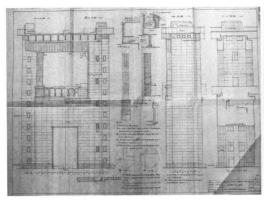 

（a）历史图纸　　　　　　　　　　（b）历史照片

图11-4　南京长江大桥的历史资料（来源：项目文物保护设计组整理）

2．勘察检测评估（2015年6月15日～2015年12月31日）

为准确了解南京长江大桥公路桥的残损病害及结构安全现状，为桥梁加固和文物保护提供科学依据，技术人员对南京长江大桥公路桥的主体部分进行了全面细致的检测勘察和结构分析，内容包括公路桥正桥结构、公路桥引桥结构（钢筋混凝土T梁桥部分和双曲拱桥部分）、回龙桥结构、桥头堡大堡主体结构、桥头堡小堡主体结构，以及栏杆、路灯等。详细勘察检测评估内容如下：

（1）公路桥正桥：现场检测勘察和结构计算分析显示，南京长江大桥公路桥正桥的钢桁梁结构安全性满足承载力设计要求，但桥面板存在多处网状裂缝和横向裂缝，桥面板的混凝土剥落对列车的通行安全造成严重威胁；正桥钢桁架的许多铆钉连接件也存在严重锈蚀情况，影响后续使用安全。

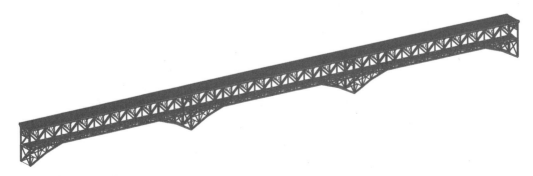

图11-5　公路桥正桥的钢桁架连续梁计算模型（来源：中铁大桥（南京）桥隧诊治有限公司提供）

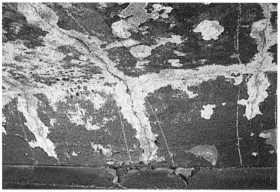

图11-6 正桥桥面板的部分残损情况（来源：参建单位工作人员拍摄）

（2）公路桥引桥：静载试验结果表明，钢筋混凝土T梁桥的实测应变、变形均小于理论计算值，结构校验系数均小于1，表明钢筋混凝土T梁桥承载能力满足要求；动载试验结果表明，钢筋混凝土T梁桥实测基频均大于理论基频，表明结构的整体性较好；计算结果表明，钢筋混凝土T梁桥的现状结构承载能力能够满足原设计荷载作用下的要求。目前主要的问题是许多钢筋混凝土T梁的支座出现倾斜，已影响到后续使用的安全。

图11-7 T梁支座倾斜（来源：参建单位工作人员拍摄）

静载试验结果表明，引桥双曲拱桥的拱顶截面校验系数大于1，部分相对残余应变超过20%，这说明双曲拱桥的承载能力不足；动载试验结果表明，实测基频小于理论计算值，这表明引桥双曲拱桥结构的整体性不足；计算结果表明，双曲拱桥现状承载能力不能满足原设计汽车-18级荷载的要求，仅能满足汽车-10级荷载的要求。此外，拱肋混凝土碳化深度较大，使钢筋失去了碱性保护，引起了钢筋的锈胀。同时，雨水的下

图11-8 双曲拱桥的有限元计算模型（来源：文物保护设计组制作）

渗和侵蚀加剧了钢筋的锈蚀，特别是边拱肋，受雨水侵蚀的概率更大。一旦混凝土保护层因钢筋锈胀而开裂剥落，拱肋截面尺寸就会变小，拱桥承载力将显著降低。拱波纵向裂缝是在不对称荷载作用下，由于横向联系不足，造成拱肋受力不均，变形不协调而产生的。

图11-9 双曲拱桥主拱肋开裂

图11-10 双曲拱桥拱波纵向裂缝

（3）回龙桥：回龙桥双曲拱桥的现状检测结果表明：回龙桥拱肋混凝土存在钢筋锈胀开裂现象，共计35处；拱肋存在渗水痕迹并伴有盐析现象，共计37处；拱波存在纵向开裂现象，共计38处；拱波存在渗水严重

图11-11 回龙桥拱底渗水严重

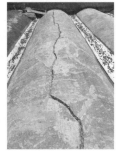

图11-12 回龙桥拱波开裂

并伴有盐析现象，共计104处；在拱肋的横向联系中发现钢筋锈胀和混凝土开裂现象，共计10处；腹拱波存在渗水现象4处，混凝土剥落现象1处；立墙发现横向裂缝1条，钢筋锈胀和混凝土开裂现象11处，渗水现象34处；墩立墙发现渗水现象11处，锈胀开裂现象11处；桥面铺装纵横向裂缝较多，累计面积≥30%，导致雨水直接渗入拱上填土中，增大了主拱、腹拱和侧墙的荷载。

（4）桥头堡：桥头堡大堡为钢筋混凝土框架结构，框架柱为钢筋混凝土矩形柱。现场检测勘察结果显示，混凝土柱整体外观完整，无明显损伤现象，无明显钢筋锈胀和混凝土开裂现象。楼面、屋面基本为钢筋混凝土主次梁承重体系，混凝土梁整体外观完整，无明显损伤现象，但屋面板出现大面积渗水，存在局部混凝土剥落、钢筋锈胀等现象，楼板也出现局部渗水的现象。顶部"三面红旗"红色防锈漆起皮剥落明显，内部钢结构开始锈蚀。外墙外表面的米黄色水刷石面层和青灰色斩假石面层剥落和开裂现象明显，门窗损坏严重，外墙内表面局部渗水严重，水磨石墙裙开裂现象明显。大堡主体结构混凝土强度在C15～C25之间，部分构件的混凝土强度低于C20。为获取比较准确的结构计算模型，项目组通过现场振动测试获得的动力特性修正了桥堡的结构计算模型，从而建立了比较准确的桥堡结构有限元模型。对桥头堡大堡结构进行的抗震和抗风分析结果表明，结构整体抗震性能不足，但抗风性能尚满足要求。

桥头堡小堡建筑也是钢筋混凝土框架结构，框架柱为钢筋混凝土矩形柱。现场检测结果显示：混凝土柱整体外观完整，无明显损伤现象，无明显钢筋锈胀开裂现象；楼面、屋面基本为钢筋混凝土主次梁承重体系，混凝土梁整体外观完整，无明显损伤现象，但屋面板同样出现大

图11-13 大堡楼板大面积渗水　　图11-14 大堡墙体渗水严重　　图11-15 大堡外墙粉刷层剥落，门窗损坏严重

面积渗水，局部出现混凝土剥落、钢筋锈胀等现象，楼板也有局部渗水；顶部混凝土人像群雕风化污染严重，多处出现明显开裂；外墙外表面的米黄色水刷石面层和青灰色斩假石面层剥落和开裂现象明显，门窗损坏严重，外墙内表面局部渗水严重。桥头堡小堡建筑主体结构混凝土强度在C15～C25之间，部分构件的混凝土强度低于C20。根据结构计算，小堡主体结构的混凝土梁、柱和板的承载力基本能满足现行规范要求。

图11-16 小堡楼板大面积渗水　　图11-17 小堡墙体渗水严重　　图11-18 小堡混凝土雕塑有开裂现象

（5）主桥栏杆和引桥栏杆：南京长江大桥公路桥的主桥栏杆为铸铁栏杆，引桥栏杆为混凝土栏杆。据现场检测勘察，正桥钢栏杆总体保存较完整，铸铁构件普遍存在锈蚀的迹象，1根栏杆柱的柱头缺失，1块被称为"草原牧马"的铸铁浮雕缺失。引桥混凝土栏杆破损非常严

重,每一个标准节的栏杆都出现破损、剥落、露筋、钢筋锈蚀等情况,存在严重的安全隐患,且引桥的所有混凝土栏杆都已被真石漆喷涂过,原有面层的历史风貌已被彻底破坏。

（6）白玉兰路灯：南京长江大桥公路桥面共有299根白玉兰花形的路灯。其中南引桥上游侧55根,下游侧54根；北引桥上游侧和下游侧各39根；正桥上游侧和下游侧各49根；回龙桥14根。路灯灯柱为钢筋混凝土空腹薄壁结构,每根灯柱上都有5盏玉兰花灯,是北京民用灯具厂的定型产品,仿人民大会堂门前的玉兰花灯样式。据现场检测勘察,共有50根灯柱局部有混凝土剥落现象,61根灯柱存在长度不大于40厘米的间隔性裂缝,11根灯柱多处混凝土剥落露筋或裂缝长度（包括累计长度和）超过1/2柱高,其余灯柱保存较好。此外,路灯钢结构基座和上部钢结构灯架的锈蚀现象明显。

图11-19　南京长江大桥栏杆残损情况

图11-20　路灯的残损情况（图11-9～图11-20来源：参建单位工作人员拍摄）

3. 修缮方案设计（2016年1月1日～2016年10月15日）

根据上述基础研究成果与勘察检测评估结果,确定了本次文物保护设计工作的核心要求,即在严格遵循《中华人民共和国文物保护法》等相关法律法规的前提下,以提高大桥结构安全性和使用耐久性为主导进行修缮设计的同时,尽最大可能保留公路桥各组成部分的原始风貌。

本次南京长江大桥公路桥维修文物保护项目以依法保护的原则、真实性的原则、完整性的原则、安全与有效原则为基础而设计修缮方案,确保南京长江大桥公路桥结构在后续设计使用年限内安全可靠是本次文保工程的基本目标。总结来说,本次南京长江大桥公路桥维修与文物保护项目的设计以"维持原设计荷载等级、保持原桥历史风貌、提高结构安全耐久性"为基本原则。依据上述目标与原则完成了南京长江大桥公路桥维修文物保护项目的方案设计。

4. 施工组织实施（2016年10月28日～2018年12月28日）

根据上述设计原则和保护设计方案，施工单位确定了南京长江大桥公路桥维修与文物保护工程的全部工作内容，包括正桥钢桁架修缮、钢筋混凝土T梁桥支座矫正加固、双曲拱桥承载力加固、桥头堡抗震加固和外立面修缮、桥头堡内部装饰修缮、工字堡加固修缮、桥下附属建筑加固修缮、引桥混凝土栏杆修缮、正桥铸铁栏杆修缮、白玉兰路灯加固修缮等。为了兼顾结构加固效果与文物保护原则，实现文保设计单位制定的保护方案，施工单位严守修缮设计原则，在设计单位和监理单位的指导下，严格按照批准的文保设计方案进行施工，对大桥的原始施工工艺进行了诸多探索，克服了众多困难，既保证了施工进度，又做到了在文保管理程序上的合法合规。

南京长江大桥公路桥维修文物保护项目于2018年12月12日通过验收，于2018年12月28日正式通车。

（五）实施效果

1. 秉持对文物的最小干预原则，化解工程矛盾

由于南京长江大桥的文物身份，本次维修不仅要实现公路桥作为桥梁的结构安全和耐久性加固的目标，同时还要遵守《中华人民共和国文物保护法》的要求和文物保护相关原则。为了兼顾加固效果与文物保护原则，整个施工过程中依照历史资料对原始材料和原始工艺进行了大量的试验和研究，对不同的建筑部位采用不同的保护技术、方法，同时通过施工技术的创新解决结构加固和文物保护要求的矛盾。

2. 正桥与T梁引桥的修缮

考虑到正桥钢桁架主体结构的承载力尚能满足设计要求，本次维修工程仅以原热铆工艺更换了钢桁架的6000多颗锈蚀铆钉，并对正桥钢桁架全部重新涂刷了防锈漆。考虑到引桥T梁桥主体结构的承载力尚能满足现行规范的设计要求，本次维修工程主要对倾斜的钢支座进行了矫正加固，并且对钢筋混凝土T梁重新做了耐久性防护。

图11-21 正桥维修（来源：参建单位工作人员拍摄）

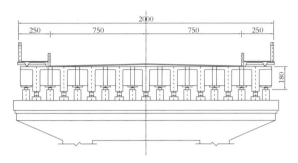 

图11-22 T梁引桥钢支座顶升矫正加固示意图（来源：左为中铁大桥（南京）桥隧诊治有限公司提供，右为参建单位工作人员拍摄）

3. 双曲拱桥的修缮

对于双曲拱桥的修缮，施工单位创新性地设计了自密实高性能混凝土加固方法对主拱肋进行加固，满足拱桥的设计承载力要求的同时主拱肋的截面厚度仅增加了1~2厘米，同时在拱肋内部采用了牺牲阳极法的耐久性保护技术，这样既提高

图11-23 双曲拱桥主拱肋和拱波的加固（来源：参建单位工作人员拍摄）

了结构安全性和耐久性，又保证了对外观风貌的最小干预。

4. 桥头堡的修缮

对桥头堡外立面的米黄色水刷石面层、墙体内饰面的水磨石面层等传统工艺的材料和配比在现场依照历史资料进行数十组对照试验，找到最优的材料配比和制作工艺，对其进行原貌修复。通过理论分析和数值模拟，巧妙地提出了对桥头堡外墙内侧水磨石墙裙以上采用单面钢筋网聚合物砂浆面层加固的方法，既提高了其抗震性能，又保证了水磨石墙裙的完整性。

图11-24 单面钢筋网聚合物砂浆面层加固墙体（来源：左为项目文物保护设计组制作，右为参建单位工作人员拍摄）

5. 正桥栏杆与路灯的修缮

对于正桥的铸铁栏杆、铸铁浮雕进行编号拆解，进行喷砂除锈后，喷涂与原始防锈漆同色但耐久性更好的氟碳防锈漆，运回现场后依照编号复原安装；对于缺失的铸铁浮雕"草原牧马"，按照原始的铸铁材料配比，运用3D打印制作模具并重新铸造后原位安装。对钢筋混凝土栏杆和破损严重的路灯按照原结构、原形制、原材料、原工艺制作后进行更换。对于南京长江大桥公路桥白玉兰路灯的修缮：施工单位在对299根白玉兰路灯编号后拆解，运到仓库进行加固修缮，然后再按照编号将其运至现场一一对应原位安装。

图11-25 正桥铸铁栏杆的修缮（来源：参建单位工作人员拍摄）

图11-26 技术人员在对"草原牧马"浮雕进行3D扫描（来源：参建单位工作人员拍摄）

图11-27 现场堆放的引桥预制混凝土新栏杆（来源：作者自摄）

图11-28 白玉兰路灯的修缮（来源：作者自摄）

图11-29 现场按编号装回修缮后的白玉兰路灯（来源：作者自摄）

6. 社会认可

本次文物保护工作通过对历史资料的收集，对原始材料配比和原始工艺的研究，创新施工技术，将文保理念贯穿于施工全过程，实现了结构加固对文物的最小干预，既满足了南京长江大桥公路桥继续使用的安全性和耐久性要求，也最大限度地保证了文物的真实性和完整性，恢复了大桥的历史风貌，实现了桥梁加固与文物保护的有机融合。

图11-30 修缮后的南京长江大桥日景（来源：参建单位工作人员拍摄）

图11-31 修缮后的南京长江大桥夜景（来源：参建单位工作人员拍摄）

2019年4月18日，南京长江大桥公路桥维修文物保护项目被评选为第五届全国优秀古迹遗址保护项目。该项目作为江苏省文保工程项目中唯一入选此奖项的项目，是江苏省和南京市政府多年来始终高度重视文物保护、坚持文物保护修缮原则、严格规范项目管理，以及文物主管部门与项目业主、设计、施工、监理五方精诚合作的结果，该保护项目中有许多值得总结的经验，在我国近现代文物建筑的有效保护和合理利用方面值得推广，为全省不可移动文物的保护和利用树立了典范，对于引导和提升全省文物保护工程水平，具有重要意义。

二、案例亮点

（一）亮点一：结构加固与文物修缮保护并驾齐驱

桥头堡的修缮是本次文保工程的重点之一，除了要对其结构进行抗震加固外，还要对其外立面装饰和室内装饰等进行修缮。桥头堡为高层钢筋混凝土框架结构，计算分析发现其抗震性能不足。设计单位在仔细研究后，决定采用单面钢筋网聚合物砂浆面层加固技术对桥头堡外墙内侧进行加固，以提高其抗震性能，但传统的整面墙加固方法会对室内水磨石墙裙原貌产生破坏。为此，设计单位创新地提出了以局部墙体加固来提高整体抗震性能的方法，仅在墙裙以上的墙面施用此加固技术，通过理论分析和数值模拟建立了钢筋网聚合物砂浆面层加固部分墙体的抗震性能计算模型，解决了墙体局部加固存在的结构计算和加固设计的瓶颈问题，巧妙地避免了因整面墙结构加固而对文物本体的过度干预，有效地解决了结构加固与文物保护之间的矛盾。

经过近50年的风雨，桥头堡外立面的米黄色水刷石面层已经出现大面积剥落、开裂和空鼓等病害。为了修缮这些破损的装饰面层，施工单位沿桥头堡四周搭设了高层脚手架，对其水刷石面层进行了全面细致的检测，明确划定了残损部位范围和相对完好的范围，以便采取不同的修缮措施：对于相对完好的水刷石面层，进行表面清洗和耐久性防护；对于破损的水刷石面层，进行原状修缮恢复。设计单位和施工单位共进行了30多组不同石子粒径、配比以及氧化铁黄粉含量的水刷石小样试验，最终确定了和原始米黄色水刷石墙面颜色、肌理和质感均相似的最佳配比，还原了桥头堡外立面的原始风貌。桥头堡外立面在一些线条、门窗框和腰身部位采用了斩假石工艺，针对这类装饰面层的修缮，施工单位聘请了多位高水平斩假石工艺工匠，先后进行了十余次的小样试验，终于确定了与桥头堡原始工艺最相似的斩假石配比做法和手工斩法，恢复了斩假石饰面的原始风貌。这不仅是单纯的对桥头堡外立面的修缮，也是对传统施工工艺的探索和传承。

图11-32　桥头堡水刷石面层修缮的"小样"试验

（a）修缮前　　　　　　（b）修缮后

图11-33　修缮前后的桥头堡（来源：作者自摄）

图11-34　修缮前后的混凝土人像群雕（来源：作者自摄）

桥头堡的室内装饰修缮秉持原形制、原材料、原工艺的原则。桥头堡室内楼地面和墙裙的水磨石饰面有三种不同的做法：灰白石子红水泥水磨石、黑白石子黄水泥水磨石和黑白石子绿水泥水磨石。针对不同做法的不同材料配比，施工单位也在设计单位的指导下进行了多次小样实验。对出现开裂的水磨石地面和墙面采用灌注结构胶修补，对孔洞或剥落处采用调色后的云

图11-35 水磨石墙面的修缮施工现场（来源：参建单位工作人员拍摄）

石胶掺拌颜色相近的石屑进行修补，从而确保修复后的水磨石饰面与周边保存较好的水磨石原始风貌相协调。桥头堡的所有门窗均按照原状进行修缮，保存相对较好的钢窗框在除锈处理后重新涂刷氟碳防锈漆，如果钢窗框破损严重，则按原形制、原材料、原工艺的要求通过厂家重新定制。为提高大小堡建筑外窗的安全性和气密性，在不改变其原有整体风貌的前提下，本次维修中，桥头堡窗户的玻璃全部由原来的单层普通玻璃更换为双层夹胶钢化玻璃。

在对桥头堡小堡的混凝土人像群雕进行修缮时，施工单位对群雕的材料和内部构造进行了充分考证。技术人员在群雕某隐蔽部位开凿了一个小探洞，由外至内对其各层构造做法进行勘察，通过与在历史图纸中找到的群雕构造做法进行比对，发现两者完全吻合。原始的材料配比也借助历史竣工资料得到确定。修缮施工首先对混凝土群雕的结构裂缝进行加固补强。解决了结构安全问题后，再根据考证的结果，选取与其最匹配的氧化铁红+氧化铁黄的无机颜料恢复群雕的"本色"。最后，对群雕表面使用无色透明的无机硅憎水剂进行保护处理，这样既可以提高雕像耐久性，也确保了其长期不褪色。

（二）亮点二：传统加固方法结合新型材料与技术

南京长江大桥公路桥中的双曲拱桥是中国规模最大的双曲拱桥，也是当时首次大规模应用这样的桥梁结构形式，桥梁造型具有鲜明的中国特色。对于非文物建筑的双曲拱桥，通常会采用普通钢筋混凝土加大截面法对主拱肋进行加固，但这样将使双曲拱桥的构件截面和外观都发生比较明显的变化。本次维修工程既要对双曲拱桥的结构进行加固以提高其承载能力，又要在外观上维持原有历史风貌。施工单位会同设计单位经过反复讨论，采用了自密实高性能混凝土对主拱肋进行加固，在达到设计承载力时，截面仅外扩1~2厘米，在对文物本体最小干预的前提下，使双曲拱桥得到了有效的结构加固，同时也保存了其历史风貌。此外，为了提高双曲拱桥的耐久性，本次维修创新地将牺牲阳极法应用于双曲拱桥的结构加固中，对双曲拱桥主拱肋采用高碱性埋置式牺牲阳极，将其直接绑扎于原钢筋或修补后的钢筋表面，呈点状或条带状分布。牺牲阳极型号为FH-XPT电化学材料（牺牲阳极），锌芯最小重量为60克，电线总长度600毫米，阳极标称尺寸为125毫米×25毫米×25毫米，预防性防腐间距≤750毫米。这种加固方法不仅大大提高了文物结构的耐久性，而且由于其内置的特点，不影响文物的外观风貌。

图11-36 牺牲阳极法加固主拱肋（来源：参建单位工作人员拍摄）

图11-37 修缮后的双曲拱桥（来源：参建单位工作人员拍摄）

（三）亮点三：融入现代科技手段，力求保持文物真实性

公路桥正桥的铸铁栏杆不仅具有基本的安全围护作用，其上的铸铁浮雕还具有重要的历史价值、艺术价值和科学价值。修缮过程中，施工人员首先对正桥的每一节栏杆、每一块浮雕进行编号，然后拆解装车，运到仓库后对其表面进行喷砂除锈，并重新涂刷与考证确定的原始防锈漆同色但耐久性更好的氟碳防锈漆，最后运回现场，按照编号记录的位置复原安装。在安装连接时，对连接节点做了技术改进，之后又进行了栏杆的抗侧推力试验，测试结果显示其完全满足承载力要求。这样的修复，既满足了文物保护的要求，又适当提升了栏杆后续使用的安全强度。公路桥正桥栏杆共镶嵌有202块铸铁浮雕，其中一块"草原牧马"浮雕因交通事故碰撞而缺失。为此，项目组首先利用3D扫描技术对现场留存的"草原牧马"浮雕进行扫描，建立3D模型，然后通过3D打印技术制模，再按照原有的铸铁材料配比进行选材并原样铸造、原位安装。鉴于引桥混凝土栏杆破损严重的现状，本次维修将旧栏杆全部替换，按照原形制、原结构、原材料、原工艺在工厂预制了新栏杆后，运到现场进行拼装。预制过程同时考虑了原混凝土栏杆的水刷石面层做法，在解决安全问题的同时，也恢复了历史风貌。

南京长江大桥公路桥白玉兰灯的修缮也是本次维修工程的亮点之一。施工单位在对299根白玉兰路灯编号后拆解，运到仓库进行加固修缮，然后再按照编号将其运至现场一一对应原位安装。对混凝土剥落露筋、裂缝长度超过1/2柱高的灯柱，按原结构、原形制、原材料、原工艺进行更换；对长度在40厘米内的间隔性裂痕，采用裂缝灌注结构胶的方式加固；对于小孔洞以高强聚合物砂浆修复。所有路灯修复完成后，采用无色透明的纳米级硅酸盐混凝土养护修复增强一体剂喷涂3遍，最后再对所有路灯杆表面做一遍无色透明的无机硅憎水处理，这样既保持了混凝土灯杆的原有风貌，也提高了其表面结构强度和结构耐久性。

（四）亮点四：文物本体在修缮过程中正常使用

无论从铁路方面还是公路方面，或者桥下的长江航道方面，南京长江大桥自建成以来都是我国华东地区长江南北交通的重要节点，这就要求南京长江大桥维修需要在铁路不间断运营、长江航道不间断通航的情况下进行，施工安全尤为重要。而维修期间，铁路桥上需要每天通行300对左右列车，长江航道每天需要通行约1500艘船只，这些交通通行都需要得到保证。

图11-38 安装防护棚架（来源：参建单位工作人员拍摄）

图11-39 安装防护棚架（来源：参建单位工作人员拍摄）

本次维修工程的一大难点和重点在于，为了不影响列车和船只通过，确保公路桥维修工程不对桥体下层的铁路和长江航道运营造成影响，经过参与项目的各家单位讨论决定：需要施工单位赶在正桥维修工程全面启动前，利用没有列车通过的铁路"天窗点"在公路桥和铁路桥之间搭建好防护棚架。搭建好防护棚架之后，上层公路桥的维修工作对下层铁路桥的通行和长江航道的影响就很小了。经过建设单位、施工单位和铁路管理相关部门磋商和协调，为南京长江大桥公路桥维修文物保护项目争取到每天折算下来300分钟左右的搭建防护棚架施工时间。而这个施工时间并不是连续的，除去准备和清理的时间，真正留给施工的时间非常宝贵，为了短时间内达到最高效率，施工单位在现场做了1∶1的模型，探索和优化搭建防护棚架的经验。

施工单位正是在长达近半年的时间里，利用这宝贵的"天窗点"为正桥搭建好了防护棚架。同样，在全桥维修结束后，施工单位又在铁路"天窗点"进行防护棚架的拆除工作。经建设单位多方协调，经施工单位紧密配合，在铁路接触网上方和公路桥之间搭建了隔离防护棚架，也为公路桥维修提供了工作操作平台。防护棚架由多层构成，从上至下依次为不锈钢板防水层、绝缘层、抗冲击木板、不锈钢支架、防坠落网，保证了上部施工的建筑废物、废水和焊渣不进入铁路桥和长江水体。在防护棚架的防护下，南京长江大桥公路桥维修文物保护项目在长达27个月的施工过程中没有对铁路和桥下长江航道运营造成安全影响。

（五）经验总结

本次文物保护工作通过对历史资料的收集，对原始材料配比和原始工艺的研究，创新施工技术，将文保理念贯穿于施工全过程，实现了结构加固对文物的最小干预，既满足了南京长江大桥公路桥继续使用的安全性和耐久性要求，也最大限度地保证了文物的真实性和完整性，恢复了大桥的历史风貌，实现了桥梁加固与文物保护的有机融合。

南京长江大桥于2014年7月入选南京市登记不可移动文物，但经过现状勘察、实际评估和价值分析，项目各方均认为南京长江大桥的文物身份远不止于"登记不可移动文物"。因此，提高南京长江大桥公路桥的文物保护定位的要求始终贯穿于项目全周期中，无论从现状勘察到修缮设计，还是修缮施工过程中，所有参与到项目中的建设单位、设计单位、施工单位和监理单位都以远高于登记不可移动文物的身份来要求本次文物保护工程，这也保证了南京长江大桥公路桥文物保护工程能够在如此巨大建设工程量的情况下，其每一个环节都能做到最大限度地保证文物本体的真实性和完整性。

南京长江大桥公路桥维修文物保护项目工程量巨大，涉及钢桁架桥梁结构安全、钢筋混凝土双曲拱桥结构安全、预应力钢筋混凝土T梁桥结构安全、桥头堡高层钢筋混凝土结构安全、长距离栏杆结构安全、文物建筑修缮、原始工艺发掘和传承等诸多方面内容。此类体量特大、系统性强、实用功能主导的文物保护项目在全国范围内尚属罕见。如何处理好"实用功能要求下的结构加固"与"文物保护法要求下的文物修缮"之间的关系，如何选择合适的结构加固方法、真正做到对文物本体的最小干预，如何选择合适的修缮方法、最大限度地保证文物本体的真实性和完整性，都是同类型文化遗产保护的重点和难点所在。南京长江大桥公路桥维修与文物保护项目的成功，离不开各工作部门的及时协调沟通与积极配合，以及施工实践中的每一步探索和试验。其中有对施工技术的创新，也有对多种传统营造技术的发掘和传承。南京长江大桥公路桥维修文物保护项目是目前国内最大的单体文物保护项目之一，其成功经验可以为同类型文化遗产的修缮保护工作提供借鉴和参考。

专家点评

南京长江大桥是20世纪60年代国家的重要工程，是中国自行设计建造的双层铁路、公路两用桥，在中国的历史上拥有十分重大的科学、经济、政治及战略意义，也是中国桥梁建设的重要里程碑。

南京长江大桥是不可移动文物，被评为"首批中国20世纪建筑遗产"，2018年又被列入中国工业遗产名录。维修中需要对大桥结构进行安全加固，对桥面进行修缮，包括正桥、引桥的结构加固，南北桥头堡的修缮等多个项目。

该项目所定的原则非常正确。第一，维持原设计的荷载等级；第二，保持原桥的历史风貌，提高结构安全的耐久性。这是本次修缮结合文物维修所提出的科学合理的要求。对大桥具有历史景观的重点部位，例如桥头堡等，则以文物维修的要求来进行修缮，从而在保证桥梁安全的基础上，最大限度保留了长江大桥文物的原真性和完整性。

该项目的另一特色是将展示和利用结合在了修缮过程中。桥梁修缮完毕后，利用桥头堡两层的面积做了大桥工程的展示，对大桥的历史以及维修的过程做了一个很好的展示，并且展示的设施均是可逆的，以后随时都可以拆解。

作为一个特殊的文物对象，大桥工程合理解决了结构安全和保持历史风貌之间的不同要求，既保证了大桥交通功能的延续，也传承了大桥的历史风貌。

参考文献

[1] 淳庆，杨红波，金辉，林怡婕. 南京长江大桥公路桥维修与文物保护技术研究[J]. 建筑遗产，2019（3）：24-35.

[2] 南京长江大桥工程总结小组. 南京长江大桥工程概况[J]. 桥梁建设, 1971（6）：43-44.

[3] 南京长江大桥工程总结小组. 南京长江大桥工程简介三——钢沉井围堰管柱基础[J]. 桥梁建设, 1972（2）：37-44.

[4] 南京长江大桥工程总结小组. 南京长江大桥工程简介四——深水浮运钢筋混凝土沉井基础[J]. 桥梁建设, 1972（3）：58-78.

[5] 南京长江大桥工程总结小组. 南京长江大桥工程简介五——正桥钢梁[J]. 桥梁建设, 1972（5）：43-87.

[6] 南京长江大桥工程总结小组. 南京长江大桥工程简介七——预应力钢筋混凝土梁[J]. 桥梁建设, 1973（1）：43-93.

[7] 南京长江大桥工程总结小组. 南京长江大桥工程简介九——桥头建筑[J]. 桥梁建设, 1973（3）：37-57.

[8] 汪永泽, 王庭槐. 南京城市的变迁与发展[J]. 南京师大学报（社会科学版）, 1978（1）：85-96.

[9] 张浩. 南京长江大桥[J]. 铁道工程学报, 1986（3）：207-218.

[10] 朱仁洲. 中国的"波普艺术"——解析南京长江大桥的时代特征[J]. 大众文艺, 2011（15）：297.

[11] 石靖婧. 南京长江大桥工程哲学分析[J]. 科技风, 2011（19）：161-162.

[12] 胡大平. 南京长江大桥[M]//胡恒. 建筑文化研究：第4辑. 北京：中央编译出版社, 2013：46-91.

[13] 胡大平. 南京长江大桥[J]. 学术研究, 2012（10）：1-19, 161-168.

[14] 吕青, 任发德. 跨江的丰碑[J]. 中国公路, 2013（14）：130-133.

[15] 吕青, 任发德. 生命的烙印[J]. 中国公路, 2013（14）：134-135.

[16] 郁新新. 南京长江大桥研究[D]. 南京：南京大学, 2014.

[17] BUONOPANE S G, WHITE R N. Pseudo. Dynamic Testing of Masonry Infilled Reinforced Concrete Frame[J]. Journal of Structure Engineering, 1999, 125（6）：578-589.

[18] HOLMES M. Steel Frames with Brickwork and Concrete Infilling[J]. Proceeding of the Institution of Civil Engineers, 1961, 19（4）：473-478.

[19] Stafford-Smith B. Behaviour of Square Infilled Frames. Proceedings of the American Society of Civil Engineering[J]. Journal of Structural Division, 1966, 92（ST1）：381-403.

[20] 施耀新. 砖填充墙框架房屋的抗震设计研究[J]. 建筑结构, 1980（6）：10-15.

[21] 吴瑾, 夏逸鸣, 张丽芳. 土木工程结构抗风设计[M]. 北京：科学出版社, 2007.

[22] 韩宜丹, 淳庆. 南京长江大桥桥头堡大堡风振性能研究[J]. 特种结构, 2018, 35（4）：92-99.

[23] 吴中鑫, 陈进, 龙安. 南京长江大桥双曲拱桥拱肋增大截面加固材料及施工关键技术[J]. 世界桥梁, 2019, 47（2）：83-87.

业主单位：南京市公共工程建设中心

设计单位：东南大学建筑学院/东南大学建筑设计研究院有限公司

施工单位：江苏鸿基节能新技术股份有限公司

监理单位：南京风景园林工程监理有限公司

案例编写人员：淳庆　杨红波

12

浙江古月桥修缮工程

一、案例概况

（一）保护对象基本情况概要

1. 简介

古月桥位于浙江省义乌市赤岸镇雅治街村龙溪之上，是雅治街村进出村庄的重要通道，距今有800多年的历史。由于拱桥恰似一轮新月，这座石拱桥被称为"古月桥"。古月桥于2001年被列入全国重点文物保护单位，类型为古建筑。该桥系单拱纵联分节并列砌筑的五边形石拱桥，桥全长31.20米，底拱长14.67米，拱矢高4.99米，桥面两侧宽约4.91米，中部宽4.45米。桥形古朴、简洁，充分反映了古代劳动人民高超的技术水平和杰出的创造才能。

图12-1 古月桥维修后，2019年4月（来源：义乌市文物保护管理办公室提供）

2. 核心价值

古月桥建于南宋嘉定六年（1213年），桥顶南侧石梁面上刻有"皇宋嘉定癸酉季秋闰月建造"可资为证，是我国迄今可考最早出现的折边拱桥。古乐器主体结构和材料均为宋代原物，真实地见证了中国古代桥梁技术在南宋时期由砖拱叠涩拱逐渐发展成为圆拱的重要阶段，为研究中国桥梁的类型和技术演变提供了重要实例。

折边形拱券结构肇始于汉代，滥觞于两宋，并在此时大量运用于桥梁建筑中。这种结构形式相较于前代的梁式桥是极大的飞

图12-2 古月桥题刻（来源：古月桥修缮设计项目组提供）

跃。明清时期这类拱券就被密排折边拱壁的拱桥所代替而逐渐消失，仅在浙江绍兴一带以及浙南、闽北地区有所保存。古月桥是目前所知时代最早的肋骨拱拱券结构的折边形石拱桥，具有独特的典型性和代表性。

古月桥的拱券构造为五边形肋骨拱，拱骨之间砌筑块石。由于拱形结构和重力的向地作用，古月桥未采用任何连接构件，就使得石块、石梁之间保持紧密，桥身稳固；且折边拱还使得桥身下保有较大的空间，有利于汛期排洪；该桥的建造与结构体现了极高的科学性，为研究宋代科技水平发展提供了有力的证据。

3. 保护历程

1982年文物普查时首次发现古月桥。

1987年5月11日义乌市人民政府公布其为市级重点文物保护单位。

1992年1月22日浙江省人民政府公布其为省级重点文物保护单位。

2001年6月25日国务院公布其为全国重点文物保护单位。

义乌市政府及文物保护管理部门非常重视古月桥的保护工作，于2001年4月，编制古月桥维修方案。除本体维修外，古月桥周

图12-3　20世纪80年代的古月桥（来源：义乌市文物保护管理办公室提供）

边环境亦不利于桥体的保护，故浙江省文物局下发《关于义乌古月桥维修方案的复函》，建议桥体维修前要做好保养性的整修工作，如环境整治、河道驳岸的保护工作。

2002年3月，义乌市博物馆组织编制《义乌古月桥维修设计方案》，由于对古月桥的勘察研究未涉及结构体系的勘察研究，无法判断维修方案对桥体的修复方式是否具有针对性。国家文物局下发《关于义乌古月桥维修方案的批复》（文物保函〔2002〕223号），原则同意古月桥维修项目及所报方案的总体思路，并建议在施工前对古月桥进行详细勘察研究，包括对桥基的勘探等，且应确定具体的加固方案。

根据上级文物部门的指导意见，古月桥维修工作逐步开展。于2004～2014年间进行古月桥的结构检测项目、护坡与桥基加固工程、龙溪分洪改道项目等。

2004年，中国矿业大学、中国地质大学等联合编制《义乌宋代古月桥稳定性评价及防护对策研究》，对古月桥的结构稳定性进行分析检测。检测发现，古月桥在没有外力作用下，自身结构体系基本稳定。但由于承载结构的差异性风化和形变位移严重，在严重的洪水或桥面荷载过大时可能对桥体稳定性造成破坏。

2004年义乌市文物管理部门实施古月桥两侧护坡加固、桥基加固工程，改善了河滩乱石杂草遍布、河岸不整、排水不畅、桥基风化严重等问题。

2012年于龙溪上游设置分洪管、深挖河道，使得洪水分流改道，对古月桥的保护起到积极作用。

2014年8月，启动本体保护工程。

（二）项目背景

古月桥建造于1213年，历经800多年的风蚀雨淋，古月桥逐渐成为危桥，雅治街村村民闲坐桥头三五聊天的场景不复存在，村民不得不绕远从其他道路进出村庄，古月桥的交通功能基本中断。

通过勘察发现，古月桥石构件风化严重，部分横锁石断裂，部分肋梁端头出现压溃与位移，加上桥身植物生长较多，根系蔓延危及桥体。古月桥保存状况较差，亟待保护工程的实施。

图12-4 古月桥植物蔓生（来源：古月桥修缮设计项目组提供）

图12-5 古月桥横锁石断裂、肋梁梁头残损
（来源：古月桥修缮设计项目组提供）

图12-6 桥底板缺失、桥面渗水（来源：古月桥修缮设计项目组提供）

古月桥被公布为全国重点文物保护单位以来，其保护工作逐步开展实施。2014年之前的工作以本体结构分析、环境整治、风险控制为主。以此为基础，古月桥的本体保护工程于2014年正式启动，预期通过保护工程的实施排除古月桥的安全隐患，满足人行通过需求，再现古月桥"一轮新月"的景观效果。

（三）工程目标

工程性质：修缮工程。

实施对象：古月桥。

修缮工程的范围：包括桥台、桥基的加固；桥身的加固；桥面植物根系的清理；桥身病害的防护等。

工程目标：遵循最小干预原则、可逆性原则，对古月桥最重要的价值——桥梁结构体系的真实性进行严格地保护，排除桥体安全隐患，确保其达到安全稳定的状态。进而在功能上，通过保护工程对桥体结构进行适当加固，使其能满足步行交通需求，恢复古桥和当地生活的联系。同时，通过保护古月桥及周边水系环境，恢复其原有景观价值，使古月桥重新成为当地民众心目中的情感寄托。

（四）实施过程

保护工程的实施环节主要包括：前期勘察研究、修缮方案设计（包括牺牲性材料研发）、施工组织实施几部分。充分的前期研究，为工程实施的顺利进行和最小干预的目标达成提供了保障。

1．勘察研究（2014年8～11月）

勘察研究工作采用数字化测量、材料分析实验、结构检测计算等方式，通过测量及形变分析、材料及劣化分析、结构分析，从桥体形制、材料、结构等方面定量分析古月桥的残损程度，明确了桥体的病害致因。

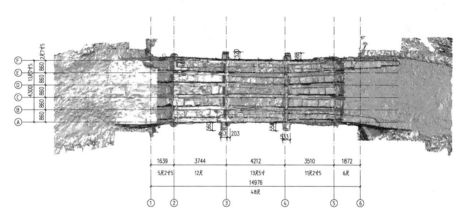

图12-7 古月桥三维激光扫描仰视平面图（来源：古月桥修缮设计项目组提供）

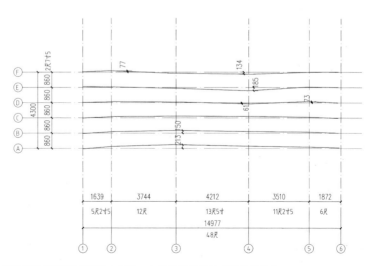

图12-8 古月桥纵向肋梁偏移示意图（来源：古月桥修缮设计项目组提供）

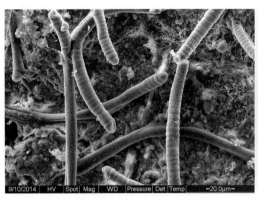

图12-9 材料分析（扫描电镜下表面微生物检测、石材结构切片分析）（来源：古月桥修缮设计项目组提供）

2．修缮方案设计（2014年12月～2015年3月）

方案设计以最小干预为原则，对缺失梁头和横锁石断裂部位以强度低于原石材的牺牲性材料进行补强，对桥体进行局部卸荷，归安歪闪构件，对表面病害进行清理、补充填充层，修补桥面。

牺牲性材料研发是修缮方案中的重要一环，是方案实施的前提条件。本着牺牲性材料应与古月桥原有火山角砾岩性质相近的原则，设计方选择以天然水硬性石灰材料为基材进行改性研究，研制出了古月桥修缮使用的牺牲性材料的基本配比，并获得国家发明专利。

3．施工组织实施（2016年4月～2017年10月）

施工方在施工前对古月桥进行二次勘察，现场进行石材清洗效果实验，并在设计方案提出的牺牲性材料基础配比上，结合现场施工环境和施工工艺，对配比进行微调。

施工中首先搭建现代钢结构作为古月桥预防性支撑保护结构，预防结构失稳的发生，并作为施工中实时监测平台使用。

工程实施严格按照设计方案进行，施工方针对各节点的病害差异，对病害节点进行详细的修复技术分类，整理成图表操作手册，全程指导和记录施工资料。

保护工程于2017年10月6日施工完成，2017年11月17日通过竣工初验，2019年1月22日通过最终验收。

4．工程实施中各方的配合

图纸会审由业主单位、设计、施工、监理和技术服务单位五方进行。

业主单位组建了项目管理班子，由分管工程的副主任驻场对工程实施质量监管。

施工过程由监理单位进行全程旁站监督管理，监理公司委派业务总监每周对工程进行现场指导。

技术服务单位会同施工单位编制施工技术方案，参与研究脚手架搭建方案、进行材料现场试制和材料优化试验，并安装监测设备，整个施工过程对每个监测点进行远程监测。

（五）实施效果

1. 最低限度干预

工程尽最大可能实现了最小干预的目标。整个工程过程未进行结构构件落架。采用针对本项目研发的"牺牲性保护材料"对破损结构构件进行修补，工程中未对原有结构构件进行更换。

2. 结构恢复与补强

通过对石构件节点间灌浆材料的强度检测，节点间修补材料的强度基本上达到实验室抗压试验的强度，满足牺牲性材料的性能要求。成功对歪闪石梁进行了纠偏归安，保持了原有桥梁力学体系，使桥体恢复稳定状态和通行承载能力。

图12-10　桥梁底部加固前后对比（来源：古月桥修缮设计项目组提供）

3. 外观

桥体补配石材采用当地传统材料，以传统手工作业根据原有形制进行打磨处理，灌浆材料根据石材颜色进行适当的做旧处理，桥体原有古朴、自然和悠久的年代感都得以保持。

图12-11　古月桥保护工程实施前后对比（来源：义乌市文物保护管理办公室提供）

图12-12　桥面修复前后对比（来源：义乌市文物保护管理办公室提供）

4. 社会效益

保护工程实施后，保持古貌重获新生的古月桥回归当地村民的生活。2018年古月桥所在的雅治街村成功申报第五批中国传统村落，并完成了传统村落的保护发展规划，将古月桥的保护和村庄的发展有机结合，使得文物保护和当地的发展互促共荣。在镇政府和村两委的积极配合和支持下，古月桥监测展示中心拟设在雅治街村的文物建筑上新屋（芝兰堂）内，下一步将以古月桥监测展示为核心，通过文物的保存状况的动态展示，吸引游客参观，将古月桥所在的雅治街村打造成浙中地区桥梁文化的展示中心，使古月桥保护展示项目和乡村振兴相融合，文物部门和当地政府形成合力和共识，让更多的人来认识和了解古月桥的价值。

图12-13 古月桥维修后（来源：义乌市文物保护管理办公室提供）

二、案例亮点

（一）亮点一：最低限度干预和不改变原状

古月桥的桥体结构构造体系是这座古桥最重要的价值所在，也是保护工程中最要保护和延续下去的最重要的价值特征。这包括两方面，一是原初的结构整体设计，二是材料构造的实现方式。古月桥是采用单拱纵联分节并列砌置法建造的折边形石拱桥。桥身分四层砌筑而成。作为主要承重结构的桥身底层由六列肋梁组成五边形折拱形制，每列石梁5根，拱段之间以横锁石相连，横锁石上凿出凹槽，使拱条石与横锁石紧密相接；同时，为了使桥整体保有一定的灵活性，横锁石并非贯穿整体六列石梁，而是以每排两根、错开排列的方式，连接六列石梁。根据现状勘察数据和宋代营造尺换算，我们仍可以推断这座桥的设计尺寸——整桥为10丈，引桥部分约50尺，桥体部分约50尺；桥身轴线跨度48尺，拱高12尺，恰为底与高之比为4：1的三角形。桥体又从两端向内收分，使桥体依靠自重产生了向内的预应力，古代工匠杰出的建筑智慧保证了古月桥经历800多年的风雨侵袭、洪水袭击依旧屹立不倒。

以上结构构造的价值特征，只有在保持桥身整体不受干预的情况下才能最大限度地完整保留，同时，对桥体结构和构造原状的完整保存，也是对于凝聚在这座经过近千年考验石桥中的古老智慧最大的尊重。

古月桥虽暂时处于稳定状态，但石梁风化、横锁石断裂、植物与微生物侵蚀严重，且长期遭受洪水威胁。因此，首先要解决的关键问题是对桥体现状结构稳定性的准确判断，在不进行解体、尽可能不更换原有构件的前提下对桥体结构和构件材料的提升能否满足本体结构和基本

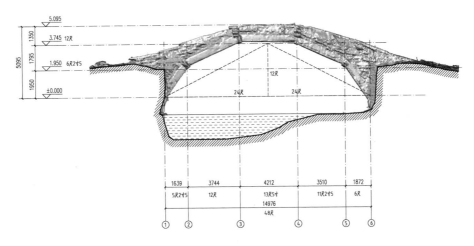

图12-14 古月桥宋代营造尺分析图

的使用安全。这是在工程中实现最低限度干预的前提和基础。

1. 结构试验及分析

通过现场勘察和结构分析可知，古月桥跨中部分的石梁和横锁石既是受力最大、变形最大的部位，又是风化最严重的部位，是古月桥变形破坏的脆弱区域。古月桥的结构和受荷特点还决定了石梁端部有严重的压应力集中出现，由于端部的压应力集中使石梁端部底侧产生高应力腐蚀，出现端部压溃和压张裂纹，加剧了条石的风化和轴线偏移。由于承载结构的差异性风化和纵肋条石的轴线偏移使横锁石折断，而同时差异性风化和横锁石折断加剧了纵肋条石端部的压应力集中并使承载结构位移明显变大，最终引发大变形和位移导致桥体破坏。

项目组在勘察阶段采用简化模型定性分析古月桥的稳定性；通过现场荷载试验判断桥体是

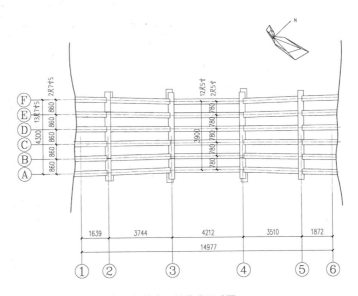

图12-15 推测古月桥理想状态下的收分尺寸图

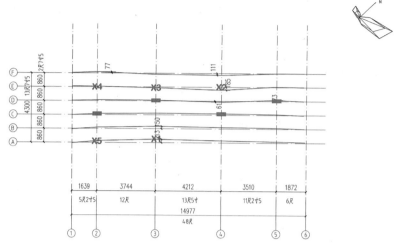

图12-16 纵向肋梁偏移示意图（"━"为两块横锁石交接位置，"×"为横锁石断裂位置）

否处于弹性工作状态；并采用有限元计算法对古月桥建立了结构简化模型，模拟测算了动态荷载和洪峰荷载对桥体的影响（计算方法详见附件）。

通过计算、分析得出结论：目前古月桥处于暂时稳定状态，在一定荷载作用下，该桥大部分处于弹性工作阶段。但因其结构威胁，已经接近失稳；在外力作用下，如严重的洪水、通过桥面的较大荷载都可能影响桥体稳定性。

2. 方案确定的最小干预策略

根据结构计算证明，古月桥自身结构基本稳定，保护工程无需改变其受力体系。结合桥体的保存状况，采用最小干预的方式对结构进行补强。

首先根据测量推算出的轴线收分情况，对经洪水等灾害和风化等威胁影响偏移、歪闪构件进行局部归安。其后对缺失梁头和横锁石断裂部位以强度低于原石材的牺牲性材料——改性水硬性石灰进行补强，恢复桥体受损的节点强度和整体刚性。在此基础上，再进行表面清理、填充层补充及对桥面的修补及补配。同时在后期进行桥体裂隙、沉降等稳定性监测和洪水监测，观察桥体及龙溪河道的状况。通过实时监测技术和应急反应，保障桥体的安全。

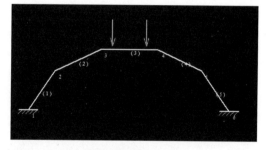

图12-17 理论建模简化模型

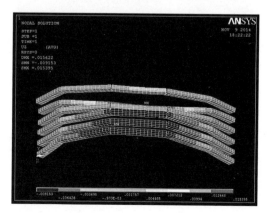

图12-18 动态荷载模拟

3. 实施过程中的技术落实

（1）局部归安与补强 先对横锁石与梁头节点进行局部归安，并用牺牲性材料将梁头缺失面积补充完整，对断裂石梁采用合适强度的结构胶粘结；补强和灌浆过程尽量不干扰桥体承重结构，从下部小心补强灌浆。施工过程中要注意由技术服务方检测石梁和横锁石端部补强材料达到抗压强度标准后，再进行后续工序施工。

（2）拆卸桥面板

桥面板从桥两头同时对称揭起（防止桥体偏心受力），在揭取过程中，尽量减少对

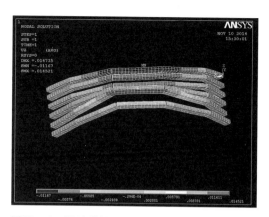

图12-19 洪峰模拟（图12-14~图12-19来源：古月桥修缮设计项目组提供）

桥体稳定性的干预，保持受力均衡，随时观察桥梁稳定性监测数据；从桥面上移除的石板、压阑石按位置顺序予以明确编号和详细记录，妥善保存于干燥场所，以便后期归安。

（3）清理桥面、侧面桥身、侧塘石及压阑石底面的植物及微生物

采用传统工具，以人工除草的方式，小心清除生长于桥身缝隙、填充层中的植物根系；对微生物生长严重的区域进行谨慎的清洗去除，保留顽固的痕迹。

（4）补配已缺失或更换严重破损的横铺石底板

清理并移除该石板区域内的碎石、黄土层，取出破损石板，在古月桥附近村庄采集相同材质的火山角砾岩石材，采用传统方式和传统工具将石块凿成所需石板尺寸，再手工精细打磨至与相邻石板相契合；在切割、打磨过程中，均采取传统方式进行。

（5）填充层补充

采用传统做法对填充层进行补充。在附近采石场采集角砾岩碎岩，均匀地铺在底板层之上；采集古月桥周边区域黄土，以河砂、黄土与石灰体积比5：2：3的比例加水充分搅拌，整堆密封7~15天，使生石灰完全熟化，再进行二次搅拌，干湿度控制以用手捏能结块，落地能散开为标准。然后填充于碎石层的缝隙处，挤严压实；在碎石、黄土层上，以三合土均匀铺设约15厘米，压实、找平后进行多次人工拍打，按照传统三合土地面施工、保养方法拍打至10厘米左右，待干结后反复冲水进行防渗检验。

图12-20 传统工艺补充填充层

（6）桥身压阑石和金刚墙整理归安

对鼓突较严重的金刚墙进行局部整理归安，施工过程中须尽量控制桥体侧向受力，用纸筋灰勾缝防止侧向渗水；整理桥身两侧的压阑石，按原状重新排列归安。

（7）桥面板补配

原有桥面板缺失较多，在附近村落收集旧石板，用传统方式手工将其打磨成形制与原石板一致的桥面板，按施工方案的设计编号将整个桥面补充完整。

4．实施效果

保护工程基本解决了桥体存在的安全隐患，桥体补配石材采用当地传统材料，以传统手工作业根据原有形制进行打磨处理，灌浆材料根据石材颜色进行做旧处理，整体保持了原有古朴、自然的景观效果。

图12-21　实施效果

（二）亮点二：采用恰当的加固材料

为恢复桥体受损的节点强度和整体刚性，设计工作组提出使用牺牲性材料进行节点强化的方式。这种方式既可满足防止节点继续弱化的目的，又满足修缮"最少干预"的原则。首先古月桥节点的问题体现在梁头截面变小而产生了梁头的压溃与压裂，而这又造成梁头截面进一步缩小的恶性循环。那么缓解梁头受力状况，充分发挥残余截面的受力性能就成了不外加其他结构而维持现有结构体系和受力关系的最佳方法。其次保护风化后的表层石材，不仅是为了保护文物原状，也是为了最大限度维持现存梁体截面。选择牺牲性材料作为受力垫层，能有效地使梁头接触面受力更加均匀，同时也能对节点的位移进行限制，而牺牲性材料低于风化石材的强度则可以作为风化部分石材的"软保护"，一旦破坏发生时，先于被保护的石材破坏，起到预警作用。

1. 材料的选取

本着牺牲性材料应与古月桥原有火山角砾岩性质相近的原则，设计项目组决定以天然水硬性石灰材料为基材进行改性研究，使其能够满足牺牲性材料的指标。

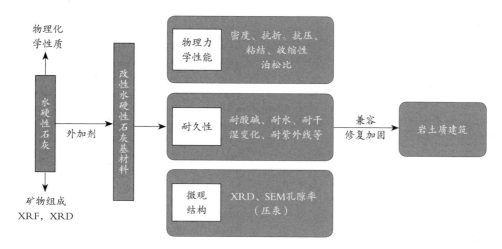

图12-22　牺牲性材料研发程序图（来源：古月桥修缮设计项目组提供）

根据古月桥保护工程的要求，对该种基于水硬性石灰研发的牺牲性材料设定了以下性能要求：

（1）材料强度必须低于古月桥现状风化后的石构件强度，以保证在发生破坏时，补强材料先于石构件破坏，从而保护已风化石构件的完整性；根据勘察报告中古月桥石材强风化部位的单轴抗压强度为20~30MPa的结论，确定该牺牲性补强材料的单轴抗压强度应低于20MPa，大于等于10MPa。

（2）与石质文物本体很好地兼容、耐久且不易产生剥离。在化学成分、性质上与古月桥的火山角砾岩较为接近，防止因所含盐分不同而在结合处发生析盐等病害，从而对本体石材产生破坏。

（3）易于清理，在石材上基本无残留，具有较强的可逆性。

（4）考虑到施工的操作要求，材料应该具有较好的可灌性，所以材料的强度指标应以净浆为准，不应添加集料。

2. 研发和试验过程

经过不同的材料组分的配比实验，工作组最终得到了由水硬性石灰、火山角砾岩矿粉和少量聚乙烯醇纤维组成的牺牲性保护材料。材料通过强度实验、老化实验和现场实验，能够良好地达到设计性能指标。该材料在2017年2月获得了国家发明专利。

3. 实施中的技术要求

（1）清理：对桥体进行有效的支护，在确保桥体结构稳定性的前提下，对桥体以及桥体材料石块表面的植物以及微生物进行清理，采用毛刷、竹签等工具清除裂缝以及石块缝隙内的泥

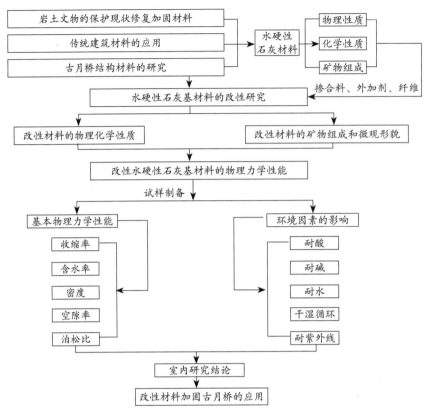

图12-23 改性水硬性石灰对古月桥修复的应用研究（来源：于鹏超《改性水硬性石灰基材料的制备与性能研究》）

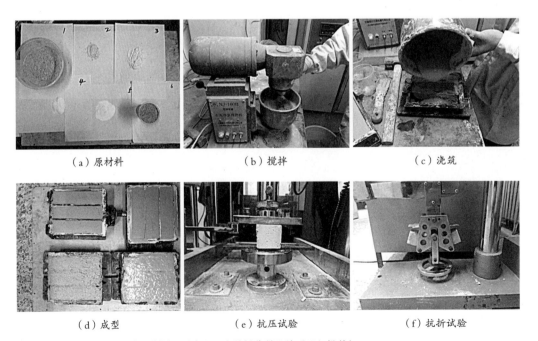

图12-24 牺牲性材料研发配制过程（来源：古月桥修缮设计项目组提供）

垢、虫穴、微生物等，清除后用压缩空气吹净。

（2）选择粘结点：根据开裂缝隙的长度和宽度，在保证开裂岩片现状稳定的前提下，选择合适的粘结点，尽可能选择裂缝和缝隙通畅的位置，采用毛笔刷等工具取去离子水对粘结缝隙两侧的岩片进行润湿，为改性水硬性石灰基材料的灌注和粘结做准备。

（3）填充粘结：选取已经调配后的改性水硬性石灰浆体在粘结点处的开裂岩片及岩面上刮涂一层，确保改性水硬性石灰修补材料和岩面充分接触，将改性水硬性石灰浆体填入粘结点以及石块缝隙中，并不断地逐层捣压密实。

（4）表面清理：在填充灌注修补材料时，可能有多余的材料遗留在桥体石块表面，在改性水硬性石灰基材料灌注后，及时地用小刀将其刮去，并用去离子水擦洗干净。

4．现场实施

（1）补强和灌浆用牺牲性材料实验室优化试验

在设计方案提供基础配比的基础上，充分考虑现场施工环境和施工工艺，对配比进行了微调，设计了12种施工配合比，共60组180个试块，分别进行了流动性、体积安定性、抗折抗压强度、粘接强度等指标的试验分析，最后筛选出0.65的水胶比基材与0.70水胶比基材分别作为修复材料和灌浆加固材料。

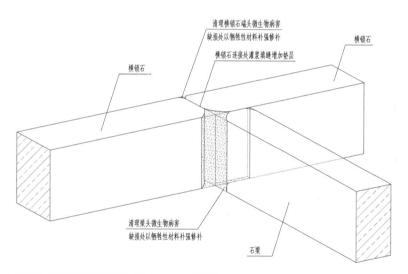

图12-25　古月桥节点修复方式示意图（来源：古月桥修缮设计项目组提供）

（2）古月桥施工前灌浆加固施工工艺优化和现场试验

在实验室优化配比的基础上，通过现场局部试验探索和完善古月桥关键节点填补灌浆修复施工工艺，对不同节点破坏形式制定特定的施工方案以确保达到既定的修复加固效果，确保施工质量。

①技术团队在现场实验时按优化后的施工配合比进行配料。

②技术团队对施工方现场工作人员进行技术交底，强调各种成分重量必须严格按照配合比要求进行配料。

③灰浆搅拌过程指导，严格控制投料顺序、搅拌时间。
④每一批搅拌完的砂浆必须在3小时内用完。
⑤对配好的材料进行灌浆试验，根据试验效果决定最终配比。

局部试验选取图12-7所示的3轴与B轴交点左侧节点等6个节点进行材料灌浆和修复试验。分别于24小时、14天、28天后进行质量跟踪，效果良好。

图12-26 现场试验（来源：浙江义乌宏宇古建园林工程有限公司提供）

（3）节点修补与灌浆加固施工过程技术指导

由于现场石构件节点之间病害的差异，导致各节点修复措施不一致，因此在对各个节点进行修复之前，技术团队根据前期的试验效果，对每一个节点进行了详细的修复技术分类，整理成图表操作手册，并在现场施工时，全程进行指导和记录施工资料。在修复施工期间，多次邀请材料方面的专家与技术人员到现场对材料修复进行指导。

5．实施后的效果

（1）色度检测分析

对桥底石构件各节点进行抽样检测，通过多次色度检测，未发现材料颜色有明显变化，肉眼观察材料与石构件之间颜色差异较大，对材料做旧处理后，灌浆材料与石构件色差降低，整体协调。

（2）红外热像仪检测分析

在选定检测点修复完成28天后，采用FlukeTis40型红外热成像仪修复的各节点进行了红外拍摄，以图12-7中3轴与B轴交点修复材料粘接修复效果进行分析，发现修复材料与石材粘接效果较好。

（3）砂浆强度检测分析

通过对石构件节点间修补材料的强度检测，节点间修补材料的强度基本上达到实验室抗压试验的强度。

图12-27　色度检测　　　　图12-28　红外热像仪检测图　　　图12-29　砂浆强度检测

（三）亮点三：防灾减灾

1．对风险的判断

（1）自然因素

根据洪峰模拟实验可知，虽然龙溪已经经过分流泄洪，但洪峰仍然对古月桥有较严重威胁，会引发桥体竖向持续变形，甚至到达临界点桥体解体。

（2）人为因素

施工过程中，对古月桥进行桥面拆除卸荷，可能引发桥体受力体系的改变，导致结构失稳，出现结构变形，甚至垮塌等状况。

2．应对防护措施

为防止洪水侵袭，管理方通过与水利部门协商，对龙溪上游进行分流和洪水控制，防止洪水对桥体产生破坏。

工程实施过程中，为应对卸荷结构受力突变等风险影响，在桥底搭设满堂脚手架及钢梁架，钢梁架并不直接支撑桥体，所有节点与桥体结构部位保持5毫米距离，一旦结构失稳，钢

图12-30　脚手架与钢梁架的搭接

架对现有桥体结构起到预防保护作用。

保护工程完成之后，管理方加强对古月桥的保护管理，规定以后该桥不再通过机动车辆，仅可以人员步行通过。

3．监测工作

（1）修缮过程结构安全在线监测

根据设计要求，本工程进行了全程的工程监测。重点对桥体稳定性与位移进行监测。监测团队在桥梁周围设置了永久观测点，在所有横锁石端头以及结构关键部位都设置了监测标靶与实时位移监测仪，并在部分开裂构件上粘贴石膏条，用传统方式监测裂隙的变化。通过定期的全站仪测量与实时位移数据的监测，确保施工过程中桥体结构的稳定。数据证明，在整个施工过程中以及工程结束至今，桥体结构始终保持稳定，原有结构体系完全没有任何改变，很好地达到了设计要求，保护了古月桥最重要的科学价值。

监测还对古月桥的气象环境和水文环境进行了监测，尤其是对洪水状况进行了监测。义乌每年春、夏季节下雨频繁且雨量较大，龙溪洪水湍急。根据监测数据，近两年施工过程中，龙溪洪水未对古月桥结构产生稳定性的影响。

（2）修缮后的监测

古月桥修缮工程竣工之后，建立监测站，以监测桥梁修缮效果，并对其安全稳定性进行综合评估，为古月桥的保护和管理提供科学数据。

环境监测包括气象参数监测与酸雨监测；本体监测包括裂隙、沉降等稳定性监测，微环境温湿度监测，振动幅度监测。

图12-31　古月桥永久观测点　　图12-32　古月桥监测站

古月桥本体与环境监测以一年为基本单位，监测进行过程中进行定期数据汇总、处理并提交定期分析报告。同时，在义乌市文物保护办公室建立监控室，将所有监测数据同时无线传输至监控室和监控方案设计单位，基于数据进行分析以判断古月桥的文物及环境状态。

目前，监测站工作6个月，未发现异常监测数据。

（四）经验总结

1. 细致深入的勘察研究

采用三维激光扫描取得桥体结构模型点云图，进行宏观分析；通过现场及采石厂的取样对桥体材料进行微观材料成分和病害分析；通过现场实验分析与结构计算，分析桥体的受力状况和承载能力，判断结构稳定性。通过以上勘察检测手段分析评估桥体保存状况、病害致因与存在的威胁；在对桥梁结构的安全性进行科学评估的基础上，结合对于古月桥的价值判断，制定了最小干预、可逆性的修缮方案。

2. 施工过程中的多方配合

业主单位对修缮工作管理严格，引入科技服务团队进行全过程跟踪服务，在材料优化试验、技术方案和预案制定、结构安全和施工过程的技术指导以及安全监测方面提供技术服务，为古月桥修缮的技术支持方面提供质量和安全保障。

施工单位工序组织合理，施工前制定周密的施工技术方案和防止结构安全风险的预案，并根据设计方案进行现场试验，结合现场条件对方案进行局部微调和优化，以保证施工质量。

整个修缮过程实施信息化管理，技术服务团队将修复节点依次进行编号，每个编号节点制作一个二维码，技术人员可以从施工前期到施工完成全过程定期记录每个节点的修复状况，项目管理人员可以从后台或随时扫描查看每个节点施工进度及施工效果，并就修复状况提出意见进而改善施工工艺，对于工程质量和修缮效果的提升发挥了积极作用。

专家点评

这是我国石桥类文物保护修复可借鉴、有指导意义的成功案例。其创新之处是经过精心勘察，在进行结构安全性评估后，对原有桥梁结构不扰动，使用新型的牺牲性材料进行补强的方法。它符合可逆性、少干预等文物保护原则。经过监测和时间的考验，顺利通过验收，获得各界好评。

附件　古月桥结构形变计算

1. 简化模型计算

桥梁受力结构主要为下部6道石拱梁，上部覆盖的石条及填料并非受力结构，因此仅考虑对石梁进行受力计算。桥面为横条石材，石材刚度非常大，可认为对各条石梁均匀受力。故取单条石梁进行计算；本次计算为估算上部加上汽车荷载后下部石梁的变形情况，仅考虑荷载产生的额外效应，未考虑桥面和填料荷载。

桥上加载后拱圈内力情况如图12-34、图12-35所示：

计算结果显示，在荷载作用下桥身最大竖向位移可以达到2.8毫米。

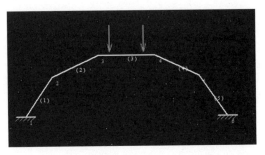

图12-33　理论建模简化模型（来源：古月桥修缮设计项目组提供）

2. 现场荷载试验

现场荷载试验的量测内容包括拱券跨中挠度和1/4拱跨处的纵向位移，使用固定于河床脚手架上的千分表量测。量测方案是在加载前后，分别观测拱跨中和1/4拱跨处的挠度变化读数，以掌握拱的变形及其恢复情况。同时，在试验中还密切注意观察桥拱是否有异常破坏现象发生。

实验结果表明，加载后拱顶跨中挠度实测最大值为2.4毫米，挠跨比为1/625，与模拟结果一致。试验荷载卸除以后，拱的挠度基本得到了完全恢复，说明在一定荷载作用下，该桥大部分处于弹性工作阶段。

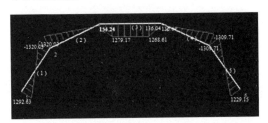

图12-34　弯矩计算结果示意（单位kN·m）（来源：古月桥修缮设计项目组提供）

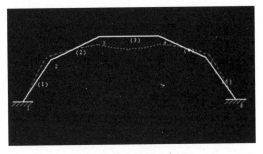

图12-35　位移变形计算结果图像示意（来源：古月桥修缮设计项目组提供）

3. 结构计算

在《义乌宋代古月桥稳定性评价及防护对策研究》（2004）中，采用有限元方法对古月桥结构稳定性进行了计算。

通过结构计算得出结论：由于古月桥结构的对称性，导致其变形也具有对称性。在

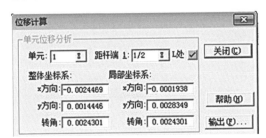

图12-36　位移变形理论计算值（来源：古月桥修缮设计项目组提供）

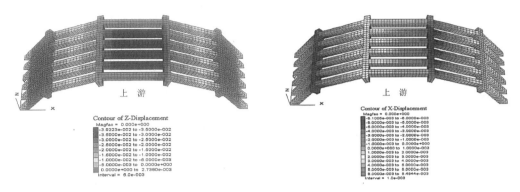

图12-37 考虑不均匀风化后的承载结构的Z向、X向位移情况（来源：《义乌宋代古月桥稳定性评价及防护对策研究》）

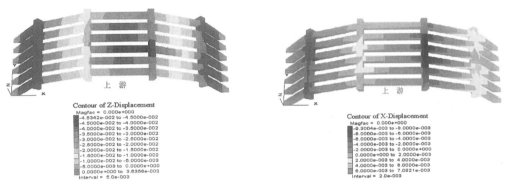

图12-38 同时考虑不均匀风化及横锁石断裂后的Z向、X向位移情况（来源：《义乌宋代古月桥稳定性评价及防护对策研究》）

建筑材料未风化、力学性质均匀的条件下变形破坏的关键部位为拱桥间的石梁和横锁石。古月桥石材的风化程度、横锁石断裂是促使桥身变形的原因。

以2004年结构鉴定为基础，设计方采用三维有限元软件ANSYS进行计算分析，对古月桥建立了结构简化模型，模拟测算了动态荷载和洪峰荷载对桥体的影响。

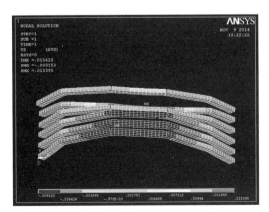

图12-39 动态荷载模拟（来源：古月桥修缮设计项目组提供）

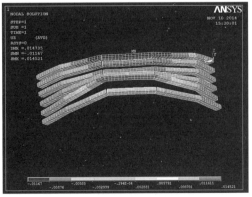

图12-40 洪峰模拟（来源：古月桥修缮设计项目组提供）

根据模拟计算，可以看出目前古月桥处于暂时稳定状态，但因其结构威胁，已经接近失稳；在外力作用下，如严重的洪水、通过桥面的较大荷载都可能影响桥体稳定性。

～～～～～～～～～～～～～～～～～～～～～～～～～～～～～～～～

　　业主单位：义乌市文物保护管理办公室
　　设计单位：北京国文琰文化遗产保护中心有限公司
　　施工单位：浙江义乌宏宇古建园林工程有限公司
　　监理单位：浙江省古典建筑工程监理有限公司
　　案例编写人员：王帅

13

浙江泰顺廊桥——文兴桥、文重桥、薛宅桥灾后修复工程

一、案例概况

（一）保护对象基本情况概要

1. 简介

浙江省温州市泰顺县素有"中国廊桥之乡"的美誉，至今仍完好保存着30余座形态各异的廊桥，廊桥遗产的价值突出，数量众多，类型丰富，保存质量较好。2006年，文重桥、文兴桥、薛宅桥等15座泰顺廊桥被列为第六批全国重点文物保护单位，类型为古建筑。廊桥根据桥体承重构架的不同，可分为编木拱廊桥、八字撑木拱廊桥、伸臂木平梁廊桥、木平梁廊桥及石拱廊桥等，廊桥建筑的构成主体包括桥台（桥墩）、桥体和廊屋三个部分。三座国保廊桥中，文重桥属于双向伸臂木平梁廊桥，文兴桥和薛宅桥属于编木拱廊桥。

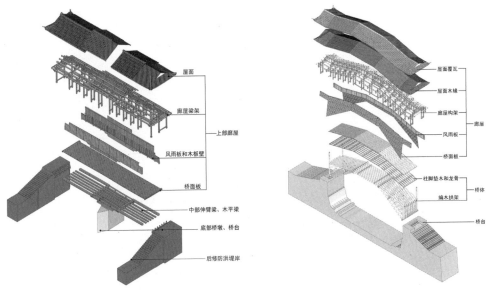

（a）文重桥（伸臂木平梁廊桥）主体构成分解示意图　　（b）薛宅桥（编木拱廊桥）主体构成分解示意图

图13-1　文重桥、薛宅桥主体构成分解示意图（来源：浙江省古建筑设计研究院提供）

文重桥位于泰顺县筱村镇东垟村水尾，呈东西走向，横跨于玉溪之上，为单墩双孔双向伸臂木平梁廊桥。桥全长25.60米，宽4.55米，桥面距溪底约5.80米。东侧桥台利用天然崖壁加以修整凿成，西侧桥台采用当地卵石砌筑而成，溪流中由规则条石叠砌桥墩，南侧设分水尖；桥墩顶部由四层伸臂梁、木平梁纵横交错、层层叠加组成，上部承托廊屋；廊屋共计11间，用柱46根，通面阔25.40米，进深4.17米，梁架各缝用七檩四柱，屋面由歇山、悬山组合而成。

文兴桥位于泰顺县筱村镇枫林村，呈东西走向，与文重桥同横跨于玉溪之上，为典型的编木拱廊桥，是山区道路交通的重要组成部分。在泰顺众多廊桥中，文兴桥因其不对称的姿态而

（a）受灾前的文重桥（2012年）　　　　　　（b）修复后的文重桥（2019年）

图13-2　文重桥修复前后对比（来源：浙江省古建筑设计研究院提供）

闻名，也被当地民众称作"扯桥"。桥全长46.20米，宽5.50米，拱跨31.30米，桥面最高处离常水位11米。两侧桥台为椅形，块石叠砌于自然岩体之上；桥体木拱架由三节苗、五节苗、青蛙腿—剪刀苗及桥板苗—将军柱四部分组成；廊屋共计17间，用柱80根，梁架各缝用九檩四柱，当心间迎水面一侧设神龛，当中三间高起为重檐歇山屋面。

（a）受灾前的文兴桥（2012年）　　　　　　（b）修复后的文兴桥（2019年）

图13-3　文兴桥修复前后对比（来源：浙江省古建筑设计研究院提供）

薛宅桥位于泰顺县三魁镇薛宅村，呈东西走向，横跨锦溪，故名"锦溪桥"，为典型的编木拱廊桥。桥全长51米，宽5.10米，拱跨28.12米，桥面最高处离水位10米。两侧桥台结合地形，因势而建，卵石、块石叠砌而成；桥体木拱架系统与文兴桥相似，由三节苗、五节苗、青蛙腿—剪刀苗及桥板苗—将军柱四部分相互作用，组成一个整体，共同承托上部廊屋荷载；廊屋共计15间，用柱64根，梁架各缝用九檩四柱，屋面为歇山顶，做传统灰塑脊。

文重桥、文兴桥、薛宅桥作为泰顺廊桥的重要组成部分，造型古朴，结构精巧，价值突出，具有显著的地域特性，是泰顺地理与人文环境的产物，是泰顺当地民众物质生活和精神生活的外在反映，蕴含着丰富的精神内涵和乡土文化。

2. 核心价值

泰顺先民"逢山开路、遇水搭桥"，廊桥是综合自然环境因素与社会人文环境因素的产

（a）受灾前的薛宅桥（2012年）

（b）修复后的薛宅桥（2019年）

图13-4 薛宅桥修复前后对比（来源：浙江省古建筑设计研究院提供）

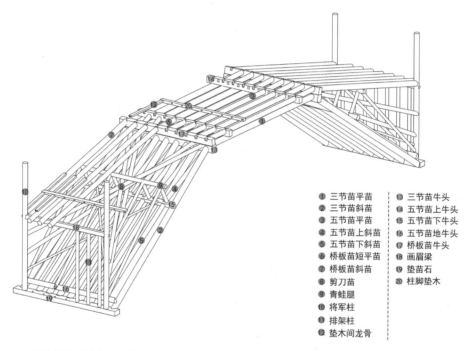

① 三节苗平苗　　⑬ 三节苗牛头
② 三节苗斜苗　　⑭ 五节苗上牛头
③ 五节苗平苗　　⑮ 五节苗下牛头
④ 五节苗上斜苗　⑯ 五节苗地牛头
⑤ 五节苗下斜苗　⑰ 桥板苗牛头
⑥ 桥板苗短平苗　⑱ 画眉梁
⑦ 桥板苗斜苗　　⑲ 垫苗石
⑧ 剪刀苗　　　　⑳ 柱脚垫木
⑨ 青蛙腿
⑩ 将军柱
⑪ 排架柱
⑫ 垫木间龙骨

图13-5 薛宅桥桥体编木拱架结构分析图（来源：浙江省古建筑设计研究院提供）

物，是中国先民智慧和传统木结构营造技术的巧妙结合。文重桥、文兴桥和薛宅桥历史上经过屡次修建，三座国保廊桥是泰顺廊桥的重要组成之一，从实物角度完善了中国木构桥梁的整体发展脉络，具有重要的历史价值。

文兴桥、薛宅桥所代表的编木拱廊桥，是在缺乏结构力学等基础科学的支撑下，由中国古代工匠根据经验总结出的一种由短小木材构件通过榫卯搭接而成的、具有一定安全性、科学性的木拱桥梁；它以简单巧妙的结构形式解决了古代交通体系中因无法落柱且需跨越大跨度河流、山涧的问题，填补了中国古代大跨度木结构技术的空白，是中国传统木构营造技艺与古代先民创造精神的完美结合，它与北宋张择端《清明上河图》中所绘汴水虹桥共同见证了中国古代木拱桥建造技术的精湛、结构体系的演进和延续，是中国桥梁技术史的重要组成部分。

文重桥、文兴桥和薛宅桥所代表的泰顺廊桥是山地人居文化的杰出范例，它体现了在经济技术十分落后的情况下先民利用有限资源战胜自然的智慧和能力，是人与环境长期相互作用的产物；同时廊桥不仅是交通设施，更因为遮风避雨的功能，渐渐成为当地百姓集会、社交、祭祀的场所，与百姓日常生产生活紧密联系、不可分割，是当地民众的"精神空间"和社会性公共场所，映射了村落这一小型社会从文化信仰到社会经济的各方面。

图13-6　2007年的文重桥（来源：泰顺县文化和广电旅游体育局提供）

3. 保护历程

至2016年9月15日被"莫兰蒂"台风引发的洪水冲毁前，历史上的文重桥、文兴桥和薛宅桥亦是多次毁于水患又重建。

文重桥始建于清乾隆十年（1745年），屡建屡毁，最后一次重建为民国10年10月10日（1921年10月10日）。文兴桥始建于清咸丰七年（1857年），民国19年（1930年），村民集资大洋262元对文兴桥进行重修。薛宅桥始建于明正德七年（1512年），多次毁于水患重建，清咸丰六年（1856年）再建。

1986年，村民薛家梅为首集资1.3万元，省文物局拨款补助1.3万元，县交通局补助1千元对薛宅桥进行维修。

图13-7　2006年的文兴桥（来源：泰顺县文化和广电旅游体育局提供）

1988年9月，文重桥、文兴桥和薛宅桥被泰顺县人民政府公布为第三批县级文物保护单位。

1990年11月，泰顺县文博馆拨款1千元，村民林圣迎等为首集资重修文兴桥。

2005年3月，文重桥、文兴桥和薛宅桥在内的19座廊桥被浙江省人民政府公布为第五批省级文物保护单位。

图13-8　20世纪70年代的薛宅桥（来源：泰顺县文化和广电旅游体育局提供）

2006年5月，文重桥、文兴桥和薛宅桥在内的15座廊桥被国务院公布为第六批全国重点文物保护单位。

2009年前后，浙江省古建筑设计研究院、东南大学建筑学院相继开展泰顺廊桥调研测绘等工作。

2010年8月,浙江省文物局拨款80万元对文兴桥进行落架大修。

2012年11月,22座闽浙木拱廊桥正式列入《世界文化遗产预备名单》,文兴桥为其中之一。

2016年9月15日,三座国保廊桥相继被洪水冲毁,2017年3月25日,泰顺廊桥——文重桥、文兴桥、薛宅桥灾后修复正式开工,2017年12月3日通过省文物局组织的验收。

(二)项目背景

2016年9月15日,台风"莫兰蒂"重创泰顺,受山区地势影响,三魁、筱村、泗溪等镇域降水骤增,短时间内降雨量突破300毫米,三魁溪、玉溪山洪暴发,洪水位160年一遇,三座国保廊桥相继被洪水冲垮。

廊桥受灾后,国家文物局、浙江省文物局和省、市、县各级政府第一时间赶赴现场查看受灾情况,泰顺县文物局立即发布《关于收集被毁廊桥木构件的紧急通告》,呼吁公众打捞抢救被冲毁的廊桥构件;当地民众与廊桥有深厚的感情,灾害发生后,他们第一时间自发抢救被洪水冲散的廊桥木构件;同时廊桥的灾后修复工作也受到社会各界人士的广泛关注与支持。

图13-9 薛宅桥(左)、文兴桥(右)受灾场景(来源:泰顺县文化和广电旅游体育局提供)

如何在短时间内对损毁廊桥进行科学有序地修复,让这份珍贵的文化遗产涅槃重生,成为各级政府、当地民众及社会各界最关心的问题。

2016年11月29日,国家文物完成灾后修复工程立项批复;浙江省古建筑设计研究院专门成立廊桥灾后修复方案编制工作组,以最快速度完成各项方案编制工作;2017年1月22日,浙江省文物局审核通过修复设计

图13-10 三座国保廊桥受灾前后(来源:浙江省古建筑设计研究院、泰顺县文化和广电旅游体育局提供)

方案；2017年3月2日，温州市文物局完成施工图的审查批复。各项审批程序顺利完成后，文重桥、文兴桥、薛宅桥于2017年3月25日正式进行修复施工。通过廊桥的灾后修复工程使文化遗产的物质载体得以重生，同时带来当地民众心灵的修复、文化的修复，激发村民情感深处的归属感和认同感。

图13-11　各级文物主管领导、专家现场指导
（来源：泰顺县文化和广电旅游体育局提供）

图13-12　当地民众自发抢救廊桥木构件
（来源：泰顺县文化和广电旅游体育局提供）

图13-13　妥善保管打捞回的廊桥木构件
（来源：泰顺县文化和广电旅游体育局提供）

图13-14　社会各界为重修廊桥集资
（来源：温州网全媒体提供）

（三）工程目标

工程性质：灾后修复工程。

实施对象：文重桥、文兴桥、薛宅桥。

修缮工程的范围：文重桥、文兴桥、薛宅桥文物本体和周边环境，包括修复桥台（桥墩）、护坡、木拱架（木平梁）、上部廊屋及其相连的踏步、驳岸、古道等。

工程目标：首先秉承科学的文物保护理念，按照世界文化遗产重建的标准开展修复工作，严格保护遗产的真实性，最大限度地坚持原形制、原结构、原材料、原工艺原则，补齐缺损的构件，对桥台、桥墩进行原肌理修复；充分发挥木拱廊桥传统营造技艺非遗传承人与传统匠人的作用，做到修复施工与非遗传承相结合；其次采用科学的技术与方法，对廊桥结构构件进行检测评估，基于洪灾预防，对结构薄弱部位采取适当可逆的补强措施；同时加强遗产的整体保护管理，修复完成后对廊桥结构本体及相关环境因素实施健康监测。力求通过灾后修复工程项目，恢复廊桥交通功能，恢复村民社交集会的公共场所，同时修复泰顺民众遮风避雨的"精神家园"。

（四）实施过程

泰顺廊桥灾后修复工程实施过程主要包括前期现状勘察、修复方案设计、工程组织实施三部分内容。前期的精准勘察是后续精确设计、精心施工的前提与保障。

1. 前期现状勘察（2016年9～12月）

在现状勘察阶段，设计团队认真做好原构件的登记、记录和测绘工作，对打捞收集回的散乱木构件进行系统性的编号整理和反复甄别，参考历史资料、历史照片，结合构件的形制及榫卯特征，确定其原有位置，统计缺失及残损构件的数量；对原有构件现场采用阻抗仪、应力波等微损检测技术，判断其残损程度和材料性能，为后续修复方案设计提供可靠依据。

（a）设计人员对打捞构件进行原位拼装　　（b）运用应力波对原构件进行科学检测

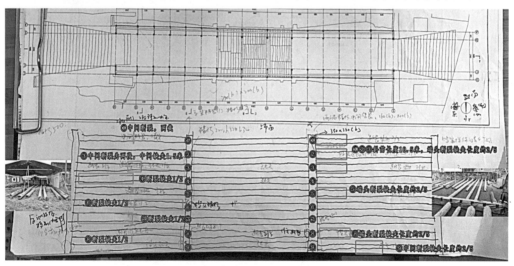

（c）薛宅桥现场构件登记测绘手稿

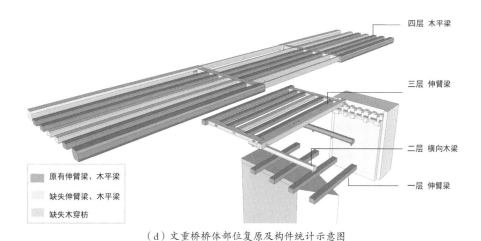

（d）文重桥桥体部位复原及构件统计示意图

图13-15　泰顺廊桥灾后修复现状勘察（来源：浙江省古建筑设计研究院提供）

2. 修复方案设计（2016年12月～2017年3月）

修复方案坚持最小干预原则，尽量使用原构件，最大限度地保留历史信息，综合考虑构件受力特征和残损情况，在保证廊桥原有风貌的前提下，对糟朽和开裂严重的伸臂梁、木拱架、柱、梁、枋等木构件采用墩接、镶补、拼接和铁箍、藤箍加固等方法进行维修，保证尽可能多的构件可以继续使用。

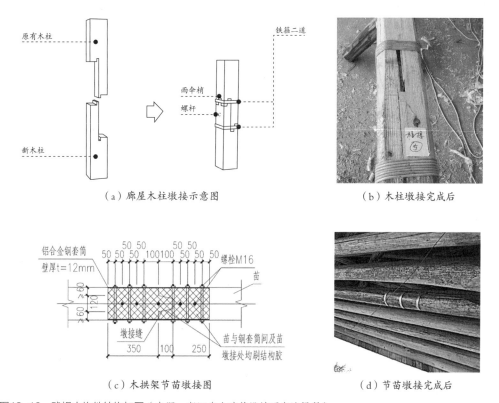

（a）廊屋木柱墩接示意图　　　　　　　　（b）木柱墩接完成后

（c）木拱架节苗墩接图　　　　　　　　（d）节苗墩接完成后

图13-16　残损木构件结构加固（来源：浙江省古建筑设计研究院提供）

同时，设计人员通过认真分析廊桥冲毁时的影像、图文等资料，准确评估廊桥在受洪水冲击时的薄弱部位，发现三座廊桥均因桥台、桥墩率先被洪水冲毁而导致整体坍塌，究其原因是传统桥台、桥墩采用块石叠砌或土包石砌筑工艺，内部填充材料松弛流失易被冲散，是廊桥整体结构的薄弱部位。为提高廊桥的抗灾能力，修复方案中提出在保证桥台、桥墩表面石材进行原肌理修复的前提下，对现存桥台进行灌浆加固，对已损毁部位内部采取浆砌块石补强或桥墩植筋等措施，增强其抗冲刷能力。

3．灾后修复施工（2017年3～12月）

保护建成遗产的一个重要目的，就是传承和再现它们的建造技艺。中国木拱桥传统营造技艺是重要的非物质文化遗产，于2009年被联合国教科文组织列入《急需保护的非物质文化遗产名录》，而本次廊桥灾后修复工程正是廊桥营造技艺活态传承的一次成功实践。

在工程实施阶段，充分尊重和发挥廊桥非遗传承人及地方传统匠人的经验和作用，每座受灾廊桥均由一位当地知名的非遗传承人、相关石瓦匠人和一家具有文物资质且工程经验丰富的施工单位协同修复。非遗传承人、传统匠人的参与，使廊桥的整体质量、传统风貌、技术工艺得到了保障，同时锻炼了后辈工匠。

泰顺廊桥灾后修复工程实施相关各方对应表　　　　表13-1

名称	建设单位	设计单位	监理单位	施工单位	非遗传承人
文重桥	泰顺廊桥灾后修复保护工程领导小组办公室	浙江省古建筑设计研究院	浙江省古典建筑工程监理有限公司	永嘉县楠溪江建筑工程有限公司	赖永斌
文兴桥				绍兴市古建园林建设有限公司	曾家快
薛宅桥				杭州市文物建筑工程有限公司	郑昌贵

此次修复工程的管理体系严格按照文物保护工程各项施工质量验收标准执行，实行业主单位、专家顾问、设计团队、监理单位、非遗传承人加上现场和图纸的"联动机制"，边记录边整理，边研究边施工，工程全过程做到"修复与传承相结合，修复与研究相结合，修复与宣传相结合"。

文重桥、文兴桥、薛宅桥三座国保廊桥于2017年3月25日正式开工，至2017年12月3日完成竣工验收，共历时253天。从受灾到修复完成，期间各部门领导与文物专家的重视，当地民众的积极参与，社会各界的密切关注，业主单位、设计单位、非遗传承人、施工单位、监理单位的多方合作与配合，全方位、多层次地确保了泰顺廊桥灾后修复工作科学有序地进行。

（五）实施效果

1．严格遵守文物保护基本原则

泰顺廊桥灾后修复工程尽最大可能实现了最小干预的目标，尽最大可能确保原有构件的重复利用，工程全过程坚持"原形制、原结构、原材料、原工艺"原则，最大限度保留原有历史信息，传承传统文化，保护廊桥的真实性和完整性。

(a)文重桥伸臂木平梁按原位归安

(b)文兴桥廊屋原有构件的收集利用

(c)桥台块石原位置、原肌理编号修复

(d)薛宅桥木拱架原形制归位

图13-17 施工过程严格遵循文物保护基本原则（来源：浙江省古建筑设计研究院提供）

2. 传统工艺做法得到良好执行

专业的遗产保护团队、非遗传承人、传统匠人各方通力合作，使廊桥的整体价值彰显，原有风貌、传统技术工艺得到了保障。设计单位制定详细的修复方案，非遗传承人按照传统要求，在相应的时间伐取符合要求的木材并加以干燥处理，而后按照廊桥保留构件的形态，在理解原桥设计的基础上计算和制作构件榫卯，并按传统方式安装搭设廊桥主体构架；桥台部分则交由掌握传统石磡堆砌技艺的匠人进行反复推敲，按原位归安并补齐缺失；砖瓦灰塑传承人、民间木雕传承人等组成团队对屋面瓦片的长度、宽度、重量、每片瓦的摆放位置及悬鱼惹草等装饰构件进行充分考量。

同时，廊桥修复还遵循并再现了"置办喜梁""栋梁归位""完工圆桥"等传统营造习俗，使传统文化得以传承。

3. 社会效益

廊桥是泰顺的精神图腾，承载着繁衍于此的集体记忆，廊桥的灾后修复，记载了泰顺民众"全民爱桥，万人护桥"的历程，勾起当地民众情感深处的归属感和认同感，丰富了"廊桥精神"的价值内涵，不仅使文化遗产的物质载体得以重生，还使"廊桥精神"和传统营造技艺薪火相传，增强了民众的文化自觉和遗产保护意识。

灾后修复工作进行的同时，当地政府还积极开展廊桥周边的景观提升、安全保障等工作，

（a）传承人曾家快（左一）主持文兴桥施工

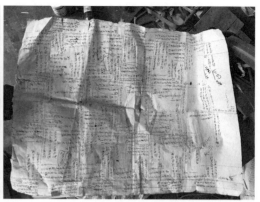
（b）传承人赖永斌绘制施工手稿

（c）灰塑匠人按传统工艺恢复缺失屋脊

（d）薛宅桥举行"栋梁归位"仪式

图13-18　施工过程传统工艺得到良好执行（来源：泰顺县文化和广电旅游体育局提供）

始终践行"绿水青山就是金山银山"的可持续发展理念，将廊桥保护、周边环境整治、旅游开发有机结合：在保护廊桥的基础上，对其周边进行适度开发，保持廊桥及周边乡村景观风貌的完整性和延续性；在充分考虑当地百姓的生产、生活需求的基础上，整合资源、美化环境、发展旅游，将此次灾难转化为发展机遇，提高了泰顺廊桥的知名度，走出了独具"廊桥特色"的乡村振兴之路。

图13-19　修复后的文重桥

图13-20　修复后的文兴桥及周边整治后的乡村景观风貌

图13-21 修复后的薛宅桥

图13-22 修复后的文兴桥重新成为乡俗文化的载体

二、案例亮点

（一）亮点一：精准勘察、精确设计、精心施工

1．精准勘察

（1）构件残损程度的科学检测

设计团队采用应力波、阻抗仪等先进技术设备，对打捞回的构件逐一进行科学检测，详细记录构件的残损程度，统计残损、缺失构件的数量和位置。

（2）原有形制做法的准确记录

勘察过程详细记录每座廊桥的构件榫卯做法、具体尺寸和材质，结合现存构件及掌握的资料数据，准确还原三座廊桥受灾前的形制和风貌。

（3）周边水域地质的详细勘测

为加强灾害预防，对受灾廊桥周边的河道、溪流及地质等情况进行详细勘测，找出周围可能影响廊桥安全的因素，并制定合理应对措施。

2．精确设计

（1）"量体裁衣、对症下药"

设计团队对前期精确细致的勘察资料进行归纳分析，对不同部位、不同类别、不同残损程度的构件，提出相对应的维修加固措施，确保原有构件能最大限度被继续利用。

（2）提出适当的结构补强措施

分析廊桥损毁原因，结合周边水域地质勘察资料，对桥台、桥墩原有结构薄弱部位，在不改变表面原有肌理情况下，进行适当的结构加强，提高廊桥的抗灾能力。

（3）施工过程进行技术落实

工程实施过程，设计团队定期前往施工现场参与工程讨论会议，进行现场技术指导，解决工程施工过程面临的各种难题，对工程参与各方进行文物保护理念的引导和宣传。

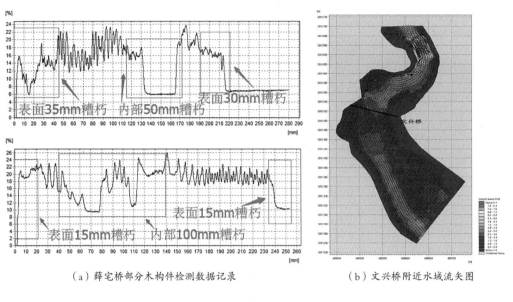

(a)薛宅桥部分木构件检测数据记录　　　　(b)文兴桥附近水域流矢图

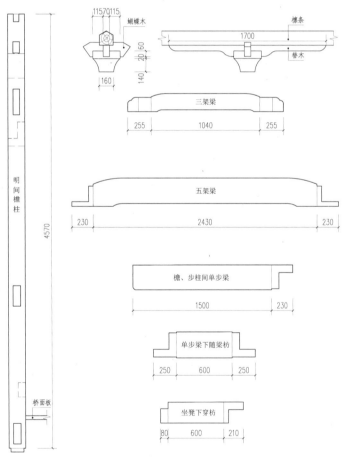

(c)文重桥部分构件形制及尺寸

图13-23　勘察数据记录分析（来源：a、c浙江省古建筑设计研究院提供，b浙江省水利水电勘测设计院提供）

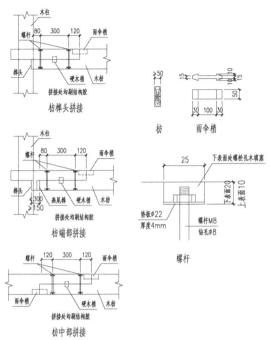

（a）木枋不同部位残损提出相应维修措施　　（b）桥墩内部进行植筋加固　　（c）设计人员现场进行构件加固指导

图13-24　精确设计（来源：浙江省古建筑设计研究院提供）

3. 精心施工

非遗传承人、传统工匠以及三家有着丰富文物施工经验的施工单位组成的联合团队，与业主单位、设计单位及监理单位配合融洽，工程全过程形成修复施工细致到点、精确到位的"联动机制"，从桥台砌筑、拱架归位、廊屋立架到屋面铺设等多个环节，体现了精益求精的"工匠精神"。

廊桥修复实施的全过程，设计单位最大限度地执行不改变文物原状原则，非遗传承人和传统工匠最大限度地延续使用传统技艺、传统材料及营造习俗，使廊桥的真实性和完整性得到有力保障。

图13-25　精心施工（来源：泰顺县文化和广电旅游体育局提供）

(二)亮点二:遗产保护的公众参与

泰顺廊桥灾后修复是公众参与文化遗产保护的典型案例。政府部门在灾后修复全过程中起到关键的引导作用,公众参与则是此次灾后修复的"主力军"。

泰顺民众在廊桥灾后修复过程中发挥重要的作用,灾害发生后第一时间对廊桥冲毁木构件进行打捞收集,得益于此,大部分原有木构件被找回,才使得廊桥的修复具有可操作性;社会各界得知廊桥受灾后,通过实际行动助力文物保护事业,自愿伸出援手,为重修廊桥集资,延续泰顺先民乐善好施、集资修桥的奉献精神,短短数十天民间筹集到廊桥修复专项善款达百万元,最终达到500万以上;木拱桥传统营造技艺传承人协同当地传统工匠积极参与灾后修复施工,成为修复工程的"骨干力量"。

公众的积极参与,不仅丰富了廊桥自身的价值与内涵,同时体现了文化遗产的活态保护与传承。

(a)当地民众将打捞构件运送到收集点　　(b)传承人赖永斌在文重桥施工现场

图13-26　公众参与廊桥修复(来源:泰顺县文化和广电旅游体育局提供)

(三)亮点三:修复与研究相结合

文重桥、文兴桥、薛宅桥灾后修复完成后,设计团队陆续开展廊桥的保护研究工作,编写《泰顺廊桥——文重桥、文兴桥、薛宅桥灾后修复工程报告》,归纳总结泰顺廊桥的总体特征和综合价值,收集整理三座国保廊桥的历史资料,详细记录灾后修复的全过程及科学的维修加固方式,同时通过建立精确的数字模型,分析廊桥的营造形制、榫卯做法及结构特征,为泰顺现存的伸臂木平梁廊桥和编木拱桥的保护修缮提供有力的技术支持。

此外,设计团队从研究性保护(残损病害分析、结构分析),整体性保护(本体与环境、物质与非遗)等多角度出发,结合廊桥文物本体的特殊性,在近年来已实施的各类保护工程的经验基础上,编写《泰顺廊桥保护修缮技术导则》,系统归纳廊桥常见的残损病害以及灾害对廊桥的影响情况,科学确定修缮对象、原则和措施,为泰顺廊桥的日常保养维护、加固、修缮与管理监测等行为提供技术指导。

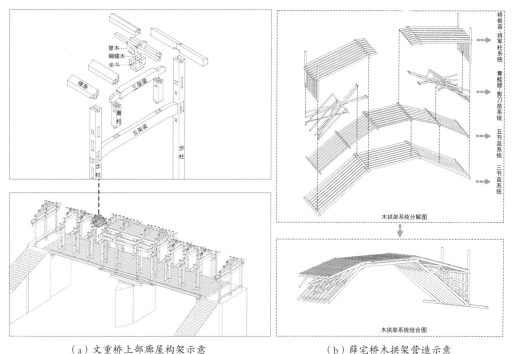

(a)文重桥上部廊屋构架示意　　　　　　(b)薛宅桥木拱架营造示意

图13-27　文重桥、薛宅桥构造做法分析

(四)亮点四：遗产的全面保护管理

1. 灾害风险预防

为保障文物本体安全，对廊桥进行全方位的灾害风险评估，包括洪灾、风灾、火灾、雷击及地质灾害等多个方面，编制防灾减灾专项方案，针对不同的灾害制定相应的预防措施和应急预案。

(a)廊桥配置专门灭火设施　　　　　　(b)台风来临时对廊桥进行沙袋增重

图13-28　泰顺廊桥灾害预防措施（来源：泰顺县文化和广电旅游体育局提供）

泰顺廊桥防灾减灾相关研究　　　　　　表13-2

名称	编制单位	涉及内容
《泰顺县廊桥保护水利（防洪减灾工程）研究专题》	浙江省水利水电勘测设计院	对廊桥所在的河道、溪流进行防洪减灾研究，减少洪水对廊桥影响
《泰顺县文重桥、文兴桥、薛宅桥灾后修复工程地质勘察报告》	浙江省浙南综合工程勘察测绘院	对受灾廊桥周边地质条件、地形地貌、气象水文等要素进行分析评价，提出相应预防措施
《泰顺廊桥灾后结构安全评估》	浙江省古建筑设计研究院	对受灾后的19座国保、省保廊桥进行勘察分析和安全评估，制定相应的防治、加固措施
《浙闽木拱廊桥（泰顺）保护管理规划》	浙江省古建筑设计研究院	保护规划中包含灾害防治内容，涉及洪涝、火灾、虫害及其他地质灾害的内容

2．结构损毁风险预防

针对廊桥结构损毁风险预防采取的措施主要体现在对廊桥进行系统性的健康监测。监测手段包括专人日常巡查观测、专业技术人员定期检测，以及专业配套软件实时监测三种方式。

建立泰顺廊桥监测管理平台，对15座国保廊桥进行全面监测，监测内容包括结构本体（主要针对桥体位移、沉降、倾斜等要素）及相关环境因素（主要针对周围温湿度、区域水位等要素），定期对收集的相关数据进行分析整理，为后期保养维护和保护修缮提供依据。

3．人为行为风险预防

廊桥灾后修复的全过程是宣传文化遗产保护工作的过程，是面向公众普及宣传文物保护理念和知识的过程。工程竣工后制定专项保护管理方案，定期进行检查巡查，预防人为行为风险，及时进行保养维护，对廊桥实施科学保护管理。

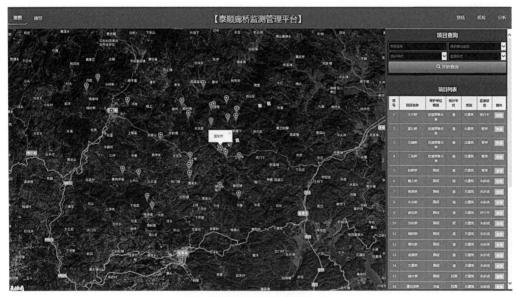

（a）15座泰顺廊桥监测管理平台

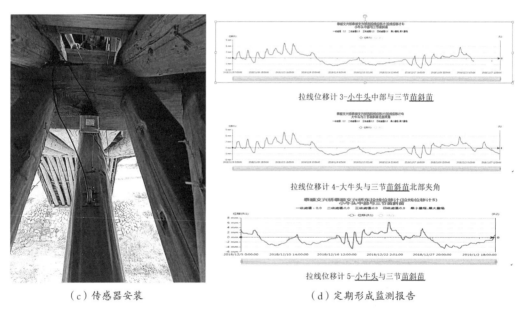

(b）实时监测数据

(c）传感器安装　　　　(d）定期形成监测报告

图13-29　泰顺廊桥监测系统（来源：浙江省古建筑设计研究院提供）

（五）经验总结

泰顺廊桥是当地民众捐资而建的乡村文化遗产，由古至今，已成为泰顺人心中的"精神桥梁"。文重桥、文兴桥、薛宅桥三座国保廊桥的灾后修复工程，秉承科学的保护理念，采用科学的勘察技术、科学的修复方法进行精确的勘察设计；在工程实施过程中，充分发挥非遗传承人、传统匠人的作用，做到灾后修复与非遗传承相结合，各方主体配合默契，组成高效的"联动机制"，克服严寒酷暑，在短时间内精心地完成修复施工；工程完工后积极推动各项保护工作的开展，取得了良好的口碑和社会效益，为文化遗产如何科学有序进行灾后修复提供了一次有探讨意义的实践。

专家点评

在国际层面，文化遗产的灾后或者战后重建、恢复是一个热门话题，浙江泰顺廊桥——薛宅桥、文兴桥、文重桥灾后修复工程项目，是对文化遗产如何科学有序进行灾后重建的一次有探讨意义的实践。该项目的实施过程不仅关注文化遗产自身的实体的东西，还着眼于非物质文化遗产的成分，木拱廊桥营造技艺传承人参与廊桥的灾后修复实践，是文化遗产物质与非物质共同融合、保护、传承的典型案例；同时，得益于当地民众第一时间自发抢救打捞被洪水冲毁的木构件，才为后续的灾后修复提供必要的可行性，这也体现了公民社会的参与在遗产保护中的重要性。

业主单位：泰顺县文化和广电旅游体育局（文物局）
设计单位：浙江省古建筑设计研究院
施工单位：杭州文物建筑工程有限公司、绍兴市古建园林建设有限公司、永嘉县楠溪江建筑工程有限公司
监理单位：浙江省古典监理有限公司
案例编写人员：黄贵强

图1 故宫宝蕴楼原状鸟瞰照

图2 故宫宝蕴楼竣工后鸟瞰照

图3　吉林伪满皇宫同德殿修缮前全景

图4　吉林伪满皇宫同德殿修缮后全景

图5 山西平顺县王曲村天台庵修缮前

图6 山西平顺县王曲村天台庵修缮后

图7 河北承德普陀宗乘之庙修缮前全景

图8 河北承德普陀宗乘之庙修缮后全景

图9　湖北武汉大学早期建筑——理学院修缮前外观

图10　理学院修缮后外观

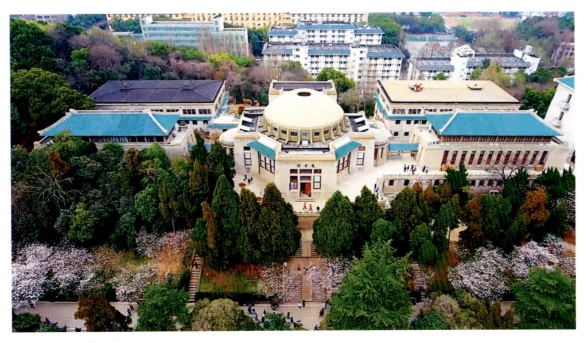

图11　理学院修缮后全景

图12　青海塔尔寺阿嘉院修缮前

图13　青海塔尔寺阿嘉院修缮后

图14　塔尔寺鎏金工艺——剪碎金片

图15　塔尔寺鎏金工艺——研磨金泥

图16　塔尔寺鎏金工艺——涂抹金泥

图17　塔尔寺鎏金工艺——清洗铜构件

图18　塔尔寺鎏金工艺——鎏金中火烤工序

图19　塔尔寺鎏金工艺——打磨抛光

图20 山西灵丘县觉山寺塔修缮前

图21 山西灵丘县觉山寺塔修缮后

图22 密檐部分修缮前后对比——修缮前

图23 密檐部分修缮前后对比——修缮后

图24 摘取风铎、贴编号标签

图25 风铎修复并归安

图26 福建东山关帝庙中殿屋面修缮前

图27 福建东山关帝庙中殿屋面修缮后

图28 起吊后的东山关帝庙中殿正脊

图29 太子亭屋脊上精美的彩瓷雕

图30 贵州海龙屯海潮寺修缮前

图31 贵州海龙屯海潮寺修缮后

图32 海潮寺西立面施工过程定点拍摄

图33 上海武康路100弄文物建筑修缮前

图34 上海武康路100弄文物建筑修缮后

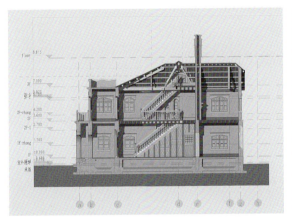

图35 BIM施工图剖面图模型视图

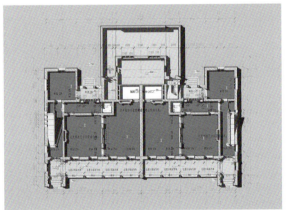

图36 BIM施工图平面图模型视图

图37 三维扫描真彩图

图38 南京长江大桥桥头堡修缮前

图39 南京长江大桥桥头堡修缮后

图40 浙江古月桥修缮前

图41 浙江古月桥修缮后

图42 古月桥桥面修缮前

图43 古月桥桥面修缮后

图44　各级文物主管领导、专家现场指导

文重桥受灾前　　　文重桥受灾后

文兴桥受灾前　　　文兴桥受灾后

薛宅桥受灾前　　　薛宅桥受灾后

图45　泰顺廊桥受灾前后对比

图46 修复后的文兴桥

图47 修复后的文重桥

图48 修复后的薛宅桥